ibaby同步指导书系

胎教一日一页

王　琪◎主编

中国妇女出版社

目录

CONTENTS

孕1月（第1~4周）：做好准备，开始神奇的孕育之旅

孕2月（第5~8周）：胎宝宝的器官开始分化

孕3月（第9~12周）：为了宝宝保重自己

孕4月（第13~16周）：开始进入平稳舒适的孕中期

孕5月（第17~20周）：
胎宝宝越来越聪明了

孕6月（第21~24周）：
已经明显感觉到胎动

孕7月（第25~28周）：睁开眼睛“看”世界

孕8月（第29~32周）：体重开始迅速增加

孕9月（第33~36周）：为出生做最后的冲刺

孕10月（第37~40周）：就要和宝宝见面了

孕1月（第1~4周）：做好准备，开始神奇的孕育之旅

按照通常的40周孕期推算法，孕1月是指从孕妈妈最后一次月经的第一天算起，到第28天结束，一共4周时间。虽然在这个月的前半个月一切都还没有发生，但你应该做好孕育宝宝的心理和身体准备。如果你的月经周期是28天，排卵一般发生在这个月的第15天或第16天，此时最容易受孕。如果受孕成功，大约1周后胎宝宝开始在孕妈妈体内安家落户。

孕妈妈的变化

一旦受孕成功，孕妈妈体内的荷尔蒙就会发生改变，那些敏感的孕妈妈在受孕后1周就能感觉到自己身体的变化：可能会有轻微发热、全身无力等类似感冒的症状；乳房好像变大了，有轻微的胀痛感；乳晕和乳头的颜色变深，乳头非常敏感；对气味和味道会比以前敏感，有的孕妈妈甚至会出现恶心想吐、消化不良等妊娠反应。

虽然胎宝宝已经在子宫内安家，但子宫的大小并没有改变，只是子宫壁会变得比较柔软、比较厚，以保护刚刚成形的胚胎。

胎宝宝的成长

精子与卵子在输卵管内相遇并结合，形成受精卵，带着一部分来自妈妈、一部分来自爸爸的遗传物质，一个新的生命开始了。

胎宝宝的性别在受孕的那一刻就已决定，其他遗传性质，如肤色、发色、成年后的身高、单或双眼皮等，也已经因为遗传因子中的遗传信息而被确定下来。

在接下来的两三天里，受精卵会一边穿过输卵管，一边进行细胞分裂。受孕4天后，受精卵进入“桑葚胚”阶段，并且很快就会含有25~30个细胞。这些细胞有些会发育成为胎宝宝，有些会发育成胎盘。

本月孕期检查

如果你的月经周期比较规律，到这个月的月末，你会发现月经没有如期而至，这时你应该想到可能是怀孕了。你可以自己用早早孕试纸检测，也可以到医院检查。

在本月末进行验孕检查，准确率可达90% 以上。为了能在整个孕产期得到系统而周到的呵护，从早孕确诊、产前检查、分娩到产后随诊，最好在一家医院进行。

胎教预备课：中国人历来重胎教

第1周第1天

我国是对胎教认识和实践较早的国家，有关胎教的理论已经流传了两千多年。

1.中国古代胎教理论

西汉时期的司马迁记载了关于胎教的事例："太妃之性，端一诚庄，惟德能行。及其有娠，目不视恶色，耳不听淫声，口不出傲言。生文王而明圣，太任教之，以一识百。卒为周宗，君子谓，太妃为能胎教。"唐代名医孙思邈在《千金要方·养胎》中提出，要想生出聪明健康的宝宝，就要"调心神，和惰性，节嗜欲"，也就是说，孕妈妈要调理好自己的心情，改掉懒惰的习惯，节制各种欲望。明代名医张景岳在《景岳全书》中认为，胎宝宝在母体内出现不安、躁动等现象，一般情况下都与孕妈妈的饮食起居不当密切相关。

2.中国古代胎教内容

一调。古人认为，凡有孕之妇，宜情志舒畅，遇事乐观，喜、狂、悲、思皆可使气血失和而影响胎宝宝。这就是说，孕妈妈在怀孕期间要保持舒畅的心情，及时消除烦恼，而不要大动肝火，因为这样会导致气不顺。气不顺则孕胎不安，若长久气不顺，孕胎必受影响。《傅青主女科》中也有"大怒小产"的论述。

二忌。忌是指忌房事。《产孕集》对此论述道："怀孕之后，首忌交合。"孕妈妈在孕期的头3个月和7个月后应忌房事，不仅能安胎养孕，还能防止流产、难产等。

三节。节是指节饮食。孕妈妈只有节饮食、多吃清淡平和的食物才有助于养胎。若饮食失节、饥饱无度、嗜食重味，则易导致消化功能失常，影响胎宝宝发育。

四适。适是指适劳逸。怀孕之后要有适宜的运动，使血液循环畅通。若好逸恶劳、好静恶动、贪卧养娇，使气血不畅，易致难产。正确的做法大致为5个月以前稍逸，5个月以后小劳。

五慎。慎是指慎寒温。女性怀孕以后，由于生理上发生了特殊变化，极易受风、寒、暑、温、燥、火的侵袭，尤其是遭受风寒侵袭之后极易感染疾病，重则危及胎宝宝的生命。

六戒。戒是指戒生冷。孕妈妈若贪恋生冷，便会导致脾胃受伤，出现呕吐、腹泻、痢疾等病症，既伤孕妈妈自身，又伤胎宝宝，不可不慎。

胎教预备课：现代医学揭开胎宝宝成长的秘密

第1周第2天

20世纪70年代，美国医生将特殊的透镜引入对胎宝宝的研究中，使人们对胎宝宝的了解进一步加深。到了80年代，B超的应用和普及完全揭开了胎宝宝生活、发育的奥秘，人们可以更直接、更安全地了解研究胎宝宝。

1.胎宝宝并非一无所知

研究发现，从怀孕第4个月开始，胎宝宝就对光线十分敏感；听觉在怀孕4个月的时候也已经开始发育，外界的很多声音都可以收入于他的耳内；触觉发育也比较早，当胎动出现时，隔着母体抚摸胎宝宝的身体，胎宝宝就会做出反应。

2.胎宝宝也有记忆

1985年，巴黎健康卫生科学院生殖专家做了一项胎教试验：一名28岁的孕妈妈，从妊娠8个月开始，每隔一天就到科学院做一次音乐胎教。具体方法是：将听筒置于孕妈妈腹壁上，孕妈妈本人的耳朵则用耳塞堵住，使她听不见听筒传出的声音，然后闭上眼睛，处于一种安静平卧的状态。每次都放同一种音乐，一直持续到分娩。在孩子出生后的第3天，他们让孩子听这首乐曲，当孩子听见在子宫内听惯的音乐时，出现有节奏的吃奶动作，双手也随着音乐做出有节奏的摆动；当音乐停止或改放其他音乐时，孩子就不再吃奶，双手也不再摆动或虽有摆动但不规则了。这个试验说明了胎教的可能性，因为孩子在胎儿期有记忆，所以出生以后才有回忆。

3.母子间存在心电感应

国内外妇产科专家在临床检查中发现，孕妈妈血液里的激素水平、其他化学成分、心电波的变化都能刺激胎宝宝，影响胎宝宝的生理活动和心理活动。孕妈妈身体内部的这些变化能够形成一种无形的心电感应，让子宫中的胎宝宝直接地、真切地感受孕妈妈的一切感情和情绪。而且，心电感应不只限于母子之间，胎宝宝与准爸爸之间也有心电感应。

第1周第3天

胎教预备课：胎教让宝宝更出色

胎教是集优生、优育、优教于一身的学问，国内外大量实践证明，经过良好胎教的婴儿，在听力、记忆力、性格等方面都表现出明显的优势。

1.情绪更稳定

接受过情绪胎教的宝宝很少无故哭闹，与未接受过胎教的宝宝比较，情绪更稳定，易安抚，能够较好地适应外界环境，容易形成与大人一样的作息规律，比较好养。

2.学话能力更强

接受过语言胎教的宝宝与没有接受过胎教的宝宝比较，开始说话的时间较早，学习说话的能力较强。受过语言胎教的宝宝，6个月左右就可以用不同的语音、语调表达自己的意思，提醒妈妈喂奶或者帮助他大小便，让家长照顾起来更得心应手。

3.运动能力更强

接受过运动胎教的宝宝运动神经发育较早，手的抓握能力及四肢运动协调能力强，能够较早地抓住玩具进行玩耍。

4.音乐智能更高

接受过音乐胎教的宝宝对音乐敏感，学习音乐和唱歌的能力强。另外，这样的宝宝出生后听到音乐就容易安静下来，可以减少宝宝哭闹的时间。

5.更能适应新环境

接受过胎教的宝宝感觉很灵敏，能够敏锐地察觉到环境的变化，且接受能力强，不会因为到了陌生的环境就哭闹不已。另外，接受过胎教的宝宝记忆能力较同龄宝宝强，记东西更快。

6.社交能力更强

接受过胎教的宝宝外向活泼，喜欢与他人接触，在面对陌生人的时候也不会害怕、害羞。能通过与他人的接触，较早地理解各种口头语言和肢体语言，并且很爱笑，与他人互动好，更容易被他人接受。

胎教预备课：
常用胎教方法有哪些

第1周第4天

1.环境胎教

环境胎教是指为确保胎宝宝健康地生长发育，优化母体的内外环境，包括孕妈妈的身体健康和心理健康。

2.营养胎教

指根据孕早、中、晚期胎宝宝的发育特点，合理摄取食物中的各种营养素，以食补、食疗的方式确保胎宝宝能从母体内摄取足够的营养成分的胎教方式。

3.情绪胎教

指孕妈妈通过自我调整，排除一些对胎宝宝不好的负面情绪，保持愉快的心情及平和的心境，使胎宝宝在良性氛围中健康成长的胎教方式。

4.音乐胎教

指通过乐性声波促进胎宝宝大脑神经元轴突、树突的发育，为优化后天的智力及发展音乐天赋奠定基础的胎教方式。

5.语言胎教

指孕妈妈或准爸爸通过有计划地说话或聊天等良性刺激，增进与胎宝宝的感情交流，促进其语言智能发育，使其出生后在语言智能方面更加优秀的胎教方式。

6.运动胎教

指孕妈妈通过一定的体育锻炼来达到促进母子身体健康，确保顺利分娩的胎教方式。

7.抚摸胎教

指孕妈妈通过有意识、有规律、有计划地抚摸腹部，促进胎宝宝感觉系统发育的胎教方式。

8.光照胎教

指给腹中的胎宝宝以适当的光亮刺激，以促进胎宝宝视网膜光感细胞的功能尽早完善的胎教方式。

9.文学胎教

指孕妈妈通过欣赏一些文学作品，从中领悟到美的信息，并将这一信息传递给胎宝宝的胎教方式。

第1周第5天

胎教预备课：胎教再好也要适度

1.不要过度刺激胎宝宝

有的妈妈在心理咨询中反映，经过音乐胎教后，宝宝虽然聪明活泼，但精力过剩，总是不爱睡觉。问及具体胎教方法，得知孕妈妈孕期工作较忙，又不愿放弃胎教的机会，所以每日有时间就将胎教器置于腹部。有时妈妈因疲劳很快入睡了，胎教器仍不断刺激着胎宝宝，很有可能干扰了胎宝宝的生物钟。所以，胎教再好也应该适度进行。

2.不要过分迷信胎教

有些准爸爸、孕妈妈迷信胎教的作用，认为只要每天都进行胎教，宝宝出生后就会成为小神童、小天才。其实，尽管现代医学研究为胎教实施的可能性提供了科学依据，也有诸多胎教成功的例子，但绝不能把胎教神化，更不能迷信胎教。胎教确实可以激发胎宝宝的潜能，促进胎宝宝的生长发育，但必须要尊重胎宝宝生长发育的基本规律，这才是科学的胎教观。

3.选择适合自己的胎教方法

现在市场上有很多打着专家旗号的所谓科学的胎教方案，内容却既不严谨也不科学，有的甚至是错误的。因此，建议准爸爸和孕妈妈，在准备要宝宝之前应从正规的专业机构及渠道学习一些有关婴幼儿发展方面的知识，包括孕期心理、婴幼儿心理与教育学，以及胎教、早教的有关常识，做到心中有数，保持冷静的头脑，能够识别和选择适合自己的胎教方法。

环境胎教：
不要错过生宝宝的最佳年龄

第1周第6天

如果你不是坚定的丁克一族，有生宝宝的家庭计划，那一定不要错过“造人”的最佳年龄。

1.做妈妈不要超过35岁

对于女性而言，25~30岁是生育功能最旺盛的时期。这一时期，女性的骨骼系统已经发育完善，腹部肌肉发达有力，骨盆、韧带处于最佳状态，妊娠和分娩都会比较顺利。特别是卵子的质量比较好，胎宝宝发生各种先天性疾病的机会最少。当然，受个人健康情况、生活环境和心理状态等多方面因素的影响，这个最佳生育年龄不是绝对的，但女性第一次生育年龄最晚不应超过35岁。因为35岁以后卵细胞逐渐老化，卵子中染色体畸变增多，容易造成胎宝宝畸形、流产或死胎等异常情况。据有关资料统计：35岁以上的女性分娩畸形儿的可能性比25~30岁的女性高2倍以上，而且这种概率会随着年龄的增长而递增。35岁以上的高龄初产妇，怀孕期间还容易发生高血压和糖尿病等合并症，妊娠高血压综合征的发病率也比较高；子宫颈和阴道的弹性差，骨盆关节松弛性差，子宫收缩力弱，分娩时间会延长，更容易发生难产。有许多35岁以后才做妈妈的女性，她们明显感到，与年轻的妈妈相比，产后恢复得比较慢，育儿过程中常常感到疲惫不堪。

2.爸爸年龄太大也不好

国内外多项研究显示。男性的精子质量在30岁时达到最高峰，然后持续5年，到35岁止，以后逐年下降。30~35岁的男性普遍已经成家立业、心理成熟，有稳定的收入和一定的经济基础，正是养育孩子的最佳时机。

也有人说：“我自己还是孩子呢，等我成熟了再要吧。”人的一生都在不断地成长，完全成熟的那一天可能就是告别这个世界的时候吧。有了孩子的人都会有这种感觉：“其实我们在和孩子一起成长。”

第1周第7天

环境胎教：选择最适宜的怀孕季节

现代医学证明：孩子的健康不仅与后天的喂养和教育有关，而且与受孕时机和出生季节密切相关。

根据气候特点、营养、传染病流行情况等综合分析，医学界普遍认为在春末夏初受孕最理想。因为孕早期的各种反应容易让人紧张、忧郁，而春末夏初气候宜人，到户外活动散步能使人精神愉快；另外，春末夏初各种各样新鲜的水果、蔬菜大量上市，可以很好地满足孕妈妈对营养的需求。

春末夏初受孕，孕晚期就避开了酷暑和严寒。孕晚期，孕妈妈容易疲劳、多汗，如在酷暑季节，孕妈妈和新生儿会因天气炎热而生痱子；天气炎热还会使各类病毒繁殖和传播的机会增多，容易造成病毒感染。如果孕晚期是在寒冷的冬季，空气中二氧化硫的浓度高于其他季节，有害气体不断堆积，孕妈妈患病的机会就会增加。

环境胎教：长期服药期间不宜怀孕

第2周 第1天

卵子从初期卵细胞发育成成熟卵子约需14天，此期间卵子最容易受药物的影响。有些女性因疾病需要长期服用某种药物，如激素、抗生素、止吐药、抗癫痫药、抗癌药、抗精神病药物等，这些药物对生殖细胞都有不同程度的影响。因此，长期服药的女性万万不可急于怀孕，在计划怀孕时最好请专科医师进行指导，然后再安排怀孕的时间。

避孕药有抑制排卵和干扰子宫内膜生长发育的作用，怀孕后产生质量不高或畸形胎宝宝的可能性也会增高，因此最好在怀孕前3个月就停用。停服避孕药后1~3个月即可恢复排卵，但此时不宜怀孕。一般3次正常的经期后身体基本恢复正常，这时尝试怀孕成功率和受精卵质量会有保证。

宫内节育环无论上环时间长短，都会对子宫黏膜有一定的影响。子宫是孕育胎宝宝的场所，如果子宫内膜有损伤、炎症或既往有炎症，则犹如贫瘠的土壤，使受精卵不能在其上种植或不能正常发育，甚至于导致出现死胎、流产等情况。而且，子宫底部内膜的损伤或炎症还可能导致受精卵着床位置和胎盘发育不正常，有可能形成前置胎盘或分娩时发生胎盘早剥，威胁母婴的生命。因此，使用宫内节育环避孕的女性，取出宫内节育器后应该让子宫内膜有一个恢复期，在月经恢复正常3~6次，即3~6个月后再怀孕。

子宫状态不佳时也不宜怀孕。怀孕是一个需要多方面、多系统协调和配合的复杂、精密的生理过程，无论哪一方面准备得不充分都会影响妊娠的过程及质量。流产、早产会造成机体的一些器官，如子宫、阴道等的平衡被打破，出现功能紊乱，子宫等器官一时不能恢复正常，尤其是经过刮宫产的女性身体更是受损不小，子宫需要恢复。出现过流产、早产的女性至少半年以后再怀孕，这样有利于自身和胎宝宝的健康。

第2周第2天

环境胎教：远离有毒有害物质

当今，环境污染已经大肆蔓延，如果不加注意就会导致精子和卵子的突变、畸变，影响受孕或造成胎宝宝畸形。

1.新装修的居室不要马上入住

新建和新装修的房屋中含有多种有害物质，如甲醛、甲苯、乙苯、氡等，而且新建房屋湿度较大，易使有害物质和粉尘微粒滞留于室内，在这样的环境中受孕，胎宝宝容易发生畸形。因此，装修时一定要注意选择有环保标识的产品，乔迁也不应操之过急。为了胎宝宝请多等一段时间，最好在新居装修完半年或一年后再入住，并且不要忘了提前2周~1个月将门窗打开通风换气。

2.离开有害的工作环境

最常见和最严重的环境污染是工作环境的污染。据研究，男性长期在铅、镉、汞、麻醉气体、化学物质及有机溶剂的工作环境中，或者在噪声、振动、高温、射线、辐射、废气、废水、废渣排放较多的环境工作，其妻子自然流产的概率明显增加。备孕妈妈直接接触这些毒害物质的危害会更严重。如果工作中不得不接触污染物，至少要在准备怀孕的3个月之前转换工作环境，以确保下一代的健康。

3.远离食品添加剂

由于生活节奏的加快，快餐食品、半加工和加工食品越来越多地进入人们的餐桌。这些食品吃起来虽然方便，有的可能口味也不错，但大多含有食品添加剂，如酸度调节剂、甜味剂、着色剂、增稠剂、防腐剂等，这些东西不仅会降低人体的免疫力，而且含有一些有致畸作用的化学物质，如果摄入过多会在人体内蓄积，通过母体影响胎宝宝的健康发育。因此，备孕夫妻应该多吃新鲜的天然食品，少吃加工食品，合理进行膳食搭配，减少食品添加剂的摄入。

行为胎教：丢弃不良生活习惯

第2周第3天

1.吸烟

有吸烟嗜好的女性在怀孕前和怀孕期间应戒烟。烟草中含有400余种对人体有害的化合物，燃烧后产生的气体有1/2对人体有害，其中主要为尼古丁。尼古丁可以使胎盘的血管收缩，减少胎宝宝的血液供应，对胎宝宝的发育会造成不良影响。

吸烟对男性而言，除危害身体健康外，还会影响精子的质量，削弱性功能，引起精子畸形、染色体异常等。同时，丈夫吸烟不仅会造成妻子被动吸烟，也会影响胎宝宝的健康。因此，丈夫在妻子怀孕前3个月应戒烟。

2.喝酒

无论男性还是女性，酗酒都会使发育中的精子和卵子发生畸变，这种畸变的生殖细胞相结合，就会把有病的遗传基因传给后代，引起胎宝宝酒精中毒综合征，表现为生长迟缓、中枢神经系统发育障碍、面容不正常、头小、前额突出、眼裂小、心脏及四肢畸形等。另外，喝酒的孕妈妈在早产、流产及死产方面都高于不喝酒的孕妈妈。哺乳妈妈饮酒，酒精可以通过乳汁排泄，对婴儿造成不良影响。

3.用水温度过高

未准爸爸在洗澡、用热水时尽量不要用温度过高的热水，以34℃左右为宜。另外，精子的适宜温度是35.5℃~36℃，温度过高会影响睾丸的精子质量，特别是桑拿浴，会造成死精。因此，准备要孩子的男性应提前3个月停洗桑拿浴。

4.穿紧身裤

紧身裤使女性的阴道分泌物不能透发，适宜细菌滋生繁殖，易引起阴道炎；而男性穿紧身牛仔裤不但压迫生殖器官，影响睾丸正常发育，还因不透气、不散热而不利于精子的生存。为了将来的宝宝还是穿一些宽松、纯棉、透气的裤子吧。

第2周第4天

环境胎教：安排好家中的宠物

如今有不少女性喜欢饲养小动物，如小猫、小狗之类的宠物，甚至与宠物同睡一张床，常常将它们抱在怀中亲昵，这是很不卫生的习惯。猫、狗等会传播狂犬病这已经是众人皆知的了，猫、狗身上潜藏的病毒、细菌、弓形虫等感染孕妈妈后，可经血液循环到达胎盘，破坏胎盘的绒毛膜结构，造成母体与胎宝宝之间的物质交换障碍，使氧气及营养物质供应受阻，胎宝宝的代谢产物不能及时经胎盘排泄，导致胚胎死亡而发生流产，或因慢性缺氧而导致胎宝宝宫内发育迟缓或死胎。

弓形虫病是一种人畜共患疾病，猫是传染弓形虫病的罪魁祸首。受到感染的猫排出的大量弓形虫卵囊能够长期存活，食用沾上这些卵囊的食物可使人的眼、耳、喉、内脏等多种器官发病，对孕妈妈的危害尤其大。弓形虫感染会造成人类最严重的先天畸形，如弱智、癫痫、精神异常及眼睛畸形等。一般来说，孕早、中期感染弓形虫病多数会引起流产及胎宝宝畸形，而孕晚期感染则多易导致早产、死产或新生儿死亡。此外，猫、狗等宠物身上还易长跳蚤，跳蚤也是传播疾病的媒介，若与宠物过分亲近很容易被传染上疾病。因此，怀孕前应妥善安排家中所养的猫、狗等宠物，不要和猫、狗等宠物居住在一起，并彻底清除它们的排泄物。

怀孕后一定不要吃半熟肉或生肉，及被污染的家畜，如牛、羊、鸡的肉。孕妈妈在怀孕的早、中、晚期要注意检测血清，看是否有弓形虫抗体。如果孕妈妈感染了弓形虫，怀孕早期在积极治疗的同时应尽早终止妊娠；在怀孕中晚期，要在医生的指导下口服乙酰螺旋霉素。患有弓形虫病的孕妈妈分娩的新生儿，即使外观正常，也要口服乙酰螺旋霉素进行治疗。

行为胎教：
进行一次孕前体检

第2周 第5天

怀孕前夫妻双方很有必要进行一次孕前检查，孕前检查除了一般体检时的一些常规项目外，很多项目是针对遗传和生育的专项检查，如常见遗传病和传染病的筛查、生殖内分泌功能、免疫功能的检查等，可以帮助你在怀孕前发现异常，及时治疗和避免潜在的问题，在医生指导下有计划地怀孕，减少宝宝的出生缺陷，保证孕妈妈平安度过孕期并顺利分娩。

在孕前检查的时候医生会常规性地对夫妻双方的整个身体情况和家庭情况进行详细的询问，主要内容包括月经是否规律、最近的一次月经是什么时候来的、以前是否做过流产手术、有无流产史、有没有生育过畸形儿或者有遗传疾病的新生儿、以前得过哪些病、准备怀孕期间是否接触过有害物质以及婚姻史和家族史等。千万不要因为医生的这些问题涉及隐私，或者感到不好意思而拒绝回答，或提供不真实的答案。了解真实、准确的情况是医生做出正确诊断的重要前提，医生只是从医学优生的角度进行判断，并且会为就诊者保密。

孕前检查的主要内容还包括：妇科检查，以确定其是否适合妊娠、分娩；血常规检查，了解有无贫血、感染及其他血液系统疾病；尿常规检查，了解肾脏和全身营养情况，确认有无泌尿系统感染、肾脏疾病和糖尿病；肝、肾功能检查，了解有无肝脏、肾脏疾病；孕期致畸5项病毒（TORCH）检查，主要是检查是否有弓形虫、风疹病毒、巨细胞病毒、单纯疱疹病毒，体内是否有抗体。特别是对喜欢养宠物的生育期女性来说，这项检查意义重大。因为当孕妈妈感染以上病毒时，病原体可经过胎盘引起母婴垂直传播，从而导致胎宝宝流产、死胎、早产、先天畸形等，甚至可影响到出生后婴幼儿的智力发育。

此外，还要进行抗感染筛查，了解夫妻双方是否患有感染性疾病，如乙肝、丙肝、梅毒、艾滋病等。如果检查出夫妻双方或者一方有传染病要暂缓怀孕计划，因为病原微生物也是一种重要的致畸因素，这些病原体会直接把自己的遗传信息整合到人类的染色体上，造成宝宝的DNA出现微小的异常。

第2周第6天

环境胎教：有些病会影响怀孕

1.贫血

贫血，尤其是严重贫血，对孕妈妈和胎宝宝都非常不利，治愈后才可以怀孕。

2.高血压

高血压患者是重症妊娠中毒症的高危人群。备孕妈妈如果患有高血压，要进一步检查病因，排除由于肾脏或内分泌疾病所引起的高血压。经过医生治疗没有明显血管病变的早期高血压病人一般可以怀孕。如果不清楚自己的血压情况，但时常有剧烈头痛、肩膀酸痛、失眠、眩晕和浮肿等症状应去医院检查，确定是否患有高血压。

3.心脏病

怀孕和分娩会增加孕妈妈的心脏负担，健康女性身体可以承受，但对于心脏病人来说则十分危险，容易造成流产、早产，严重时可危及孕妈妈的生命。但也并非患有心脏病的女性都不能怀孕，要根据所患心脏病的性质、心脏被损害的程度、心功能状况及能否进行心脏手术等具体情况，由医生综合考虑。需要注意的是，即使医生认为可以怀孕和分娩，也要在心脏内科与妇产科医生的共同努力下来处理整个怀孕与分娩过程。

4.肾盂肾炎

肾盂肾炎患者需治愈后才能怀孕。因为女性在怀孕后体内血循环量比怀孕前约增加1/3以上，由于血循环量增加，通过肾脏的血流量也相应增加，所以怀孕后肾脏负担加重，对孕妈妈和胎宝宝均不利。另外，膀胱炎可以发展成肾盂肾炎，膀胱炎患者也应该在治愈后再怀孕。

5.子宫肌瘤

子宫肌瘤是一种常见的良性肿瘤，30岁以上的女性中约20%~30%患有子宫肌瘤。小的肌瘤一般对怀孕和分娩都没有影响，如果肌瘤较大或数目多，可使子宫体和子宫腔变形，或因输卵管受压而妨碍受孕，影响胚胎发育，引起流产、早产或不孕。因此患有子宫肌瘤的女性如能受孕则可以继续妊娠，怀孕后遵照医嘱定期检查。肌瘤较大者，如超过8厘米可在剖宫产同时切除肌瘤；如肌瘤小于5厘米对怀孕没有影响。

情绪胎教：做好要宝宝的心理准备

第2周第7天

从二人世界到三口之家，怀孕、分娩、育儿的过程既充满幸福与甜蜜，也会有辛劳和矛盾，夫妻双方都要做好充分的心理准备。

1.接受孕妈妈身体和心理的变化

从怀孕到分娩，甚至是产后较长的一段时间，孕妈妈的身体和心理会发生巨大的变化，包括体形的变化、饮食和生活习惯的变化、情绪的变化，孕妈妈会对准爸爸更加依赖。夫妻双方要慢慢适应这种变化，尤其是准爸爸，要多给妻子心理上的支持和生活上的关爱。

2.接受未来生活空间的变化

新生命的诞生在给小家庭带来喜悦和幸福感的同时，也会增加许多繁杂的家务，使夫妻双方感觉生活空间和自由度变小了，往往会感到一时难以适应。如果没有充分的心理准备，双方不能互相体谅，养育孩子的最初两三年往往会成为家庭矛盾频发的时期，有的家庭甚至走向了解体。

3.接受未来情感的变化

无论夫妻哪一方，在孩子出生后都会自觉或不自觉地将自己情感的一部分转移到孩子身上，从而使另一方感到情感缺乏或不被重视。夫妻双方都要有意识地调整自己的心态，不要用生育前二人世界的思维方式来要求对方，要看到自己的爱人爱孩子其实就是爱自己、爱这个家。如果在情感上还像以前一样要求对方，不仅会增加自己的烦恼，而且会使对方感到无所适从，不利于夫妻感情的维护和家庭的稳定。

4.接受家庭责任与应尽义务的变化

怀孕的妻子需要丈夫的理解与体贴，尤其平时妻子可以做的家务，在孕期大部分都会转移到丈夫身上；孩子出生后，夫妻双方对孩子的责任和对家庭的义务都在随着时间的推移而增加。双方都要合理安排家庭事务，各自承担起应尽的责任和义务。比如说，妻子怀孕后家庭的经济重担由谁来承担，孩子出生后谁来带，等等。

第3周第1天

环境胎教：孕前处理好牙齿问题

1.治疗牙龈炎

怀孕后，女性体内的雌性激素，尤其是黄体酮水平，会明显上升，使牙龈血管增生、血管的通透性增强。如果口腔卫生欠佳，容易诱发牙龈炎，称之为“妊娠性牙龈炎”。研究证实，怀孕前患牙龈炎的女性，怀孕后患妊娠性牙龈炎的概率和严重程度均高于孕前没有患牙龈炎的女性，牙龈会出现增生、肿胀，出血较多。个别的牙龈还会增生至肿瘤状，称为“妊娠性龈瘤”，极易出血，严重时还会妨碍进食。有些患者由于牙周袋中细菌毒性增加，对牙周骨组织的破坏也会加重，往往引起多颗牙齿的松动脱落。

2.治疗蛀牙

孕期由于生理机能的改变和饮食习惯的变化，以及对口腔护理的疏忽，常常会加重蛀牙病情的发展。如果蛀牙病情持续严重，可能会引发牙髓炎或根尖炎等更为严重的口腔疾病。一旦暴发急性牙髓炎或根尖炎，不但会给孕妈妈带来难以忍受的痛苦，而且如果治疗时服药不慎也会给胎宝宝造成不利影响。

3.拔掉智齿

阻生智齿是指口腔中的最后一颗磨牙，由于受颌骨和其他牙齿的阻碍，不能完全萌出，造成部分牙体被牙龈所覆盖，以下颌第三磨牙最为常见。阻生智齿的牙体与牙龈之间存在较深的间隙，容易积留食物残渣，导致细菌滋生、繁殖而直接引起各种急慢性炎症，即通常说的“智齿冠周炎”。由于智齿多在18岁以后萌出，且智齿冠周炎又最容易发生在20~35岁，而这个年龄段恰好是育龄女性选择怀孕的时间，所以要想防治这种病的发生，就应该在孕前将阻生智齿拔除。

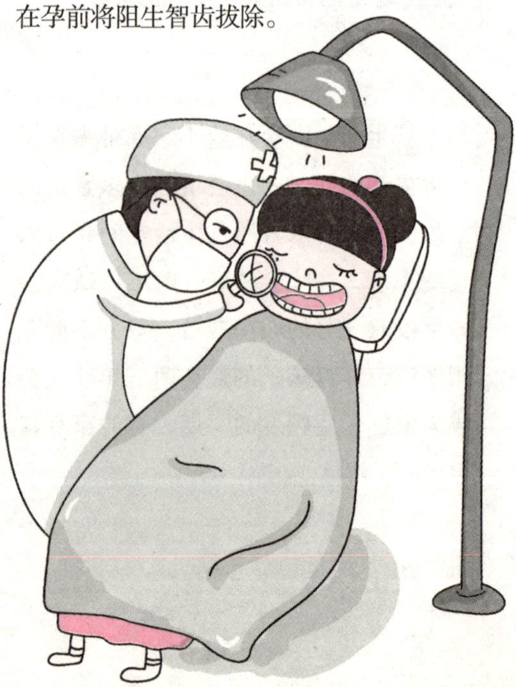

营养胎教：
补充营养叶酸先行

第3周第2天

叶酸又称“喋酰谷氨酸”，是人体必需的水溶性B族维生素之一。因为最早是从菠菜叶子中提取出来的，故而得名“叶酸”。孕早期是胎宝宝细胞分化的关键时期，而叶酸是胎宝宝脑神经发育必需的营养成分，一旦摄入不足就可能影响胎宝宝中枢神经系统的发育，引起神经管畸形。神经管畸形的发生率在各种出生缺陷中是最常见的，会造成脊柱裂（椎骨未能融合）、无脑畸形（脑或颅顶缺失）等中枢神经系统发育异常，是造成围产儿死亡的主要原因之一。

在孕前或者孕早期补充叶酸能够有效预防神经管畸形的发生，减少比率约为70%。如果是计划怀孕，自受孕前1个月起直至孕早期3个月，每天应该额外摄入400~1000微克的叶酸。如果是计划外怀孕，从怀疑已怀孕的那一刻起就要立即补充叶酸或孕妈妈用的多种维生素。补充叶酸可以多吃以下食物：动物肝、红苋菜、菠菜、生菜、芦笋、龙须菜、豆类、苹果、柑橘、橙子。

新的研究证明，叶酸对于准备做爸爸的男性来说也非常重要。当男性体内叶酸含量不足时，精液的浓度会降低，精子的活动能力会减弱，使卵子受孕就会比较困难。另外，叶酸在人体内还能与其他物质合成叶酸盐，它对于孕育优质宝宝也起着关键作用。如果男性体内的叶酸盐不足或缺乏，就可能增加发生染色体缺陷的概率，增大孩子长大后患严重疾病的危险性。

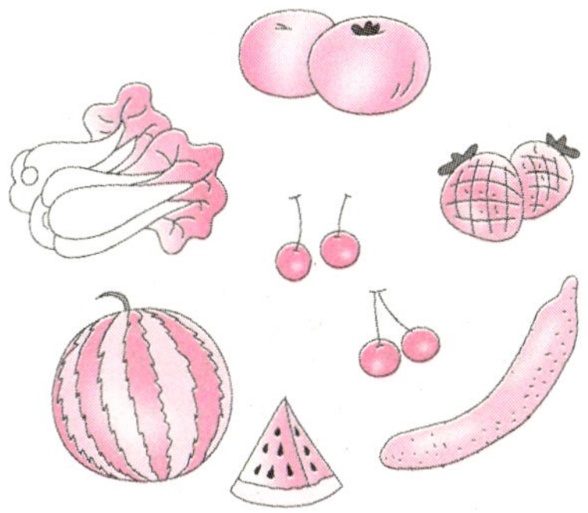

小贴士

药补叶酸越多越好吗？当然不是，孕妈妈摄入叶酸的量能维持胎宝宝生长发育即可，补过量了会打破母体的营养平衡，对胎宝宝发育不利。含有叶酸的营养补充剂主要有两种，一种是叶酸片，每片含0.4毫克叶酸；另一种是复合维生素矿物质补充剂，每片叶酸含量也是0.4毫克。

第3周第3天

营养胎教：注意纠正营养失衡

备孕妈妈过胖或过瘦对怀孕均有不利影响：过胖有患妊娠高血压综合征、妊娠糖尿病的危险，并且可能使宝宝成为巨大儿，产后的体重会更加难以恢复；体重过轻虽然看上去很苗条，但是成功受孕的可能性会比较小，还会影响胚胎的早期发育，易导致早产、婴儿出生体重过轻。所以，在孕前保持适当的体脂比例，达到标准体重非常重要。

衡量体重的标准有很多种，差异也比较大，目前医生一般采用体重指数（BMI）法来判断体重是否正常。体重指数（BMI）的计算方法：BMI=体重（千克）÷身高^2（平方厘米）

BMI在18~24之间属于正常体重。

BMI在25~30之间属于超重。

BMI在30~35之间属于轻度肥胖。

BMI在35~40之间属于中度肥胖。

BMI>40属于重度肥胖。

BMI在15~18之间属于体重过轻。

BMI<15属于严重营养不良。

首先，作为营养金字塔根基的粮谷类食物，特别是各种杂粮（玉米、黑米、大麦、燕麦、莜麦、薏米等）、杂豆（大豆、黑豆、绿豆等）是每顿正餐中不可缺少的，因为能量、糖分和维生素B_1、维生素B_2摄入少会导致精力不足，是无法孕育出聪明宝宝的。玉米、小米、土豆等所含的维生素和蛋白质比大米、白面高，同时还含有微量元素，是胎宝宝发育的必要原料。

其次，备孕的夫妻双方都应适量增加鱼虾、瘦肉、肝、奶类、大豆制品、核桃、杏仁、芝麻等食物的摄入，因为足够的优质蛋白质、钙、铁、锌、硒是保障精子和卵子质量和活力的重要营养素。

餐桌上还要有各种蔬菜、菌藻类食物，特别是一些含锌、维生素C、胡萝卜素的食物，如胡萝卜、韭菜、蒜薹、油菜、西蓝花、洋葱、南瓜、山药、海带、黑白木耳等；富含维生素C及番茄红素的水果，如西瓜、橙子、木瓜等，有足够的抗氧化、清除毒素和杀菌能力，还能促进精子和卵子的形成并保障其质量。

营养胎教：有些食物不宜多吃

第3周第4天

1.咖啡

咖啡对受孕有直接影响。每天喝一杯以上咖啡的女性，怀孕的可能性只是不喝咖啡者的一半。因此，女性如果打算怀孕就应该少喝咖啡。

现代医学证明，在孕早期，每天喝3杯以上咖啡会使流产的概率增加1倍。这是因为咖啡中的咖啡因会加快胎宝宝的心跳及新陈代谢速度，降低母体血液流入子宫的速度，减少胎宝宝血液中的氧气量与养分，对胎宝宝发育造成负面影响。此外，咖啡因还有利尿的作用，会使原本尿频的孕妈妈行动更加不便，还会造成钙从尿液中流失。

2.胡萝卜

胡萝卜含有丰富的胡萝卜素、多种维生素以及对人体有益的其他营养成分，但美国新泽西州罗特吉斯医学院的妇科专家研究发现，女性过多吃胡萝卜后，摄入的大量胡萝卜素会引起闭经和抑制卵巢的正常排卵功能。因此，欲生育女性不宜多吃。

3.葵花子

葵花子的蛋白质部分含有抑制睾丸成分，能引起睾丸萎缩，影响正常生育功能，备孕男性不宜多食。

4.大蒜

多食大蒜克伐人的正气，还有明显的杀灭精子的作用，备孕男性不宜多食。

5.毛棉子油

长期食用毛棉子油可对生殖系统造成损害，实验证明：成年男子服用毛棉子油的提取物棉酚40天，每天60~70毫克，短期内精子可全部被杀死，并逐渐从精液中消失；女性则可导致闭经或子宫萎缩。

浓茶、膨化食品、油炸食品、辛辣食品、腌制食品、罐装食品……这些食物吃得越少越好！

第3周第5天

情绪胎教：夫妻恩爱，宝宝聪明

感情融洽是家庭幸福的前提，也是优生和胎教的重要因素。专家在性实验室里发现，男方在双方都达到性高潮时射精，精子的活力旺盛，精液中的营养物质及激素充足，有利于精子及早抵达卵子的所在地，可减少阴道酸性环境的杀伤力。而女性处于性高潮时，体内激素分泌旺盛，卵子生命力强，宫颈由于性的兴奋而分泌多量的碱性分泌液，可中和阴道的酸性浓度，以降低对精子的杀伤力，精子在通过子宫颈时可得到碱性液的保驾护航，到达子宫腔后获得能量，提高运动能力，其穿入卵子的能力也更强。女性在性高潮时出现阴道及子宫的收缩和宫腔内的负压现象，有帮助精液或精子向前推进的作用，使精子爬行的时间及路程大大缩短；平时坚硬闭锁的子宫颈口也松弛张开，使精子容易进入。数千万个精子经过激烈竞争，强壮而优秀的精子与卵子结合，从而孕育出高素质的后代。

在幸福和谐的家庭中，胎宝宝会愉快地生长发育，出生后孩子往往健康聪明。反之，如果夫妻不和睦，孕妈妈长期紧张、忧愁、抑郁，那么大脑皮层的高级神经中枢活动就会受到障碍，这会直接影响胎宝宝。

准爸妈激烈争吵后，母体受刺激其内分泌会发生变化，随之分泌出一些有害激素，通过生理传递途径被胎宝宝接受。同时，孕妈妈的盛怒可以导致血管收缩，血流加快、加强，其物理振动传到子宫也会殃及胎宝宝。因此，妊娠期间夫妻双方应互相尊重，互相理解，耐心倾听对方的意见，理智地对待彼此间的分歧。

运动胎教：运动有利于成功受孕

第3周第6天

> **小贴士**
>
> 一定要注意运动不要过于激烈，避免对身体造成不必要的损伤。

女性长期久坐容易造成血液循环不顺畅，导致月经前及月经期腹痛；有的则因久坐导致经血逆流入输卵管、卵巢，引起下腹痛、腰痛，甚者伴有严重的痛经，此即所谓“巧克力囊肿”。此外，气滞血淤也易导致淋巴或血行性的栓塞，使输卵管不通；更有因久坐及体质上的关系，使子宫内膜组织因气滞血淤而增生至子宫以外，形成子宫内膜异位症，这些都是比较明显的不孕原因。如果你的工作几乎都离不开坐，那么每坐40分钟后休息10分钟，做做伸展动作，或下班后多散散步、游游泳、练练瑜伽，都能有效改善因久坐造成的循环障碍。

运动可以增加机体的免疫力，使精子和卵子更有活力，更有利于受孕。科学的锻炼可使全身肌肉更有力量，可以减轻日后分娩时的困难和痛苦，而且运动还可以使心情愉悦。散步是孕早期最适宜的运动，有利于呼吸新鲜空气，可以提高神经系统和心肺功能，促进全身血液循环，增强新陈代谢，加强肌肉活动，为顺利分娩打下良好的基础。

散步的地点要有所选择，如到空气清新的公园、郊外、林荫绿地、干净的水塘湖泊边等，尽可能不要在污染较大的马路边、大街上、人群嘈杂的商场和闹市中散步。因为马路上的车辆川流不息，其所排放的尾气中不乏致癌、致畸物质，严重影响人体健康。

第3周第7天

行为胎教：生活细节不可忽视

1.不要戴隐形眼镜

怀孕后，女性的角膜含水量比孕前高。孕妈妈若戴隐形眼镜，很容易导致角膜水肿，引发角膜发炎等眼部疾病。

2.避开热闹的聚会

聚会上往往烟雾缭绕，空气不新鲜，在这种环境中孕妈妈容易感染呼吸道疾病。而此时的胎宝宝正处在胚胎发育时期，一旦受到不良刺激就可能造成不可弥补的影响。

3.不要使用电吹风

经过有关专家多年的追踪研究发现，孕早期，尤其是怀孕的第一个月，孕妈妈用电吹风吹头发对胎宝宝和自己的健康不利。电吹风吹出的热风含有可致畸的石棉纤维微粒，这些石棉纤维微粒被孕妈妈的呼吸道及皮肤吸收进入血液后，又会通过血液循环和胎盘进入胎宝宝体内，从而导致胎宝宝畸形。

4.远离噪声

噪声与装修材料一样，都会威胁胎宝宝的健康。妊娠期间，理想的声音环境是10~30分贝。一旦超出这个范围，可能会给孕妈妈和胎宝宝造成非常不利的影响：孕妈妈的妊娠反应会加重，情况严重时会导致胃溃疡；孕妈妈会变得烦躁不安、紧张、易怒，种种不安的情绪会增加母体内有害化学成分及肾上腺素的分泌，从而影响胎宝宝上颌骨的融合，甚至出现腭裂；孕妈妈长期处在噪声中还会出现耳鸣、失眠、头痛脑涨及全身乏力等症状。另外，胎宝宝受到噪声影响，会变得非常不稳定，容易流产。久受噪声影响，会阻碍宝宝的听觉发育，影响脑神经发育。

5.起居要有规律

从这个月起，孕妈妈要安排好自己的起居。早起时间、午休时间和晚上睡觉的时间应固定下来，使生活比较有规律，这可潜移默化地影响胎宝宝的生物钟。孕妈妈应适当增加休息和睡眠的时间，避免过度劳累。一般夜间睡眠不少于8小时，有条件的应增加午睡。睡前要认真做好个人卫生，最好用温热水泡泡脚，缓解疲劳的同时也能舒畅心情。

环境胎教：精心布置一个温馨的居室

第4周 第1天

精心布置一个温馨的居室很重要，孕妈妈在装饰得温馨、雅致的房间里会有舒适轻松的感觉，有利于消除疲劳、增添情趣。

在居室的墙壁上可以悬挂一些活泼可爱的婴儿图画或照片，他们可爱的形象会使孕妈妈产生许多美好的遐想，减轻刚刚成为孕妈妈时易产生的不安情绪。除此之外，还可以在居室中悬挂一些书法作品，时时欣赏，以陶冶性情。书法作品的内容常常是令人深思的名句，从中不仅能欣赏字体的美，更能给人以鼓舞和力量。

孕妈妈应该居住在阳面的房间里，房间的光照时间应该比较长。阳光对孕妈妈和胎宝宝来说都很重要，如果房子过于阴暗，孕妈妈及胎宝宝就无法得到充足的阳光照射，会影响体内钙的吸收，最终影响胎宝宝骨骼的发育。另外，没有阳光照射的居室一般比较潮湿，而本阶段的孕妈妈又多在室内休息，体质较孕前又有所下降，难免出现关节炎等疾病。

需要注意的是，孕妈妈的居室里不宜铺地毯。因为地毯虽然美观松软，富有弹性，但它容易蓄污。有专家曾经做过检测，地毯上残留有人们从室外带到屋内的铅、镉等有毒副作用的物质，孕妈妈长期接触可致胎宝宝畸形，甚至造成流产。螨虫也比较喜欢寄生在温暖舒适的房间中，地毯则是它们栖身的不二选择。螨虫的排泄物也容易被人吸入体内，尤其是孕妈妈吸入后更会给胎宝宝造成伤害。

有些花草不宜在孕妈妈的居室里摆放，否则会使孕妈妈产生不良反应。如茉莉花、丁香、水仙、木兰等花卉，其浓烈的香味会减退孕妈妈的食欲和嗅觉，甚至引起头痛、恶心和呕吐；又如万年青、仙人掌、五彩球、洋绣球、报春花等花卉，能引起皮肤过敏反应，不小心接触后会发生皮肤瘙痒、皮疹等过敏现象。此外，孕妈妈新陈代谢旺盛，居室需要充分的氧气，而有些花卉如夜来香、丁香等，吸收新鲜氧气，放出二氧化碳，会夺走居室内的部分氧气，对孕妈妈及胎宝宝的健康十分不利。

第4周第2天

环境胎教：远离电磁辐射

近年来，我国每年出生的2000万儿童中，有35万为缺陷儿，其中25万为智力残缺，有专家认为，电磁辐射是影响因素之一。孕早期的3个月正是胎宝宝器官开始形成的时期，此时最容易受到电磁辐射的危害，孕妈妈一定要远离辐射源。

1.少用电脑

孕早期，许多职场孕妈妈依然坚守在工作岗位上，不得不长时间面对电脑屏幕，这样对身体有无影响？会不会给胎宝宝造成危害呢？研究证明，与从事办公室其他工作的女性相比，每周在电脑前工作20小时以上的妊娠女性，比一般妊娠女性流产率高2倍。日本计算机劳动保护调查委员会对担任计算机操作员的孕妈妈进行抽样调查后发现，她们之中患妊娠高血压综合征者为7%，流产者为14%，出现早产、死胎及其他异常者为27%。美国对计算机操作人员的调查表明，孕妈妈出现不良反应者超过90%。以上数据都说明了一个共同的问题：怀孕后的女性应该尽量远离电脑，更不能长期持久地在电脑前工作。

2.正确使用微波炉

微波炉是家居常备的烹调用具，在其工作时会发出一些辐射，而孕早期胎宝宝很敏感，为了避免出现可能性的伤害，孕妈妈要掌握微波炉的正确使用方法：首先，把食物放入微波炉，打开启动程序后立即远离微波炉。微波炉刚刚启动时只会泄漏极微量的微波，完全可以忽略不计；但在微波炉完全启动之后，微波的辐射变大，此时孕妈妈若仍然站在微波炉的前方，就有些危险了。等食物热完，微波炉停止工作的提示音响过后，辐射再次减少，这时候开启炉门取放食物就是安全的了。

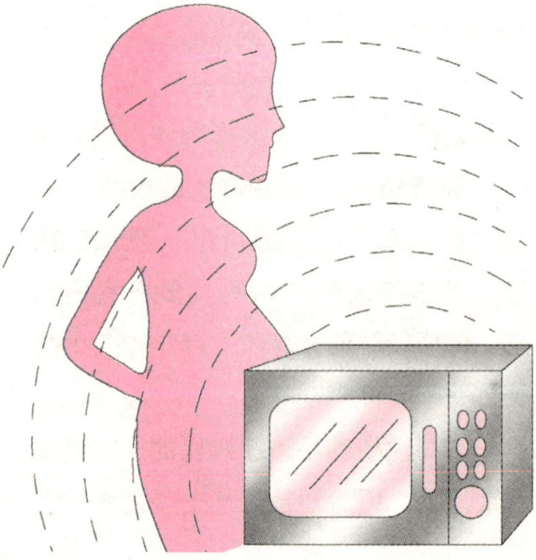

环境胎教：胎宝宝已经在子宫安家了

第4周 第3天

精子和卵子在孕妈妈的输卵管相遇，形成受精卵，然后一边进行细胞分裂一边向子宫移动。在到达子宫腔前要穿过输卵管一个狭窄的部分，如果胚胎被卡住并粘到输卵管上而不是子宫上，就会产生异位怀孕，也就是人们常说的“宫外孕”。宫外孕很少能持续到足月，一般都会在几周后出现剧烈的腹痛和出血。更严重的时候，孕妈妈会血压下降，进入昏迷状态，需要紧急手术。但并不是所有的宫外孕都十分严重，有些甚至不需要手术，用药物治疗即可。

如果胎宝宝顺利地穿过输卵管进入了宽敞的子宫。从免疫学上来讲，胎宝宝是一个外来者，会受到排斥。正常情况下，孕妈妈身体成熟的系统会保证胚胎不受到排斥而继续发育。但也有工作不正常的时候，孕妈妈的免疫系统会向子宫发出信号，胎宝宝就不能继续发育了。这就是为什么有的女性可以怀孕，却总是流产的原因。

胎宝宝在子宫的哪一个地方定居并不是随机的，它会在子宫里面释放一种化学信号，好像在说：“我来了，我要找个好地方安家。”子宫里面的黏膜接收信号就会为胎宝宝提供一个适于发育的环境。受精卵植入子宫黏膜后，将来形成胎盘的细胞会钻进黏膜，发起一场化学信号、营养和氧气间的动态交换，黏膜上的小血管会接收到发育着的胎盘荷尔蒙信号。这些信号会告诉孕妈妈：宝宝已经在子宫安家了。36周后，现在还是一些细胞块的胎宝宝将会发育成一个聪明健康的小生命。

一个传统的估计宝宝出生的方法是，从孕妈妈上一次月经的第一天算起，减去3个月，再加上7天。这种方法只在孕妈妈月经周期为28天的正常情况下才有效。如果月经周期过长或者不规则，用这种方法计算孕产期就会比较困难。最近几年，B超检查被认为是最可靠的计算胎宝宝年龄和出生日期的方法。

小贴士

在安家后的一周，胎宝宝必须通过胎盘和孕妈妈的血流建立紧密的联系，很多胎宝宝做不到这一点，流产就会随之发生。

第4周第4天

情绪胎教：宝宝性格爸妈定

性格是儿童心理发展的一个重要组成部分，它在人生的历程中起着举足轻重的作用。我们知道，人的性格是先天遗传因素和后天成长环境共同作用的结果。环境对性格的影响从胎宝宝期就开始了，“人之初”的心理体验对日后的性格形成影响深远。因此在怀孕期间注重胎儿性格方面的培养就显得非常必要。

孕妈妈的子宫是胎宝宝的第一个生长环境，许多研究表明孕妈妈的精神状态、情感、行为、意识等可以引起激素分泌的异常改变，从而影响到胎宝宝的性格形成。如果胎宝宝时时感受到和谐、温暖、慈爱的气氛，那么胎宝宝幼小的心灵将受到同化，意识到等待自己的那个世界是美好的，进而逐步形成热爱生活、果断自信、活泼外向等优良性格特点；反之，倘若夫妻生活不和谐，经常吵架，甚至充满了敌意和怨恨；或是爸爸妈妈有一方不欢迎宝宝，从心理上排斥、厌烦，那么胎宝宝就会痛苦地体验到这种冷漠、仇视的氛围，随之形成孤寂、自卑、多疑、怯弱、内向等性格特点，这显然对胎宝宝以后的人生会产生极为不利的影响。

瑞典有一个名叫克里斯蒂娜的女婴，她虽然长得健壮，却不愿吸吮妈妈的奶。妈妈把奶头对着她，她会把头转过去，情愿去吸别人的乳汁或奶瓶的奶。后来经过调查后才知道，克里斯蒂娜的妈妈在怀孕时曾打算做人工流产，但因其丈夫执意不肯才勉强生下了她。克里斯蒂娜在妈妈的腹中已经痛感到妈妈不希望生下自己，出生后就心怀不满，因此拒绝吃妈妈的奶，对妈妈仍存有戒心。

情绪胎教：
不良情绪容易导致流产

第4周第5天

在孕早期，受怀孕影响，孕妈妈体内的激素分泌状态会发生变化，情绪极易波动，总是表现得精神疲倦、闷闷不乐，这对胎宝宝非常不利。此时受精卵刚刚在孕妈妈的子宫中着床，还很脆弱。如果在这个敏感的时期不小心刺激了胚胎，容易导致胚胎异常发育，甚至流产。

虽然孕妈妈只是通过脐带给胎宝宝送去营养，排出代谢废物，使胎宝宝发育长大，与胎宝宝之间并没有直接的神经传递，但孕妈妈的情绪发生变化时，不好的情绪可通过神经内分泌系统对胎宝宝产生影响。孕妈妈情绪不好时可激发起体内植物神经系统的活动，使由植物神经系统控制的内分泌腺分泌出多种多样的不同激素，这些激素为化学性物质，在向胎宝宝输送养分时可经由脐带进入胎盘，使胎盘的血液化学成分发生变化，从而间接性地与孕妈妈体内建立起神经介质传递关系，对正处在形体和神经发育关键时期的胎宝宝造成刺激，不利于胎宝宝的发育成长。所以，孕妈妈要学会控制自己的不良情绪，保持愉快的心情，避免对胎宝宝造成伤害。

第4周第6天

音乐胎教：音乐提升智力和情绪指数

音乐是感情和心灵的语言，它能使人张开想象的翅膀。有专家指出，优美健康的音乐能改善胎盘供血的状况，促进胎宝宝发育；还可以安定孕妈妈的情绪，给胎宝宝创造一个良好的内环境。

1.音乐能影响神经元的发育

脑神经元表面有一个大的分支，称为“轴突”，下面分布着很多小的分支，称为“树突”。两个神经元之间依靠轴突、树突相互接触而传递信息冲动，其接触的部位称为“突触”。研究证明，音乐可以使胎宝宝的脑神经元增多，树突稠密，突触数目增加，甚至使本无关联的脑神经元相互连通。

2.音乐能使机体保持健康

有益的声音能带来有益的刺激，它通过听觉中枢传导系统作用于大脑，引起神经细胞的兴奋，改变下丘脑递质的释放，从而调节内分泌系统及植物神经系统的活动，促使人体分泌一些有益健康的激素、酶、乙酰胆碱等，使机体保持健康状态。

在空余时间里，孕妈妈可以听听音乐，比如晨起时播放一首活泼的《布谷》、维瓦尔第的《春》，带给您一天的好心情；夜晚入睡前听着《仲夏夜之梦》，读一读书中与乐曲相关的小品文，甜甜地入睡，会让您第二天神采奕奕。甚至您还可以拿上播放器，在等人的时候、堵车的时候暂时逃到另外一个快乐的世外桃源，同时还做了音乐胎教，一举两得。

3.适合孕早期听的音乐

适合怀孕初期听的音乐有：莫扎特《第14钢琴奏鸣曲》，海顿交响曲《四季》，莫扎特《第21钢琴协奏曲第二乐章》《土耳其进行曲》，亨德尔《竖琴协奏曲》第一乐章，舒曼《童年情景》中的第一首《陌生的国家和人民》《第二交响曲》第三乐章。本月推荐曲目《布谷》《春》《仲夏夜之梦》，这几首乐曲旋律优美，可以释放你沉重的精神压力，感受那份轻松而喜悦的心境。

音乐胎教：
与胎宝宝共享名曲《小白船》

第4周第7天

"蓝蓝的天空银河里，有只小白船，船上有棵桂花树，白兔在游玩，桨儿桨儿看不见，船上也没帆，飘呀飘呀飘向西天；渡过那条银河水，走向云彩国，走过那个云彩国……"听到这熟悉的旋律，身为孕妈妈的你，是否会想到小时候妈妈的温柔歌声？是否已深深沉浸在这美妙的歌声当中了？

如果你觉得自己已进入了美丽的云彩国，那么就将这份美与胎宝宝一同分享吧！相信胎宝宝在这美的熏陶下会更加快乐、健康地成长。而孕妈妈也会在这优美动听的歌声中得到心灵的释放，从而摆脱不良情绪，让自己生活在轻松的氛围中，与胎宝宝一起享受快乐。

孕妈妈每月记事

产前体检情况

宫高

腹围

体重

胎儿大小

胎动

目前体重

心情

准爸爸的表现

下月产检日期

孕2月（第5~8周）：胎宝宝的器官开始分化

因为月经没有如期而至，许多孕妈妈会意识到自己可能怀孕了。早孕的症状开始明显，但腹部还看不出什么变化。虽然胎宝宝还只有几毫米长，但许多重要的器官都开始分化形成。这一阶段十分敏感，即使是最轻微的偏离计划的异常都会导致未来孩子要承受一辈子的损害或畸形。

孕妈妈的变化

这个月的月初，孕妈妈会发现月经过期没来，之后怀孕症状变得明显，早起恶心、甚至呕吐；嗅觉变得敏感，怕闻油腻味；挑食，食欲不佳；疲乏无力，头晕，嗜睡。早孕反应的个人差异性非常大，有的孕妈妈喝口水都要吐，而有的没有一点儿不适的感觉。无论怎样都要把心情放轻松，焦虑、烦躁不仅会使自己感觉更糟糕，而且对胎宝宝非常不利。怀孕6~10周是胚胎腭部发育的关键时期，如果孕妈妈的情绪过分不安，会影响胚胎的发育并导致腭裂或唇裂。现在最好不要外出旅行，过量的运动有可能引起流产。

到这个月月末时，子宫如拳头般大小，但腹部还看不出什么明显变化。增大的子宫压迫膀胱，有人可能出现尿频，有的伴有下腹部及腰部的不适感。外阴湿润，有白色黏稠的分泌物。乳房开始发育，部分孕妈妈有胀痛或刺痛感；乳头和乳晕颜色加深；乳头变大并且敏感，周围出现小结节；有的人偶尔可挤出少量乳汁。

胎宝宝的成长

★ 妊娠第5周初，胚胎只有2.5毫米那么长。胚胎发育得很快，每天都可以长大约1毫米。在第7周的时候，已经长到了10毫米（测量的是头臀距长度，或称为“CRL”，也就是胚胎在坐立时从头到脚的长度）。手臂的雏形像翅膀般延伸着。脸部开始发育，可以看到眼睛、鼻子和嘴巴的雏形。

★ 胚胎蜷曲着，透明且柔软，沿着身体的方向有一个神经管。在神经管的一端，原始的大脑开始像小泡泡一样形成。神经纤维从脑干突出，脊髓也开始形成。脊椎从颈部一直到形成腿的地方，并容纳着脊髓。一束束神经会从椎骨之间的小孔中伸出来，并将形成精密的网络扩及全身，一个负责感官的完整的神经结构已经形成：一些神经负责记录触觉，另一些负责记录压力和温度，一些到达大脑的特殊神经冲动来自眼、鼻、耳、口、舌。

★ 受孕后第22天，新发育的心脏肌肉细胞收缩，与相邻的细胞产生连锁反应，心脏开始跳动。2天后，心脏就开始跳动得快而有节奏了。胎宝宝的心跳是非常快的，基本上是母体的2倍，用非常简单的测听仪器就可以听到。在这个阶段，心脏很大，占据了胚胎身体的大部分空间，在胸腔里面已经有原始的肺了。

★ 到这个月月末的时候，胚胎的外表开始发生变化，不再像原始的哺乳动物的胚胎了，开始像微缩的人形。头部向前延伸，并且直立起来。头颅骨还没有骨化，脑看起来还穿梭在细细的软骨中。很多器官开始起作用了：肾开始产生尿液，胃开始产生胃液，胚胎也开始运动，开始是全身性的运动，慢慢会有一些具体的小动作发生，比如一只手在全身其他部位静止的时候单独运动。

要实现这些变化，胚胎必须通过胎盘和母体的血流建立紧密的联系，有些胚胎却做不到这一点，流产就会随之发生。

本月孕期检查

这个月，孕妈妈应该去医院进行第一次孕期检查。除了进行妊娠测试以确认是否怀孕外，还会包括完整的体格检查：身高、体重、血压测量，颈部触诊及甲状腺检查，心肺部听诊，乳房、腹部及四肢检查，阴道检查，等等。除了上述检查外，还有一些孕期的非常规检查项目，如微量元素检查、骨密度检测、甲胎蛋白检测（AFP）等，医生会根据每个人的具体情况给出合理的建议。在本月末进行验孕检查，准确率可达90%以上。为了能在整个孕产期得到系统而周到的呵护，从早孕确诊、产前检查、分娩到产后随诊，最好在一家医院进行。

营养胎教：孕早期就要注意补钙

钙是构成骨骼和牙齿的重要成分，也是胎宝宝骨骼发育所必需的物质。胎宝宝的乳牙胚在妊娠6周开始发育。这一过程较长，所以，孕期钙的摄取与乳牙的发育及钙化有非常密切的关系。如果孕妈妈身体内钙充足，可促进胎宝宝骨骼及牙齿的生长发育；反之缺钙会导致孕妈妈小腿抽搐及胎宝宝患软骨病或小儿佝偻病。孕妈妈严重缺钙可致骨质软化、骨盆畸形儿诱发难产。

食物中钙的最丰富来源是奶和奶制品，不仅含量丰富，而且吸收率高。发酵的酸奶更有利于钙的吸收，是孕妈妈最理想的钙源；虾皮、鱼类（特别是带骨头的小鱼）和芝麻酱含钙也特别丰富。

豆腐是植物性食物中最好的补钙食品，因为大豆本身含有不少钙，凝固豆腐的时候还要加入含钙的凝固剂。但内酯豆腐却不是钙的好来源，因为其中没有添加含钙凝固剂，而是使用葡萄糖酸内酯作为凝固剂。同时，内酯豆腐水分太多，蛋白质和钙含量都很低。除了内酯豆腐，日本豆腐也不可用于补钙。

蔬菜不仅含有大量的钾和镁，可帮助维持机体的酸碱平衡，减少钙的流失，其本身也含有不少钙。绿叶蔬菜大多是钙的中等来源，如小油菜、小白菜、芥蓝、芹菜等，都是不可忽视的补钙蔬菜。

现代科学证明，睡眠有利于钙向骨骼沉积。所以，较好的补钙方法是，在早上喝一袋牛奶，晚饭吃些豆腐，睡前再喝一杯酸奶，这样不仅有利于补钙，也有改善睡眠的作用。患有乳糖不耐症的人可喝低乳糖奶粉，晚上喝酸奶。如果不容易买到低乳糖奶粉，可以适当地在膳食中增加豆腐或其他豆制品的含量。

小贴士

孕妈妈每天应坚持20分钟的户外锻炼，让身体充分接受阳光照射，促进体内维生素D的合成，促进身体对钙的吸收。

营养胎教：
注意增加蛋白质的摄入

第5周 第2天

蛋白质是保证孕妈妈乳腺发育和胎宝宝健康最重要的原材料，妊娠期间，胎宝宝、胎盘、羊水、血容量增加及母体子宫、乳房等组织的生长发育共需925克蛋白质。蛋白质还是脑细胞的主要成分之一，占脑比重的30%~35%，在促进语言中枢发育方面起着极其重要的作用。如果孕妈妈蛋白质摄入不足，不仅会使胎宝宝脑发育出现障碍，还会影响到乳汁蛋白质含量及氨基酸组成，导致妈妈乳汁减少。

虽然孕早期胎宝宝还很小，但大脑和神经系统已经开始发育。而且早期胚胎自己不能合成氨基酸，全部需由妈妈供给。这时如果某些氨基酸摄入不足，可引起胎宝宝生长缓慢，身体过小，有的甚至会引起胚胎畸变。因此，从孕早期开始就应注意增加蛋白质的摄入。未孕前女性每天每千克体重大约需要0.8克蛋白质，如果体重是60千克，每天应该摄入蛋白质48克，孕早期应在原有基础上多摄入5克。

蛋白质主要存在于瘦肉、蛋类、豆类及鱼类中，这些食物中所含的蛋白质必须经过胃肠道消化、分解成氨基酸后才能被人体吸收利用，人体对蛋白质的需要实际上就是对氨基酸的需要。而吸收后的氨基酸只有在数量和种类上都能满足人体需要，身体才能利用它们合成自己的蛋白质。因此，摄入蛋白质除了要保证数量外，还要保证种类和质量，动物性及大豆蛋白质的摄入量至少占1/3以上，孕妈妈每天喝一杯豆浆是简单而又高效的摄取优质蛋白质的方法。

蛋白质不必一次摄入过多，因为人体没有为蛋白质设立储存仓库，如果一次食用过量无法吸收利用，势必造成浪费，应该把一天所需的蛋白质平均分配在三餐中，每餐中都有一定质和量的蛋白质。而且，食用蛋白质要以足够的热量供应为前提。因为如果热量供应不足，机体就会消耗食物中的蛋白质来作能源，影响蛋白质的其他功能。

第5周第3天

营养胎教：早孕反应重应注意补锌

锌是体内100多种酶的组成成分之一，一旦机体缺锌，很多酶都不能发挥作用，易造成生命代谢障碍。大脑中的神经细胞是决定智力高低的主要物质，而锌在促进脑神经细胞核酸的复制与蛋白质的合成中扮演着重要角色，因此锌对促进智力发育有非常重要的作用。大脑神经细胞从孕10~18周开始快速发育，到怀孕8个月时神经细胞增殖基本结束，新生儿出生时脑神经细胞的数目已与成人大致相同。孕期如果缺锌，不仅会影响胎宝宝脑细胞的分裂与数量，还会对胎宝宝的视觉、性器官的发育有不利影响。特别是孕吐严重的孕妈妈，更要注意补锌。

孕妈妈摄入充足的锌可促进胎宝宝的生长发育，预防先天性畸形。本阶段，正是胎宝宝器官分化的重要时期，如果孕妈妈缺锌，会影响胎宝宝四指的发育，增加胎宝宝发生畸形的概率。如果补锌不及时，还会使胎宝宝在宫内生长迟缓，严重缺锌时还会引起缺锌性侏儒症。所以，孕妈妈应注意对锌的补充，孕早期每天应该摄入11.5毫克锌。

专家提醒本阶段的孕妈妈，补锌当以食补为佳，多吃含锌丰富的食物，如贝壳类海产品（牡蛎、蛏子、扇贝、海螺、海蚌）、红色肉类、动物内脏等，栗子、核桃、花生、瓜子等带皮壳的坚果类食品、蛋类、乳类等也是锌的良好来源。精细的粮食加工过程可导致锌的大量丢失，故孕妈妈应少吃经过精细加工的米、面。

小贴士

铁剂补充量每日超过30毫克时，可能会干扰锌的吸收。所以，如果孕妈妈贫血，正在进行药物治疗，每日应该增加锌的摄入量（每日摄入15毫克）。如果严重缺锌则要以药剂补充，孕妈妈需在医生指导下服用含锌的药物。

营养胎教：适当增加维生素A的摄入

第5周第4天

维生素A是一种很重要的脂溶性维生素，胎宝宝发育的整个过程都需要维生素A，它尤其能保证胎宝宝视觉、皮肤、胃肠道和肺部的健康。孕期母体缺乏维生素A可致胎宝宝上呼吸道上皮细胞形成不良，出生后易患呼吸道感染。另外，维生素A还能促进胎宝宝骨骼发育及牙齿釉质的发育。怀孕的头3个月胎宝宝自己并不储存维生素A，因此一定要供应充足。2000年《中国居民膳食营养素参考摄入量》推荐，女性维生素A的适宜摄入量是700微克/日，最多不能超过3000微克/日。

富含维生素A的食物有两类：一是维生素A原，即各种胡萝卜素，存在于植物性食物中，如绿叶菜类、黄色菜类以及水果类，含量较丰富的有菠菜、苜蓿、豌豆苗、红心甜薯、胡萝卜、青椒、南瓜等；另一类是来自于动物性食物的维生素A，这一类是能够直接被人体利用的维生素A，主要存在于动物肝脏、奶及奶制品（未脱脂奶）和禽蛋中。植物来源的维生素A不如动物来源的维生素A吸收利用率高，因此孕妈妈至少需要摄取1/2以上动物性维生素A。植物性维生素A只有加热才能转化成维生素A，因此，生吃胡萝卜不如做熟后维生素A的转化率高。维生素A的吸收需要脂肪的帮助，因此，富含维生素A的食物应与含油脂的食物同时进食，以利于维生素A的吸收。

☆酱炒胡萝卜

材料：胡萝卜150克，豆腐干3块，虾米15克，青豆25克。甜面酱、酱油、白糖、水淀粉、料酒各1大匙，姜末5克，香油1小匙。

做法：（1）胡萝卜洗净，与豆腐干分别切成1厘米的方丁；虾米用料酒、沸水泡发好。（2）锅中油烧热，下入胡萝卜丁、豆腐干丁炸透，呈黄色时捞出，然后下入青豆炒至断生，盛出备用。（3）锅内留余油，烧热后下甜面酱、姜末及适量清水，炒匀后放入虾米，翻炒至上色，下胡萝卜丁、豆腐干丁、青豆，放入酱油、料酒、白糖炒至有酱香味时用水淀粉勾芡，淋入香油即成。

第5周第5天

营养胎教：合理安排日常饮食

处于孕早期的孕妈妈大多受妊娠反应困扰，胃口不佳，日常饮食要注意清淡、易消化，可少食多餐。不用刻意强迫自己吃鸡鸭鱼肉，选择自己喜欢的食物，想吃多少就吃多少。

食物种类	食物数量
米、面	200~250克
杂粮（小米、玉米、燕麦）	25~50克
蔬菜（以绿叶蔬菜为主）	200~400克
水果	50~100克
豆类及豆制品	50~100克
肉类	150~200克
蛋类	50克
乳类	200~250克
植物油	20克

孕妈妈可以多吃一些鱼和其他水产品，因为鱼与人脑营养的关系非常密切。鱼体内有很多营养物质是人脑发育所需要的，尤其是属于冷血动物的深海鱼类，在接近冰点的温度下活动，其体内的牛磺酸有促进大脑发育的作用，还可促进微量元素及其他氨基酸类营养物质的吸收。鱼肉脂肪主要是不饱和脂肪酸，吃鱼还可以补钙。

盐作为调味品，孕妈妈是可以吃的，但不可过多食用。一般来说，每天食盐不得超过1.5~2.0克，其中1/3由主食提供，1/3来自烹调用盐，另外1/3则来自其他食物。

有些孕妈妈在怀孕前就有睡懒觉的习惯，很多时候都是早餐、午餐合为一餐。怀孕以后这种习惯必须改掉，因为早餐对孕妈妈及胎宝宝来说都十分重要。早餐摄取的营养素及能量对血糖的调控有重要的意义，如果不吃早餐极易产生血糖波动。孕妈妈的血糖产生波动会影响胎宝宝的血糖值，进而影响胎宝宝的生长速度。而且，如果孕妈妈不吃早餐，午餐就会吃得比较多，也会给胃造成负担。所以，有这一习惯的孕妈妈，从此时起就要改变生活习惯，做到早睡早起，早、中、晚三餐按时进食。

小贴士

孕吐不是病，是一种人体能够忍受的生理状况。为了自己，也为了胎宝宝，孕妈妈要尽量多补充营养，能吃多少尽量吃多少，不要因为孕吐就什么都不吃。

营养胎教：孕妈妈挑食要不得

第5周第6天

偏食往往导致营养摄入单调，体内长期缺乏某些营养素，会造成营养不良，使妊娠合并症发生率增高，如贫血或骨质软化症等，也会影响胎宝宝正常的生长发育。

1.主食不能不吃

一些孕妈妈在孕前为了保持体形很少吃主食，认为主食是发胖的主要原因。大米、面粉等主食是人体热能的主要来源，放弃或减少主食将使母体严重缺乏能量而使胎宝宝发育缓慢。而且，怀孕后孕妈妈对热能的需要大大增加，如果热量摄入不足，为了满足胎宝宝的需要，就会动员体内的脂肪大量氧化释放热量，而把节约下来的葡萄糖优先供给胎宝宝，这个过程会产生过多的酮体。酮体能够进入胎宝宝体内，影响胎宝宝的大脑和智力发育。

2.动物性食物要限量

也有些孕妈妈为了保障胎宝宝的营养而拼命摄入大量的动物性食物，每天每餐都有超量的鸡鸭鱼肉，同时炒菜用很多油，大大超过身体的需要而转化为脂肪积存于体内，结果自己体重猛长，胎宝宝却营养不良。

3.完全吃素危害多

还有些孕妈妈日日与蔬菜、水果为伴，不吃其他食物。这些素食虽然含有丰富的维生素及矿物质，但蛋白质与脂肪的含量较低。如果长期吃素，会使热能摄入量严重不足，导致胎宝宝生长缓慢。而且，素食中普遍缺少一种被称为“牛磺酸”的营养成分，牛磺酸对儿童的智力发育有着至关重要的影响。因此吃素的孕妈妈应该注意饮食搭配合理，多食用含有蛋白质、脂肪的食物，如奶类、蛋类、豆类、坚果、海藻等食物。

4.坚果类食物要适量

有的孕妈妈每天吃大量的坚果类食物，希望补充必需脂肪酸和优质蛋白质，促进胎宝宝大脑的发育。其实孕期对必需脂肪酸的需要只比孕前略高，而普通的烹调用植物油就能满足这一需要，过多的坚果类食物同时含有极高的热能和脂肪，将影响其他营养素的吸收。

第5周 第7天

营养胎教：有些食物应少吃或不吃

1.少喝或不喝碳酸饮料

孕妈妈饮用碳酸饮料过多可引起缺铁，尤其容易引起缺铁性贫血。因为碳酸饮料中的碳酸盐较多，进入肠道后能与食物中的铁质发生化学反应，降低人体对铁的吸收利用。此外，碳酸饮料含钠较多，孕妈妈摄入过多的钠会加重水肿。因此，孕期应多饮白开水、少饮碳酸饮料。

2.少喝或不喝含咖啡因的饮料

孕妈妈大量饮用含咖啡因的饮料，会出现恶心、呕吐、头痛、心跳加快等症状。咖啡因还会通过胎盘进入胎宝宝体内，作用于胎宝宝，使细胞发生变异，影响胎宝宝的正常发育。有研究指出，每天喝8杯以上咖啡的孕妈妈，所生的婴儿没有其他正常婴儿活泼，肌肉发育也不够健壮。欧洲的孕妈妈中因饮用过量咖啡导致婴儿损伤甚至流产者不计其数。

茶中含有2%~5%的咖啡因，每500毫升浓红茶中大约含咖啡因0.06毫克。如果每日喝5杯浓茶，相当于服用0.3~0.35毫克咖啡因。此外，茶叶中还含有大量的鞣酸，可与食物中的铁元素结合，影响铁的吸收。因此，过多饮用浓茶有可能引起妊娠贫血，将给胎宝宝造成先天缺铁性贫血的隐患。

3.少吃糖

糖吃得过多会出现饱胀感，必然会减少其他营养素的摄入，导致营养不全面、不平衡。而且人体代谢糖需要消耗大量的维生素B和钙，维生素B不足会使眼球壁强力减弱，不但孕妈妈自己易患眼疾，还会直接影响胎宝宝的视力发育；孕妈妈缺钙会导致胎宝宝牙齿、骨骼发育不良，出生后容易出现佝偻病、说话晚、出牙晚、走路晚等问题。

4.孕期应慎食罐头食品

罐头食品在制作加工的过程中，一般会加入一些人工合成色素、香精、甜味剂、防腐剂等化学物质，孕妈妈食用了含有这些食品会影响身体各系统的功能，影响胎宝宝的生长发育，甚至会造成流产、早产、死胎或畸形。罐头食品经高温处理后，食物中的维生素和其他营养成分都已受到一定程度的破坏，孕妈妈食用后也摄取不到充足的营养。

营养胎教：别迷信补药、补品

第6周第1天

许多孕妈妈都知道，此时的胎宝宝仍然不稳定，一不小心就有可能流产，于是便产生了用进补来安胎的想法，还有些孕妈妈想通过吃补药、补品让胎宝宝长得更快、更好，可往往适得其反，甚至对胎宝宝造成不良影响。比如人参，虽属老少皆宜的大补元气之品，但孕妈妈久服或过量服用会阴耗气盛，阴虚则火旺。有关专家曾对100多名服人参1个月以上的人进行观察，发现大多数人会出现激动、烦躁失眠、咽喉干痛、刺激感强烈和血压升高等不良反应，这些不良反应其实就是阴虚火旺的表现。而且服用人参过多还会产生抗利尿作用，易引起水肿。由此可见，孕妈妈滥用人参易加重妊娠呕吐、水肿和高血压等现象，也会促使阴道出血而导致流产。而且胎宝宝对人参的耐受性很低，所以孕妈妈还是不吃人参为好。

除了不可滥用人参外，其他如鹿茸、鹿胎胶、鹿角胶等也不宜服用，因为这些都是温补助阳之品。如果实在是病情需要，应在医师指导下服用。

第6周 第2天

营养胎教：喝水也要讲究方法

孕期血容量会扩增40%~50%，对水分的需求增加，除了饮食每天至少要喝6~8杯水。如果呕吐严重，更要酌情补水。早晨起床后应空腹喝一杯新鲜的凉开水，能使血液稀释、血管扩张，从而加快血液循环，补充细胞夜间丢失的水分。有研究表明，早饭前30分钟喝200毫升25℃~30℃的新鲜开水，可以温润胃肠，促进消化液的分泌，刺激肠蠕动，有利于定时排便和防止痔疮、便秘。不要等感觉口渴了才喝水，因为口渴说明体内水分已经失衡，脑细胞脱水已经到了一定的程度，建议孕妈妈每隔2小时饮水1次，每日8次。

不是所有的水都能喝，久沸或反复煮沸的开水最好不要喝。因为水反复沸腾后，水中的亚硝酸银、亚硝酸根离子以及砷等有害物质的浓度会相对增加，容易引起血液中毒。另外，在热水瓶中贮存超过24小时的开水也不要喝。

情绪胎教：正确认识早孕反应

第6周 第3天

妊娠早期，尤其是在妊娠40多天到两个多月期间，孕妈妈往往有食欲不振、厌食、轻度恶心、呕吐、口水增加、头晕及倦怠等症状，这些症状在清晨更易出现，是孕妈妈特有的症状，也是一种正常的生理反应，称为“早孕反应”，大多会在孕3个月后自行消失，一般对生活和工作影响不大，不用特殊治疗。

有关早孕反应产生的原因有各种各样的说法，有人认为早孕反应与人绒毛膜促性腺激素的作用有关，证据为早孕反应出现和消失的时间与孕妈妈血中人绒毛膜促性腺激素出现和消失时间相吻合；也有人认为早孕反应与植物神经功能失调有关；还有人认为早孕反应是胎盘产生的毒素或精神方面的原因引起的等。一般而言，神经质的孕妈妈早孕反应较重；另外，夫妻感情不和，不想要孩子而怀孕时也容易出现比较重的早孕反应。

还有一种多见于第一胎孕妈妈的、较为严重的情况，起初为一般的早孕反应，但逐日加重，一般于妊娠第8周时最为严重，表现为反复呕吐，除早上起床后恶心及呕吐外，甚至闻到做饭的味道、看到某种食物就呕吐，吃什么吐什么，以致连喝水都吐，呕吐物中出现胆汁或咖啡渣样物。由于严重呕吐导致食物摄取不足，机体便消耗自身脂肪，引起脱水和电解质紊乱，形成酸中毒和尿酮体阳性。孕妈妈的皮肤发干、发皱，眼窝凹陷，身体消瘦，严重影响身体健康，甚至会威胁生命，这种严重的妊娠反应称为“妊娠剧吐”。出现这种情况应该立即住院治疗，通过静脉输液使孕妈妈尿液中酮体由阳性转为阴性。孕妈妈完全不能进食时应静脉补充至少150克葡萄糖。住院期间一般要做B超检查，确定胎宝宝是否正常；做肝脏功能及乙型肝炎血清学化验，以排除外妊娠合并乙型肝炎等疾病。最初两三天可能需要禁食，主要通过静脉输液补充营养及纠正酸碱及水电解质平衡。一般经上述治疗后病情可迅速好转，呕吐停止，尿量增加，尿酮体由阳性转为阴性，食欲好转，此时可给予少量流食，并逐渐增加进食量或改进软食。

第6周 第4天

营养胎教：缓解孕吐有妙招

早孕反应会影响孕妈妈的饮食和对营养素的摄取，严重时还会损害孕妈妈的健康和胎宝宝的发育，所以要注意调理：少食多餐，缩短进食间隔，避免因饥饿而加重恶心的感觉；呕吐剧烈时、餐前及餐后1小时内要避免喝太多液体；感觉恶心时吃一些清淡、易消化且较干的细粮类主食，比如烤面包片、米饭、面条、咸苏打饼干等；避免油炸食物或者肉丸子、鸡翅、猪蹄等高脂肪食物，因为这会延缓胃排空而增加呕吐的可能；避免太咸、太酸、太甜、太辣的食物或饮料（如酱豆腐、柠檬等），也不要接触味重（如鱼腥味、大蒜味、咖喱味等）的食物；保持室内及厨房空气的流通。

为了防止呕吐严重时引起脱水，孕妈妈可选食一些含水分比较多的食品，如各种水果、新鲜蔬菜等。热食气味大，有些孕妈妈会比较敏感，可以将热食凉凉后再食用。下面介绍几种缓解早孕反应的食谱：

★ 甘蔗姜汁：取甘蔗汁加少量生姜汁，频频缓饮。

★ 柚子皮煎：取柚子皮用水煎服，连服数天。

★ 生姜米汤：取生姜汁数滴，放入米汤内，频服。

★ 橙子煎：取橙子用水泡去酸味，加蜂蜜煎汤频服。

★ 姜汁牛奶：（1）姜1大块，全脂纯牛奶1袋，砂糖适量。姜去皮洗净，把姜磨出姜汁2~3茶匙，并用纱布或小密筛筛过，倒入碗中备用；（2）牛奶煮沸，加糖搅拌均匀；（3）将牛奶搅动至70℃~80℃，迅速将牛奶装入盛有姜汁的碗中，放置30分钟即可。

★ 奶香烤土豆：（1）土豆2~3个，奶酪6片，菠萝、盐适量。（2）将土豆洗净、煮熟后去皮，切成条状；将土豆条放在烤盘中，将切碎的奶酪、菠萝及盐均匀地撒在土豆上；（3）烤箱200℃预热10分钟后放入土豆，烤约5~6分钟后即可。

小贴士

姜自古以来就是民间止孕吐的良方妙药，对轻度孕吐效果最为明显。

环境胎教：用药应事先咨询医生

第6周第5天

孕早期，特别是妊娠的前8周，是胎宝宝最脆弱的时期，也是各种器官、组织分化形成的关键时期，最容易受到外界有毒有害物质的影响，导致畸形或流产。所以，如果孕妈妈生病了，最好的方法就是咨询医生，在医生的指导下用药，能用一种药物治疗就不要再用其他药物，避免重复用药和同时服用多种药物。切忌自己滥用药物，或听信偏方、秘方等，以防发生意外。

大多数药物都可经过胎盘进入胎宝宝体内，对胎宝宝产生影响。近几年的优生遗传研究证实，部分中草药对孕妈妈及胎宝宝也有不良影响。

活血破气类

“破气”会使气行逆乱，气乱则无力固胎，也容易发生流产。“活血”使血液循环加速，追血下溢，导致流产。这类中药有桃仁、枳实、蒲黄、红花、乳香等。

利下类

这类中约往往具有通利小便、泻下通腑的作用，常会伤阴耗气，如滑石、冬葵子、甘遂、大戟、芫花、巴豆、牵牛子、薏苡仁和木通等。

芳香渗透类

此类中药辛温香燥，有通胎外出之弊，如麝香、草果、丁香和降香等。

大辛大热类

辛热之药有造成堕胎的危险，如附子、肉桂、川乌、草乌等。

不仅中草药对胎宝宝有影响，由于中成药成分比较复杂，在服用时也应慎重，如有牛黄解毒丸、大活络丸、小活络丸、牛黄清心丸、风湿跌打丸（酒）、小金丹、玉真散、失笑散、苏合香丸、木瓜丸、活血止痛散、再造丸、苁蓉通便口服液、冠心苏合丸、五味麝香丸、利胆排石片（冲剂）、上清丸、藿香正气丸（水）、防风通圣丸、蛇胆半夏末、安宫牛黄丸、附子理中丸、祛风舒筋丸、六神丸、十滴水。

第6周第6天

环境胎教：远离有毒有害物质

1.不要接受放射或CT检查

有些X射线对胎宝宝是有潜在危害的，比如对胃、肠、胆囊、肾或腰椎拍X光片；有些是无害的，比如对手脚、乳房、牙齿拍X光片。因此，孕妈妈最好不要做X线检查，更不能做放射性同位素检查，在孕早期接触放射线可能引起胎宝宝脑积水、小头畸形或造血系统缺陷、颅骨缺损等严重后果。从事接触放射性辐射工作的孕妈妈，在怀孕期间应调离工作岗位。

CT是利用电子计算机技术和横断层投照方式，将X线穿透人体每个轴层的组织，具有很高的密度分辨力，做一次CT检查所受到的X线照射量比X光检查大得多，对人体的危害也大得多。如果孕妈妈不是病情急需，还是不做CT检查为好。如果必须做CT检查需要在腹部放置防X射线的装置，以避免和减少胎宝宝发生畸形的可能性。

2.不要接触农药和汽油

大部分农药均能被孕妈妈吸收，并通过胎盘进入胎宝宝体内，甚至在胎宝宝体内的浓度会比母血中的浓度还高，从而导致胎宝宝生长迟缓、发育不全、畸形或功能障碍，也是引起流产、早产和胎宝宝宫内死亡的原因之一。特别是怀孕早期，胎宝宝对外界有害因素的干扰与损害特别敏感，如此期孕妈妈接触农药，将非常容易导致胎宝宝畸形。

现代交通工具大多以汽油为燃料，汽油很容易经呼吸道吸入或接触皮肤，对人体危害比较大。动力汽油为了防震防爆都加入了一定量的四乙基铅，成为乙基汽油。乙基汽油燃烧时四乙基铅即分解，放出的铅随废气排入大气中，被人吸入体内的铅会在血液中积累，进而对人体产生危害，孕妈妈铅中毒会导致胎宝宝畸形。因此，孕妈妈不宜继续从事生产、配制或保管四乙基铅、乙基溶液和乙基汽油的工作，平时也要注意远离汽油。

日常用的洗涤剂，如洗衣粉、洗发水、洗洁精等，含有直链烷基磺酸盐、酒精等化学成分，在孕早期过多接触会使受精卵外层细胞变性，导致流产。

环境胎教：
调离不适宜的工作岗位

第6周 第7天

怀孕以后应该暂时调离一些工作岗位以保护自己和胎宝宝的健康，如高度紧张的工作，不能休息的工作，长时间站立的工作，震动波及腹部的工作，频繁上下楼梯的工作，过重的体力劳动，经常接触动物的工作，接触各种病毒和病人的工作，接触刺激性或有毒的化学物品的工作，接触电磁辐射的工作，需独自在野外的工作等。

办公室或公共场所的电话是最容易传播疾病的物品之一，如果打电话的人双手不干净、正患感冒等疾病，可能会遗留细菌或病毒在话筒上，将疾病传播给接着用电话的孕妈妈。因此，建议孕妈妈尽量不要用公共场所的电话。办公室的电话如果是多个人共同使用，可以经常用酒精消毒。

复印机在启动时会释放出一些有毒气体，有静电作用，会产生臭氧，不利于孕妈妈的健康，可能会使人头痛、眩晕，引发咳嗽、哮喘等。建议孕妈妈尽量不用或少用复印机，与复印机保持一定的距离或避免在同一房间，将复印机摆放于空气流畅、无阳光直射的地方。

第7周第1天

行为胎教：第一次到医院接受产检

一般来说，最晚也要在停经6~8周时去医院就诊，以尽早确认是否怀孕，并准确推算预产期。

1.医院的选择

孕期检查和分娩最好选择一家离家近、交通方便、设备先进、医务人员经验丰富的医院。医院离家近非常重要，孕期中的产前检查就可以节约不少时间，减少很多麻烦；而临产前，有时经常会出现一些突发紧急情况，如早破水、胎动过频或突然减少、剧烈腹痛、阴道出血等情况，如处理不及时会危及母婴安全，医院离得近可减少路途奔波，避免延误处理时间。可考虑首选专科医院，如妇产医院或妇幼保健院，这些医院大多技术力量雄厚，设备先进，有齐全的辅助科室，住院环境舒适，拥有设施优越、抢救设备齐全的产房、手术室、婴儿室。综合医院，特别是三级甲等综合医院，也是值得信赖的选择。特别是怀孕时伴有肺结核、病毒性肝炎等严重疾病或出现严重并发症的，最好选择综合性医院产科做检查和分娩。

2.第一次问诊

第一次检查医生通常会问以下问题：

★ 本次妊娠情况：月经周期，最后一次月经的时间，停经后的情况（腹痛、阴道出血、妊娠反应等）；

★ 以前妊娠情况：妊娠次数，分娩次数，流产次数，人工流产方式等；

★ 既往有无心、肝、肺、肾等慢性疾病史，有无手术外伤史、药物过敏史；

★ 丈夫的健康情况。

★ 有无家族性遗传疾病史。

3.主要检查内容

不同的医院检查项目会有一些差异，一般来说，除了进行妊娠测试以确认是否怀孕外，还会包括完整的体格检查：身高、体重、血压测量，颈部触诊及甲状腺检查，心肺部听诊，乳房、腹部及四肢检查，阴道检查，等等。还有一些孕期的非常规检查项目，如微量元素检查、骨密度检测、甲胎蛋白检测（AFP）等，医生会根据每个人的具体情况给出合理的建议。

第一次到医院检查一定要空腹，以便采血。

行为胎教：孕妈妈要注意冷暖起居

第7周 第2天

古代医学家徐之才强调：“二月之时，儿精成于胞里，当慎护之，勿惊动也。”意思是说妊娠两个月时，胎宝宝的精气在母体的胞宫内生成，必须谨慎护理，不要随便惊动他。这时的胚胎不仅形态上已产生了巨变，而且还能够感受到外界的刺激，孕妈妈切不可认为怀孕不久，胎宝宝尚未成形而掉以轻心。

此时正是胚胎发育最关键的时刻，胚胎对致畸因素特别敏感，因此要慎之再慎，绝不可滥用某些化学药品，或接触对胎宝宝有不良影响的事物。孕妈妈在思想感情上应确立母儿同安的观念，精心保护胎宝宝。

寒冷是孕妈妈的大敌。在办公室中，如果办公桌的位置刚好在冷气的送风口，最好和同事商量，暂时调换位置。平常可在膝盖上加盖衣物或穿袜子保暖。

发烧是常见致畸因素，不但会伤害胎宝宝正在发育着的中枢神经系统，严重的还会造成流产、死亡、畸形等。体温越高，持续时间越长，致畸可能性就越大。孕妈妈要注意衣着起居，特别是在冬春季节等流感多发期，不要着凉，不要去影剧院、商场等人多的公共场所，避免和呼吸道感染患者接触。此外还要注意室内经常开窗通风，保持室内空气流通。一旦发烧，不要随便用药，应及早去医院接受治疗。

尽量避免过于劳累，这点非常重要。如果孕妈妈在平常就能建立良好的人际关系，这时就能在良好的工作气氛中，边享受初为人母的成就感，边品尝工作的乐趣。

有些妊娠反应严重的孕妈妈常常感觉全身倦怠，无精打采。但是如果不是医生建议你卧床静养，请不要放弃工作。因为适度忙碌的工作，同事之间的交流和关心，对调节你的情绪非常有好处。

小贴士

这段时期是最容易发生流产的时期，性生活对孕妈妈和胎宝宝会产生刺激，最好暂停。

第7周第3天

行为胎教：不要长时间用手机、看电视

手机本身所发射的高频电磁波对人体会产生危害。尽量让手机离自己远一点。据说手机信号刚接通时，产生的辐射比通话时产生的辐射高20倍。因此，信号接通的瞬间最好把手机放在离自己远一点的地方（15厘米左右），这样能减少绝大部分的辐射量。

不要在胸前挂手机。手机挂在胸前会对心脏和内分泌系统产生一定的影响，即使在待机状态下，手机周围也存在电磁波辐射，虽然没有接通时危害大，但对胎宝宝来说也是非常不利的。

充电器的辐射也很厉害。手机充电器是大家都比较容易忽略的。充电器在充电时，它周围会产生很强的电磁波，能杀死人体内的免疫细胞，所以孕妈妈最好远离手机充电插座30厘米以上，另外也不要把充电器放在床边。

许多孕妈妈担心看电视、用电脑会受到辐射而影响胎宝宝的健康。其实，合格的电视机所产生的射线穿透力很弱，容易被物体吸收，一般不致对人体产生伤害。如果孕妈妈使用的电视机符合安全检测标准，并且看电视时身体能离开电视机1米以上，从理论上说是安全的。但是，长时间看电视，除了射线辐射外还会受到电磁波辐射的影响，对胎宝宝及孕妈妈的健康是会有一定影响的。所以，孕妈妈不宜长时间看电视，每1小时应起立活动5~10分钟。长时间不活动会让孕妈妈感到头昏脑涨、乏力疲惫。也不能吃完饭后就立即看电视，饭后立即看电视会造成供给胃肠的血液减少，影响孕妈妈的消化吸收。看电视时音量不要太大，要避免看刺激性强的电视节目，以免身体疲劳、精神紧张，从而影响休息、睡眠。

行为胎教：写好孕期日记

第7周第4天

这个月该写些什么内容了呢？可以记录一下早孕反应开始的日期。早孕反应一般在孕2月的时候出现，这是由于母体受到绒毛膜促性腺激素的刺激引起的。还可以记录一下妊娠反应的强弱，都有什么样的反应。通常情况下，妊娠反应会出现厌食、偏食、食欲不振等症状；清晨起床后会感到恶心、呕吐等，但这些都属于正常情况，如果孕妈妈还伴随有其他严重症状出现，就应到医院就医。前往医院时可随身携带自己的日记本，将自己记录下的一些数据提供给医生，以便于医生作出正确的判断。

下面是一位孕妈妈的怀孕日记：

2010年5月30日 晴 怀孕第7周第4天

早8:00：到单位没过多久，恶心得不行。

中午12:00：菜吃了一点点，不过，半个玉米强忍着全吃了下去。

下午17:00：一直到5点下班滴水未进，连喝水都恶心。

晚上19:00：回到家吃了点东西就睡觉了，一直堵到心口。

第7周第5天

情绪胎教：和胎宝宝一起玩折纸

折纸是一项手、眼、脑并用的活动，孕妈妈通过折纸不仅可以调节手脑的协调性，还可以调节不良情绪，而胎宝宝在孕妈妈的腹中也可以体会到快乐的情绪。

不妨到书店买本指导折纸的书来参考，折些纸飞机、帽子、动物等，写上日期和对胎宝宝的祝福，并将这些作品保留起来，这可是你和胎宝宝共同的财富，蕴藏着你对胎宝宝的浓浓爱意。

可以给胎宝宝折一个小衣服，具体做法如下：

1. 先将一张彩纸裁切成一个正方形（图①）。
2. 沿着虚线把四个角向心折（图②）。
3. 沿着虚线把四角向后折，再向心折（图③）。
4. 翻过来，把四个角分别向外推开（图④）。
5. 对边折，然后就大功告成了（图⑤）。

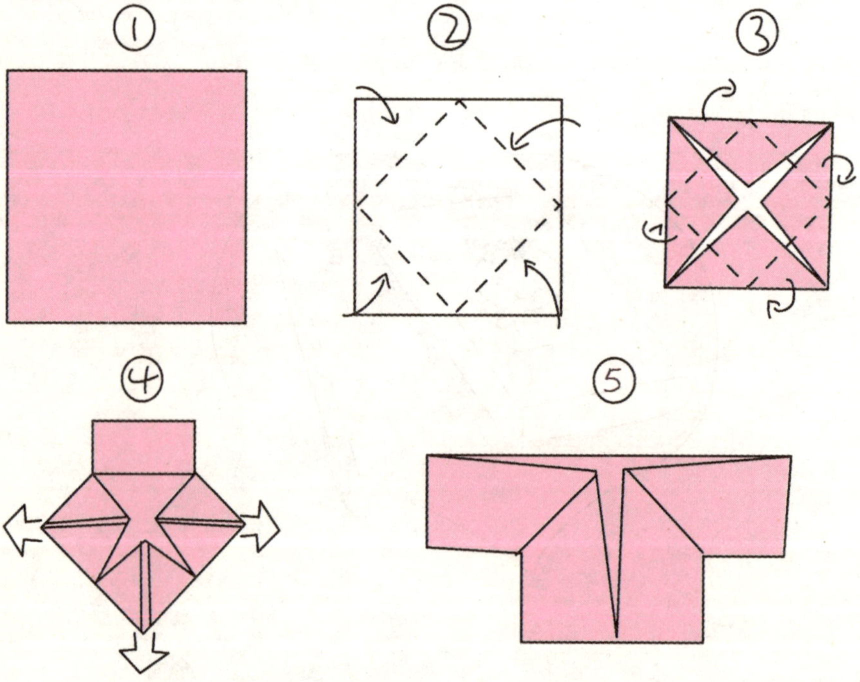

情绪胎教：孕妈妈不要过度担忧

第7周第6天

有些孕妈妈受早孕反应影响，身体非常不适，于是开始担心胎宝宝的健康问题；有些本身患有某些疾病的孕妈妈，常担心是否能顺利度过孕早期……这些担忧势必会影响孕妈妈的情绪，不仅对自身没有好处，对胎宝宝的成长也无益。专家研究发现，担心、恐惧、忧虑都会使肾上腺素的分泌增加，而体内肾上腺素堆积过多，会直接影响到胎宝宝的生长发育。

日本幼儿开发协会理事长井深大先生曾经利用B型超声波仪对两组孕妈妈和胎宝宝进行观察，结果发现：胎宝宝能够理解孕妈妈的情感。一组是孕妈妈因为担忧而哭泣。从影像来看，开始时胎宝宝动作比较缓慢，接着是吃惊般的动作，后来动作越来越奇怪了：头部、胸部及腹部抽动着，出现了轻微的痉挛，最后全身抽搐起来；另一组是孕妈妈因为高兴而哭泣。从影像上看，胎宝宝总是缓慢而不停地活动着。随之，胎宝宝的脉搏跳动也逐步加速，但却没有出现痉挛或其他特殊的动作，一直是比较舒畅的大动作。

孕妈妈与胎宝宝，在生理上并非共用一个大脑和植物神经系统，而是分别有其独自的神经系统和血液循环机能。但是胎宝宝还是会通过孕妈妈机体的变化来理解孕妈妈的情感。孕期若过度恐惧忧伤、高度紧张，或接受机体难以承受的精神刺激等，均可引起胎盘早剥，造成胎宝宝死亡。因此，如果孕妈妈有了心理负担要及时消除。高龄孕妈妈要随时查看胎宝宝的发育情况，以便于及早发现问题尽快处理。身患高血压、心脏病等疾病的孕妈妈则应按时到医院就诊，随时听取医生的建议，以保证孕妈妈和胎宝宝的健康。对于因早孕反应而引起的担心，孕妈妈不妨多学习一些孕育知识，实在不放心可到医院进行咨询。

第7周第7天

行为胎教：孕妈妈也应该容光焕发

在怀孕期间，孕妈妈也可以打扮得很漂亮。事实上，美容、穿衣也是一种胎教。美丽是每一位女性所追求的，姣好的容颜会给你带来许多欢乐。怀孕了就更应精心打扮，这一方面是自娱的一种方式，对自己容颜、服装的关心会使你忘掉妊娠中不快的反应；另一方面，会使你显得气色很好，别人看了称许几句，你也一定会很高兴的。装扮自己会使孕妈妈保持自信、乐观的心态。怀孕虽然使以前的体态美消失了，但同时又是另一种美。

仪容美的关键在于整洁，不在于是否化妆。怀孕后最好不要化妆和涂指甲油，因为有研究表明，化妆品中的有毒物质可能会伤害胎宝宝。目前，市场上销售的化妆品多是以硝化纤维为基料，配以丙酮、乙醇、苯二甲酸等化学溶剂和各色染料制成的，对人体或多或少有一些毒副作用。成年人的身体已经建立了完善的抗毒和解毒系统，合格的化妆品进入人体通常不会对使用者造成伤害。但胎宝宝尚未建立完善的解毒功能，即使是少量的毒素也会有敏感反应。如果毒素由皮肤吸收或经口进入孕妈妈体内，就会通过胎盘和血液进入胎宝宝体内，日积月累会影响胎宝宝的正常发育。

小贴士

清凉油在日常生活中应用广泛，具有爽神止痒和轻度的消炎退肿作用，但清凉油含有的樟脑可穿过胎盘影响胎宝宝的正常发育，严重的可以导致畸胎、死胎或流产。因此，孕妈妈不宜涂用清凉油、万金油、风油精等，尤其是孕早期应绝对禁止使用。

情绪胎教：慢慢适应孕妈妈这个新角色

第8周 第1天

孕1~3个月是孕妈妈从为人妻到即将为人母的一个重要转变阶段，有些孕妈妈因为之前没有妊娠计划，还不能正视这个上天赐给她的小生命，再加上早孕反应及对分娩的害怕心理，常常情绪不稳定。这就需要家人，特别是准爸爸的关心和劝慰了。此时准爸爸可以带着孕妈妈去外面散散步，也可以选一些孕妈妈喜欢听的笑话讲给她听，帮助其转换心情。孕妈妈自身也要学会调整情绪，尽量多想一些令人愉快的事情，多看一些与胎宝宝及新生儿有关的书籍，这会帮助你逐渐适应孕妈妈的角色。

在许多人眼里，女人怀孕生孩子是一件非常大的事情，家里人要以孕妈妈为中心，其他的事情都不重要。这些想法都是不对的，在这个过程中，准爸爸也在承受着一定的心理压力。在产前，准爸爸所表现出的精神问题、心理问题也会对胎宝宝产生很大的影响。研究结果表明，女性在怀孕后，其配偶的压力会较孕前增大许多。孕妈妈和准爸爸的压力都是中度，但准爸爸的压力高于孕妈妈。由此可以看出，准爸爸也需要调整心态，和孕妈妈一起完成角色转变。

第8周第2天

语言胎教：为胎宝宝朗读《雪花的快乐》

徐志摩，现代诗人、散文家。著有诗集《志摩的诗》《翡冷翠的一夜》《猛虎集》《云游》，散文集《落叶》《巴黎的鳞爪》《自剖》《秋》，小说散文集《轮盘》等。胡适之在《追忆志摩》中指出“他的人生观真是单纯的信仰，这里面只有3个大字：一个是爱，一个是自由，一个是美……” 今天我们就与孕妈妈一同来欣赏徐志摩的《雪花的快乐》。记住，要为胎宝宝大声朗诵。

《雪花的快乐》

假如我是一朵雪花，
翩翩的在半空里潇洒。
我一定认清我的方向——
飞扬，飞扬，飞扬，
这地面上有我的方向。
不去那冷寞的幽谷，
不去那凄清的山麓，
也不上荒街去惆怅——
飞扬，飞扬，飞扬，——
你看，我有我的方向！

在半空里娟娟的飞舞，
认明了那清幽的住处，
等着她来花园里探望——
飞扬，飞扬，飞扬，——
啊，她身上有朱砂梅的清香！
那时我凭借我的身轻，
盈盈的，沾住了她的衣襟，
贴近她柔波似的心胸——
消溶，消溶，消溶——
溶入了她柔波似的心胸！

音乐胎教：现在开始吧

第8周 第3天

怀孕的第1个月，胎宝宝没有听的能力，只能通过母体内的波动而感受到外界的刺激。到怀孕第2个月时，胎宝宝的内耳已经形成，可以正式进行音乐胎教了。这一时期，孕妈妈由于早孕反应的影响，需要一些镇静、舒心、促进食欲的音乐，在优美的音乐声中缓解妊娠反应带来的不适，也有利于胎宝宝的发育。

如民族管弦乐《喜洋洋》《春天来了》等乐曲，柔和平缓，优美细致，带有诗情画意，具有镇静的作用；奥地利作曲家约翰·施特劳斯的《春之声圆舞曲》等乐曲，曲调优美酣畅，起伏跳跃，旋律轻盈优雅，可以缓解孕妈妈的忧郁情绪；《江南好》《春风得意》等乐曲，轻松悠扬，节奏明朗，优美动听，使人赏心悦目；《锦上添花》《矫健的步伐》以及奥地利作曲家海顿的乐曲《水上音乐》等乐曲，清丽柔美，抒情明朗，可以消除孕妈妈的疲劳；《步步高》《金蛇狂舞》等作品，曲调激昂，引人向上，旋律婉转明快，令人精神振奋；《花好月圆》《欢乐舞曲》等乐曲，可促进孕妈妈的食欲；德国音乐家勃拉姆斯的《摇篮曲》、德国浪漫派作曲家门德尔松的《仲夏夜之梦》等乐曲，旋律轻盈灵巧，美妙活泼，情调安详柔和，具有催眠的作用；此外，还可选择约翰·施特劳斯的华尔兹或古典名曲。

每次进行音乐胎教之前，孕妈妈要先用手轻轻触压几下胎宝宝，或用手轻轻拍几下胎宝宝，提醒胎宝宝现在要进行音乐胎教了。听音乐的时间可自己选择，每天下班回家后、每晚睡觉前或每天上午都可以。

小贴士

并不是所有的音乐都能被胎宝宝接受。研究表明，孕早期胎宝宝喜欢听与子宫的胎音合拍的音乐。在巴赫、莫扎特的乐曲中，有和人类生命节律相通的部分，那是一种犹如河水潺潺流动一般的周期波声音，与大脑中的阿尔法波和心跳波动的图形相似，很容易被胎宝宝和孕妈妈所接受，而且听了会很愉快，这样才能真正达到音乐胎教的目的。

音乐胎教

第8周 第4天 给胎宝宝唱一首《布谷》

真正的快乐来自爱和阳光，所以，和谐快乐的家庭氛围是胎宝宝的文化摇篮。处于爱和温暖的气氛中，孕妈妈的心中一定会充满幸福感，并通过各种方式传递给胎宝宝。

“布谷！布谷！在森林里叫，让我们唱吧，跳吧，春天春天快要来临。
布谷！布谷！不停地叫，来到田野草地和树林，春天春天你快来吧。
布谷！布谷！可爱的英雄，你的歌声多么地美妙，冬天过去春天来到。”

布谷鸟，初春的使者，它用轻柔、甜美的鸣叫带给人们充满神奇幻想的绿色世界。透过这似乎已穿越无数时空的声音，我们触到了春的芳香。布谷鸟，这群美妙的精灵，仿佛是春天的诗人，它们用歌声浇灌生命，用灵魂抒写生命的序曲。自然优美是它们的主旋律，快乐、希望是它们带给我们的生命感悟。听到了它们的歌声，你是否感受到小天使生命的脉搏轻快起来了呢？

运动胎教：学跳慢步交谊舞

第8周第5天

运动可以防止孕妈妈体力下降，并可以逐渐增加孕妈妈的肌力和持久力。这一周，孕妈妈可以练习跳舞，只要强度适中，对孕妈妈和胎宝宝都有好处。

怀孕是一个较漫长的过程，如果孕妈妈只知道在家待着，不参加社交活动，极容易造成自闭、忧虑等，对胎宝宝发育极为不利。建议孕妈妈走出家门去跳舞。跳舞其实和游泳一样，是一种很好的锻炼，可使分娩更顺利。孕妈妈可以配合旋律，使手、脚、腰等部位自然摆动，让肌肉充分伸展、放松，以达到运动的目的。

妊娠期间虽然肚子很大，可是由于卵细胞激素的作用，会使身体令人意外地自由和柔软、如果能很愉快地运动，身体内就会分泌快乐激素，就会通过胎盘让宝宝感受到，使得胎宝宝身心健康地成长，也可以确保分娩的顺利进行。

如果孕妈妈从来没有跳过舞，妊娠期也不必特意去学跳舞。选择自己最喜欢的运动，持之以恒就可以了。

小贴士

胎教专家认为，慢步交谊舞是对孕妈妈一项很好的活动，有利于身心的调节和健康，并且在整个孕期都可以跳舞。注意，不要过于劳累，跳舞场所如果空气不好最好不要参与。

美育胎教

第8周第6天

给胎宝宝读法布尔的《昆虫记》

昆虫记——蝉和蚁

我们大多数人对于蝉的歌声总是不大熟悉的，因为它住在生有洋橄榄树的地方。但是凡读过拉封敦的寓言的人大概都记得蝉曾受过蚂蚁的嘲笑吧，虽然拉封敦并不是谈到这个故事的第一人。

故事上说：整个夏天，蝉不做一点儿事情，只是终日唱歌，而蚂蚁则忙于储藏食物。冬天来了，蝉为饥饿所驱，只有跑到它的邻居那里借一些粮食，结果它遭到了难堪的待遇。

骄傲的蚂蚁问道：“你夏天为什么不收集一点儿食物呢？”蝉回答道：“夏天我歌唱太忙了。”

“你唱歌吗？”蚂蚁不客气地回答，“好啊，那么你现在可以跳舞了。”然后它就转身不理蝉了。

这个寓言是造谣，蝉并不是乞丐，虽然它需要邻居们很多的照应。每到夏天，它们成阵地来到我的门外唱歌，在两棵高大筱悬木的绿荫中，从日出到日落，那粗鲁的乐声吵得我头脑昏昏。这种震耳欲聋的合奏，这种无休无止的鼓噪，使人任何思想都想不出来了。

有的时候，蝉与蚁也确实打一些交道，但是它们与前面寓言中所说的刚刚相反。蝉并不靠别人生活，它从不到蚂蚁门前去乞食，相反的倒是蚂蚁为饥饿所驱哀求这位歌唱家。我不是说“哀求”吗？这句话还不确切，其实它是厚着脸皮去抢劫的。

七月时节，当我们这里的昆虫为口渴所苦，失望地在已经枯萎的花上跑来跑去寻找饮料时，蝉则依然很舒服，不觉得痛苦。用它突出的嘴——一个精巧的吸管，尖利如锥子，通常收藏在胸部——刺穿饮之不竭的圆桶。它坐在树的枝头，不停地唱歌。只要钻通柔滑的树皮，里面有的是汁液。吸管插进树皮孔，它就可饮个饱了。

最坏的罪犯要算蚂蚁了。我曾见过它们咬紧蝉的腿尖，拖住它的翅膀，爬上它的后背，甚至有一次一个凶悍的强盗，竟当着我的面抓住蝉的吸管，想把它拉掉。

你看，真正的事实不是与那个寓言相反吗？蚂蚁是顽强的乞丐，而勤苦的生产者却是蝉呢！

抚摸胎教：
胎宝宝已能感觉到妈妈的触摸

第8周 第7天

抚摸养胎是父母与胎宝宝沟通的重要途径，是建立在胎宝宝具有触觉的基础上的，可促进胎宝宝的感知觉发育，能使胎宝宝感知到父母的存在，也可以带给父母无穷的乐趣。研究表明，胎宝宝发育到第4周时神经系统已经开始建立，第8~11孕周时胎宝宝对触觉有了反应，这时孕妈妈就可以开始进行抚摸胎教了。可在每日午睡或晚上睡觉前做，一天有2次就可以，每次进行10分钟。平躺下后，先放松全身肌肉，调整好心情，使情绪处于宁静、愉悦的状态，然后把手放到子宫部位，温柔地、轻轻地抚摸。可以轻轻地用手掌绕圈子抚摸，加上温柔的、充满爱意的语言，或者轻轻地哼摇篮曲等旋律柔和的歌曲。

实行抚摸养胎时，孕妈妈对胎宝宝充满了关爱，气血处于很顺畅的状态，胎宝宝的气血也会随之变得顺畅，对于胎宝宝大脑的发育和个性的形成益处多多。胎宝宝在接受抚摸时会有很愉悦、舒服的表情，非常喜欢此类刺激。

父母在抚摸胎宝宝时，一边和胎宝宝轻轻地说说话，一边相互之间谈谈心，交流交流感情，好似一家三口围坐在一起，充满温馨、亲密的气氛。专家们根据对胎宝宝出生后的跟踪调查发现，经过抚摸养胎训练的胎宝宝，出生后会比一般婴儿动作灵活、感受力强，对环境的反应能力也较强，身体也会更健康。

孕妈妈每月记事

产前体检情况

宫高

腹围

体重

胎儿大小

胎动

目前体重

心情

准爸爸的表现

下月产检日期

孕3月（第9~12周）：为了宝宝保重自己

进入怀孕的第3个月，胎宝宝器官建立的重要任务已经顺利完成，剩下的任务就是生长并提高它的能力，为迎接子宫外面的世界做准备。这个月仍然是很容易流产的时期，因为绒毛和子宫内膜尚未完全结合，早孕反应也渐渐变得严重。为了自己和腹中的胎宝宝，孕妈妈一定要多多休息。

孕妈妈的变化

★ 子宫像拳头一样大

怀孕3 个月了，孕妈妈的下腹部已有些微微的隆起，但这样细微的变化可能从外表上还看不出来。

★分泌物增加

怀孕时受激素的影响，新陈代谢会变得比较快，分泌物也就跟着增加。分泌物呈乳白色黏稠状，不会有异味也不会觉得痒。阴道和外阴部血液供给量增加，使得外阴部颜色加深，呈深青紫色。

★早孕反应越来越重

早孕反应是因人而异的一种怀孕现象，有人严重到连喝水都会觉得恶心想吐，有人则是胃口好得很，一点儿异常的症状也没有。另外，还有可能产生饮食口味的改变，以前喜欢的东西现在觉得恶心，而原本不喜欢的食物却爱不释口。

胎宝宝的成长

★ 胎宝宝多大了

到这个月的月末，胎宝宝已有成人拳头那么大。

★ 器官建立的任务已经完成

尽管所有器官都还很小、很不成熟，远不能协调地发挥功能，但它们已经各就各位。肾开始产生尿液，胃开始产生胃液。大脑的神经冲动已经开始指挥肌肉收缩，胎宝宝出现微小的身体运动。先是全局性的动作，然后会出现一些具体的小动作，比如一只手的动作。

★ 身体变得更加结实

软骨已经长成了骨头，在骨头的中部钙化已经开始，但骨头末端的生长区域还十分柔软，直到青年时期才会完全硬化。已经长出手指及脚趾，手指也已有了指纹。胳膊肘和膝盖已发育完成，可以弯曲及伸展，也会握拳再打开。脖子及身体会有颤抖、抽筋的现象，会利用脖子的力量低头再抬头。

★ 皮肤产生触觉

这个时期的胎宝宝大部分都是利用身体的力量在羊水中自由自在地漂浮着，若是有东西碰触到皮肤，已有感觉，但是不敏感。

本月孕期检查

如果孕妈妈在上个月没有去医院进行全面检查并建档，那在这个月就一定要去了。孕早期（1~3个月）进行一次全面检查并建档，孕中期（4~7个月）每月检查一次，孕晚期8~9个月每半个月检查一次，9个月以后每周检查一次。发现异常及时就诊。

第9周第1天

营养胎教

为了胎宝宝吃好每顿饭

☆五丝黄瓜

材料： 黄瓜1000克，干辣椒6个，水发香菇50克，葱白40克，姜40克，盐、白糖、醋、水适量。

做法： （1）将黄瓜剖开切成长条，放10克盐略腌一会儿，再用一条干净卫生的毛巾挤干水分，放在搪瓷或不锈钢盘中。（2）取一个不带油的铁锅或不锈钢锅上火，加适量的水，放入切成丝的干辣椒，水滚后放入切成丝的香菇、玉兰片、葱白、姜稍煮片刻，加入盐、醋、白糖调好口味，即可将锅取下。（3）待调好的糖醋汁完全冷却后，浇在挤干水分的黄瓜条上，腌制10个小时左右即切开小段装盘。

特点： 此菜脆嫩爽口，含有碳水化合物、维生素A和维生素C，并含有铁、钾等矿物质。能通气，利肠胃，有清热解毒、预防便秘的功效。

☆出水芙蓉

材料： 黄瓜300克，西红柿300克，白糖、水淀粉、桂花适量。

做法： （1）取黄瓜一条，洗净消毒，切下蒂部，再纵向剖开，切成扁形（约20片左右），余下的黄瓜去皮，切成长条在盘内沿码成花边。（2）西红柿洗净消毒，挖去蒂部，一个切成8瓣码在盘中，围成一圈；另一个西红柿从顶部交叉切3刀，不要切断，分成6瓣，呈荷花形，放在盘中间；将切的黄瓜蒂切面朝上，放在荷衣的中间，做成花中的小莲蓬。（3）将白糖少量放入锅内加水，放在水上化开，加桂花少许，待煮开后，用水淀粉勾成薄芡，凉凉后将黄汁浇在小莲蓬周围做花心，即能食用。

特点： 此菜是凉菜，形态美观，色泽鲜艳，酸甜爽口，清淡不腻，含有多种维生素。出现早孕反应时食用较好。

营养胎教：选择适合自己的奶制品

第9周第2天

1.鲜奶VS孕妇奶粉，哪个更有营养

孕妇奶粉中强化添加了钙、铁、锌、碘、维生素A、维生素D、维生素E、维生素K、维生素C、叶酸等B族维生素、胆碱、牛磺酸、DHA、EPA和膳食纤维等，甚至加入了益生菌成分，可谓营养全面。其含钙量是鲜牛奶的3.5倍左右，更利于补钙。而市售鲜奶大多只强化了维生素A、维生素D，一部分品种添加了钙、铁、锌，但其他微量营养素无论质与量都明显不敌孕妇奶粉。单就营养成分而言，孕妇奶粉在PK台上无疑是以全胜姿态出现的。

但孕妇奶粉也有不足之处，比如加工程度复杂、添加剂较多；添加了蔗糖、葡萄糖等精制糖类，易造成热量超标并影响血糖水平；在正常均衡饮食的前提下过量饮用时易导致某些营养素过量甚至中毒，危害母婴健康；口味不如鲜奶香浓，味道偏甜，并非人人都能接受。

鲜奶虽然营养相对简单，但有特别的优势：最接近原奶，富含包括免疫球蛋白、细胞因子在内的生物活性物质，添加剂少；各种营养成分（如脂肪、维生素B_2）等受破坏程度低；由于不必担心某些营养素（如脂溶性维生素和一些矿物质）摄入过量，饮用量可多于孕妈妈奶粉，可摄入更多的热量和蛋白质；口味香浓，更易接受；不含精制糖类，对体重和血糖的影响相对较小。

2.孕妇奶粉和鲜奶，适合怎样的孕妈妈

有以下情况的孕妈妈适合喝孕妇奶粉：妊娠反应明显，因恶心、呕吐、偏食、厌食等问题而造成饮食失调，使得包括热量在内的营养素摄入不足或不均衡；怀孕前体重较轻，总体营养状况不理想或某些营养素不足或缺乏；孕期体重增加不足；因为工作等原因无法保证营养均衡的三餐或体能消耗过大。

有以下情况的孕妈妈不适合喝孕妇奶粉：妊娠糖尿病或糖耐量异常；体重超重，或体重增加过快；不习惯偏甜口味；存在妊娠糖尿病或糖耐量异常等问题。

第9周第3天

营养胎教

让家人做几道开胃美食

怀孕初期最难过的就是早孕反应，不想吃东西，有时胃里翻江倒海，吃进去的东西都被吐了出来……这一阶段不少孕妈妈体重不仅没增长，反而减轻了。以下两款酸甜适口、操作简单的开胃美食非常适合孕妈妈。

☆西红柿牛腩

西红柿富含维生素C、维生素A和尼克酸，特有的番茄红素是强抗氧化剂，可以减少自由基对机体的损害、提高免疫力。牛肉蛋白质含量丰富，脂肪含量较低，能够提供丰富的钙、铁、锌等微量元素。

材料：牛腩300克，土豆200克，西红柿200克，洋葱50克，花生油10克，盐5克，糖5克，姜10克，葱10克，八角3克，桂皮3克，香叶3克。

做法：（1）牛腩洗净切块儿；放入热水锅中；（2）烧沸后去除浮沫，再用清水洗净牛腩，牛腩放入沙锅，加葱、姜、八角、桂皮、香叶，待大火烧开后再用小火慢炖；（3）土豆削皮切块儿，洋葱切片儿，西红柿切成小块儿；向炒锅中倒入油，烧至六七成热，放入西红柿煸炒出汁；（4）牛腩慢炖1.5个小时左右，然后放入煸好的西红柿，加入土豆块儿、洋葱、盐、糖，中火烧至牛肉软烂入味。

☆凉拌菠菜

菠菜中还含有丰富的叶酸、不饱和脂肪酸、维生素E、尼克酸等孕妈妈必需的营养物质。

材料：嫩菠菜250克，花生仁50克，香油10克，姜5克，醋5克，精盐3克，白砂糖3克。

做法：（1）将菠菜择洗干净，放入滚水中汆烫；捞出后用清水过一遍，沥干水分；（2）姜切末，花生仁用小火炒熟；（3）将菠菜放入盘中，倒上姜末，调入盐糖、醋、香油，撒上花生仁，拌匀即可。

营养胎教：千万不要让胎宝宝缺碘

第9周第4天

1.孕妈妈补碘很重要

碘堪称智力营养素，是人体合成甲状腺素不可缺少的原料。而甲状腺素参与脑部发育期大脑细胞的增殖与分化，是具有决定性因素的营养成分。孕妈妈碘摄入不足，会使自身的甲状腺素合成减少，从而导致甲状腺功能减退，影响孕妈妈的新陈代谢，并因此减少了胎宝宝的营养供给，导致胎宝宝生长发育迟缓。有研究证明，孕早期是胎宝宝大脑发育的关键期，如果孕妈妈缺碘，会使胎宝宝的神经系统受到严重损害。因此，孕早期应该适当补碘。

2.碘的安全补充法

中国营养学会建议，孕期每周应该吃一次富碘的海产品，如海带、紫菜、裙带菜等，以满足体内碘的需求，使胎宝宝大脑得到充分发育。

食用碘盐。一定要购买含碘盐，买回的碘盐平时一定要盖上盖子，以防止碘挥发掉。炒菜时要在菜临出锅时再放盐。如果经医生诊断，孕妈妈严重缺碘，可以在医生指导下服用含碘酸钾的营养药，千万不要自行用药。

3.含碘美食推荐

☆海带炖肉

材料： 猪肋条肉（五花肉）500克，海带（鲜）250克。酱油40克，白糖5克，大葱15克，姜10克，花椒、八角、盐、味精各3克。

做法：（1）将五花肉刮洗干净，切成块儿；海带切成与肉块儿大小相同的片。（2）葱切段，姜切片；锅内加油少许烧热，放入肉块儿煸至变色，然后放入调料和鲜汤烧沸，打去浮沫，转用小火炖至八成熟时再放入海带。（3）炖20分钟。

☆紫菜饭卷

材料： 米饭100克，紫菜50克，黄瓜、胡萝卜各30克。

做法：（1）米饭熟后凉凉，放一点儿白醋和糖搅拌均匀。（2）黄瓜、胡萝卜分别洗净，切条，备用。（3）紫菜铺平，放上米饭，把黄瓜、胡萝卜平放在米饭上，卷成条形，压紧，吃时切成适口大小。

第9周第5天

营养胎教
吃对水果，孕妈妈更健康

1.水果不能代替正餐

在妊娠反应仍然存在的孕3月，很多孕妈妈都吃不下什么东西，想用水果代替正餐。水果虽然含有丰富的维生素，但是它所含的蛋白质和脂肪却远远不能满足孕妈妈的需要，因此不能以水果代替正餐。

2.水果要吃，蔬菜也要吃

水果中维生素的含量没有蔬菜高，如果完全用水果代替蔬菜，会直接导致维生素摄入量不足。所以水果要吃蔬菜也要吃，两者同样重要。

3.不要过量食用含糖量高的水果

孕妈妈应该首选含糖量较低的水果，比如西瓜、苹果、梨、橘子、桃、葡萄等，每天摄入量别超过500克。妊娠期糖代谢异常或是患有妊娠糖尿病的孕妈妈则要减半，最好等血糖控制平稳后再吃水果。吃水果的时间最好选在两餐之间，这样既不会使血糖太高，又能防止低血糖的发生。

4.吃完水果最好漱口

孕妈妈在吃水果后要记得漱口，因为水果一般都含有发酵类物质，对牙齿有较强的腐蚀作用，残留在口腔中的水果残渣会造成龋齿。

5.有些水果孕妈妈最好少吃

山楂可活血、化淤、通经，对子宫有一定的收缩作用，所以在怀孕早期应该少吃。有流产史、或者有流产征兆的孕妈妈更应该忌吃，即使是山楂制品也不例外。

适量吃西瓜可以利尿，但吃太多容易造成脱水等症状，特别是胎动不安和胎漏下血(有早产症状者)的孕妈妈更要忌吃。

柿子收敛作用很强，容易引起大便干燥；遇酸则容易凝集成块儿，与蛋白质结合后产生沉淀。因此，吃柿子应该适可而止，最好一次只吃1个，不可以多吃。

猕猴桃性寒，脾胃虚寒的孕妈妈要慎食，经常性腹泻和尿频的孕妈妈也不宜吃。饭后1~3个小时吃较为合适，不宜空腹吃。有先兆性流产的孕妈妈千万别吃。

营养胎教：肉菜也可以做得很爽口

第9周第6天

☆珍珠三鲜

材料： 生鸡脯肉50克，豌豆25克，西红柿50克，牛奶25克，盐、鸡油、淀粉、肉汤适量。

做法：（1）鸡蛋清、淀粉、牛奶调成白汁，鸡肉剁成泥，与白汁混合在一起调匀成鸡肉细泥，放在碗里待用。（2）西红柿洗净，去皮去子，切成小丁。（3）在锅里放肉汤煮开，放豌豆煮熟，再加入西红柿丁，等汤再开时，把锅离开火，用一支筷子把鸡肉细泥从碗边一点一点地撇进锅里，撇出的鸡肉细泥疙瘩同豌豆大小。等把鸡肉细泥都撇完之后，再放锅上火烧开，把汁放入锅中，再放食盐、鸡油煮开即可。

☆鹌鹑茄子

材料： 茄子500克，鹌鹑肉100克，香菜10克，酱油、淀粉、姜丝、蒜丝、鸡汤、植物油适量。

做法：（1）将茄子去皮切成1厘米厚的片，上划×样，放入油锅中炸至金黄色捞出备用。（2）鹌鹑脯肉洗净切成丝，同葱丝、姜丝、蒜丝一起放入油锅内，煸炒后盛出备用。（3）取蒸碗一个，放一层炸好的茄子，一层鹌鹑肉丝，码好上笼，蒸熟烂后，取出扣在汤盘内，用酱油、淀粉、鸡汤勾汁浇在上面，撒上香菜即成。

☆胡萝卜冬笋炒肉

材料： 猪肉200克，胡萝卜100克，冬笋100克，西红柿1个，豆腐干、虾仁、腰果、松仁、青椒丁各10克。海鲜酱、豆瓣酱各2小匙，盐1小匙，生抽，红油(或辣椒油)各2小匙。

做法：（1）所有材料洗净，猪肉、胡萝卜、冬笋、豆腐干、西红柿切丁。然后把所有材料放入滚水中汆烫过。（2）调料调匀成味汁。（3）油锅烧热，放入肉丁煸炒变色再放入其他材料翻炒，然后调入味汁炒匀，盛出。

第9周第7天

环境胎教

腹痛或出血要警惕

孕早期的有些腹痛是怀孕后的正常生理反应，比如子宫迅速增大引起的腹痛，但这种腹痛一般是隐隐的，不明显。如果出现小腹阵痛或腰痛，并伴有阴道出血，可能预示着流产等危险的发生，应及时到医院就诊。

妊娠的前3个月自然流产多由胚胎原因引起，主要是染色体异常造成的。引起自然流产的另一个重要原因是淋病，有关统计资料表明，在自然流产的孕妈妈中，淋病导致的流产约占32%。育龄期女性的淋病几乎100%是通过性交感染的，从这一点来说，孕早期应避免性生活。

阴道流血、腹痛下坠是宫外孕的典型表现。什么是宫外孕？在正常的妊娠中，精子和卵子相遇并完成受精，受精卵经过输卵管后在子宫内膜上着床。但是，也会出现受精卵不在子宫内部，而是在其他部位着床的情形，这就是宫外孕。90%的宫外孕属于受精卵在输卵管上着床的输卵管妊娠，如果这种状态持续下去，将导致输卵管破裂或流产，引起大出血，若不及时进行处理会危及孕妈妈的生命。如果孕妈妈下腹疼痛加剧，伴有恶心，呕吐、头晕、出汗、面色苍白，是危险之兆。此时孕妈妈应保持头低、脚高的体位，安静，保温，寻求急救，如拨打急救中心电话等。

葡萄胎患者在孕早期大多会出现间断性阴道出血、子宫异常增大、腹痛、恶心、呕吐症状重且持续时间长等现象。什么是葡萄胎？葡萄胎是指实际上没有胎宝宝，胎盘发育不正常的情形。因胎盘底部的微细绒毛产生异常，子宫内形成葡萄形状的水泡，并充满子宫。葡萄胎的发生概率为0.5%，但如果不消除产生的葡萄胎，有可能发展为癌症。如果有上述现象，孕妈妈一定要及时就医，以便明确诊断。

被确诊为葡萄胎后要及时住院吸宫，常需清宫2~3次。清除物一定要送病理检查，根据病理检查结果决定是否需要进行预防性化疗及子宫切除手术。有15%左右的葡萄胎可转为恶性，手术后一定要定期到医院检查，间隔为1个月、3个月、半年、1年，直到2年。按医生的要求进行随诊，同时严格实施避孕措施，2年后完全没有问题了才可以考虑是否再次妊娠。

行为胎教：养成睡午觉的好习惯

第10周 第1天

易疲劳、犯困是本阶段孕妈妈保持身体健康的大敌，所以，孕妈妈要养成睡午觉的习惯，以通过适当的睡眠来解除疲劳，使体力与脑力得到恢复。

如果睡眠不足，可能会引起疲劳过度、食欲下降、营养不足、身体抵抗力下降，这些因素都可增加孕妈妈和胎宝宝感染疾病的概率。孕妈妈的睡眠时间应比平常多一些，如平常习惯睡8个小时，现在可以睡到9个小时左右，但注意也不要睡太多。

午睡时间长短可因人而异，半个小时到1个小时，甚至再长一点儿都可以，总之以休息好为主。平常劳累时也可以躺下休息一会儿。午睡时要脱下鞋子，把双脚架在一个坐垫上，抬高双腿，睡觉时在双腿间可夹一个软垫，然后全身放松。记住，千万不要趴在桌子上睡觉。

行为胎教

第10周2天　远离霉菌，快乐怀孕

1.霉菌性阴道炎有哪些症状

霉菌性阴道炎最主要的表现就是瘙痒、灼痛、豆腐渣样白带，常出现下列不适症状：

- 白带增多，白带呈豆腐渣样或凝乳状；
- 外阴部和阴道瘙痒并伴有烧灼痛感；
- 排尿不适，尿频，尿急。

2.为何孕妈妈容易患霉菌性阴道炎

- 怀孕后全身的抵抗力下降，是霉菌乘虚而入的好时机；
- 怀孕后阴道充血、分泌旺盛、外阴湿润，有利于霉菌生长；
- 孕妈妈阴道pH值较怀孕前明显增高，适合霉菌繁殖。

3. 霉菌性阴道炎对宝宝有哪些影响

- 新生儿鹅口疮；
- 新生儿肛门周围念珠菌性皮炎；
- 女婴可出现霉菌性阴道炎典型症状；
- 极少数孕妈妈阴道的霉菌经宫颈上行，穿透胎膜感染胎宝宝，引起早产。

4.怎样治疗霉菌性阴道炎

怀孕早期（12周以内），症状较轻的孕妈妈可以用2%~3%的苏打水、洁尔阴清洗外阴，或选择中药洗剂改善瘙痒症状；感染情况严重的孕妈妈可以在进行阴道擦洗后由专科医生决定是否使用阴道栓剂、使用何种栓剂，放置栓剂的过程必须由医院的妇产科护士完成，以免用药不慎给胎宝宝带来不良影响。

患有霉菌性阴道炎的孕妈妈，应该每天换内裤，用过的内裤、毛巾洗净后应该煮沸5分钟后再暴晒才能使用。

5.远离霉菌的好方法

- 单独清洗内衣裤：特别是在家人有霉菌感染时，如香港脚、灰指甲等；
- 慎用女性清洁液：尤其不要做阴道冲洗，不然改变了阴道酸性环境可正中霉菌下怀；
- 避免长时间使用抗生素：杀灭了阴道正常细菌，霉菌当然乘虚而入了；
- 保持外阴干燥，注意外阴清洁，穿宽松、透气性高的内裤。

行为胎教：孕早期不要泡热水澡

第10周 第3天

孕妈妈在怀孕的前3个月是绝对禁止泡热水澡的，也杜绝接触其他的高温环境，比如冬季使用电热毯等，因为高温环境可能造成胎宝宝脑神经缺陷。所以，建议孕妈妈采用其他方法替代泡热水澡，比如冲澡、泡脚等。冬季最好利用空调或暖气来调节室内温度。

冲澡的时候要注意冲澡前后的温差不要过大，否则很容易刺激孕妈妈的子宫收缩，造成流产。尤其是夏冬两季，冬天气温低，孕妈妈不宜马上进入高温的浴室中洗澡，应早一些进入浴室，慢慢适应浴室内逐渐升高的温度；夏天气温高，孕妈妈不能求凉快而洗冷水澡，洗澡的水温应适中，不宜过冷也不宜过热

第10周4天

行为胎教：开始准备孕妇装

到了孕3个月，孕妈妈的腹部已经稍有一点儿变化了，以前的衣服穿起来会觉得有些紧。为了让自己舒适些，从现在开始就置办孕妇装吧，把自己打扮得时尚些，心情也会好一些。

1.怎样选购工作装

怀孕初期仍然上班的孕妈妈可以先找出自己以前一些较肥大的衣服穿，也可以选择宽大的披肩和直筒裙。

衣料质地最好是含莱卡、有弹性的，这样就能使衣服与腹中的胎宝宝一起“长大”。款式也要讲究，可选上衣开前襟，或肩部开扣，或A字领、上小下大的连身裤装，或上下身分开、易于穿脱的服装。不管何种款式，胸部、腹部、袖口均要宽松。

2.怎样选购外衣

怀孕使血液循环加速，孕妈妈常感到身体发热，腿和脚容易水肿，因此衣服紧小会很难受，最好穿比以前大一个型号的衣服。在购买衣服时一定要以身体活动不受拘束、方便为原则，最好选择可调节性的衣裤，这样整个孕期就不用随着身体变化而准备很多孕妈妈装了。

孕妈妈的新陈代谢比较旺盛，经常出汗，衣服需要勤换勤洗。在购买外衣时最好选择易洗和耐洗产品。夏装衣料应以透气、吸汗为原则，以免孕妈妈感到不舒服；冬装最好选择保暖性好、轻便的服装。另外，胸部、腹部、腰部最好不要有硬物束缚，轻便为好。

3.怎样选购内裤

薄厚、大小要适宜。内裤的厚度可依气温高低进行调节，即冬天穿厚一些的，夏天穿薄一点的。长度以能够包裹住腹部和大腿最为合适，款式最好挑选整个孕期都能穿的。

要选穿纯棉制品。怀孕后，孕妈妈阴道分泌物会逐渐增多，所以，内裤的选择应以吸水性强、透气性好的纯棉制品为佳。这种产品能保持外阴干爽，不易发生外阴皮肤炎症。

束带要适合。过紧的束带会压迫下腹部，从而减少胎盘血流量，对胎宝宝的生长发育有害。所以，最好选择腰部松紧带比较宽松的产品，该类产品穿着舒适、持久，就算到了孕晚期也可以穿。

环境胎教：检查居家环境

第10周第5天

居室环境对孕妈妈能否安度妊娠期是有一定影响的，其室内的布局要与孕妈妈的身体变化相适宜。

居室中最好保持一定的温度，即20℃~22℃。温度太高易使人头昏脑涨，精神不振，昏昏欲睡，烦躁不安；温度太低会使人身体发冷，容易感冒。空气湿度应为30%~40%。

把孕妈妈的日常用品、衣服、书籍放在随手可得之处，不需孕妈妈爬高爬低。

家中的设施安置要便于孕妈妈从事家务劳动，如厨具、熨衣具、晾衣具等的高度要适当，以孕妈妈站立操作时不弯腰、不屈膝、不踮脚为宜。

适合孕妈妈的装饰色彩应属于绿色系列。绿色有着良好的视觉稳定效果，有利于平稳情绪。尤其是淡绿色，充分融合了绿色和明黄色系的优点。可以用明亮的淡绿色来装饰客厅的墙面。另外，如果家中挂有与白色相得益彰的淡绿色窗帘，便可激活房间的整体氛围，起到稳定情绪的作用。

大多数家庭常会用樟脑丸这类东西，它所含的气体分子很容易通过鼻孔、嘴巴、皮肤等进入人体内，一般情况下不会给人造成危害。但女性在怀孕后如果继续使用樟脑丸就不安全了，因为这些分子会通过胎盘屏障进入羊膜腔内，作用于胎宝宝，严重时会引起流产。所以，这里要提醒孕妈妈千万要远离这类物品。其实，从妊娠前开始，准爸爸就应该清除家里所有的樟脑丸，并注意提醒孕妈妈少接触这些东西，避免对胎宝宝造成不良影响。

第10周6天

情绪胎教：保持积极乐观的心态

胎宝宝和孕妈妈之间有着微妙的心理感应，孕妈妈的一言一行都将对胎宝宝产生潜移默化的影响。孕妈妈有节律的心跳是胎宝宝最动听的音乐，规律的肠蠕动声也给胎宝宝以稳定的感觉。当孕妈妈生气、焦虑、紧张不安或忧郁悲伤时，会使血中的内分泌激素浓度改变，胎宝宝会立即感受到，表现出不安和胎动增加。因此，始终保持平和、宁静、愉快和充满爱的心情，是这个阶段胎教的主要内容。

孕妈妈保持乐观的心态对胎宝宝来说非常重要，即使在孕吐很严重的时候也要保持乐观积极的心态，为胎宝宝提供一个良好的生长环境。当然，孕妈妈总是会有很多的不安，比如，怀孕时的疲劳、对分娩的恐惧、对胎宝宝健康的担忧，以及外界的种种压力，这些因素常常会使孕妈妈的情绪变得消极，甚至会变得比较冲动，爱发脾气。暴躁的情绪会导致孕妈妈体内的白细胞减少，还会对胎宝宝的发育造成不利影响。孕早期是胎宝宝口腔顶和上颊骨形成的关键时期，如果孕妈妈在本阶段情绪常处于暴躁状态，会造成胎宝宝腭裂和唇裂。想要摆脱这种消极情绪，恢复积极乐观的心态，孕妈妈不妨试试以下方法：

★ 在孕期生活中要经常告诫自己不要生气，不要着急，要为宝宝做一个榜样。及时给予自己暗示和警告，或者默默地从1数到10，只需几秒钟、几十秒钟，心绪就能够平静下来。

★ 长时间待在家里只会使孕妈妈郁郁寡欢，因此，孕妈妈应该多和朋友们在一起，将自己置身于乐观向上的人群中，充分享受友情的欢乐，从而使情绪得到积极的感染，从中得到满足和快慰。

★ 如果孕妈妈的心情不好，可以向知心的朋友倾诉一下，或者做些有益身心的事情，会更好地帮助孕妈妈从消极的情绪中摆脱出来。

小贴士

看电视、听音乐、散步、做操都会使精神放松、头脑冷静。

意念胎教：看可爱宝宝的图片

第10周第7天

有些科学家认为，在妈妈怀孕期间，如果经常设想孩子的形象，则这种设想的形象在某种程度上与将要出生的胎宝宝较相似。因为孕妈妈与胎宝宝具有心理与生理上的相通，从胎教的角度来看，孕妈妈的想象是通过意念进行胎教的重要因素，并转化渗透在胎宝宝的身心感受之中。同时，妈妈在进行胎宝宝形象的构想时，会使情绪达到最佳状态，促进体内具有美容作用的激素增多，使胎宝宝面部器官的结构组合及皮肤的发育良好，从而塑造出理想中的胎宝宝。我们在日常生活中看到许多相貌平平的父母却能生出非常漂亮的孩子，这与怀孕时妈妈经常强化孩子的形象是有关系的。

进行想象胎教是一个非常愉快的过程。孕妈妈可以静静地躺在床上，看一些可爱宝宝的图片。可以一边看这些可爱的宝宝，一边想象自己宝宝可爱的样子。如果准爸爸有时间也可以加入进来，在抚摸胎宝宝的同时，还可以对胎宝宝说些想说的话，比如："宝宝，你也会像这些小朋友一样漂亮可爱。""宝宝，看这个宝宝笑得多甜呀！你也笑一笑吧！"这个时刻肯定是孕妈妈和准爸爸最开心的时刻，对宝宝的憧憬，对爱人的温情体贴的言语赞赏，肯定会让孕妈妈的心情豁然开朗。

第11周1天

语言胎教：为胎宝宝朗诵《家》

这是泰戈尔诗集《新月集》中的一首小诗，这个“孩子的天使”怀着初探世界的神秘期待，以纯粹的儿童眼光，为我们展示了一个更为浪漫、理想的诗之世界。大声朗读出来，宝宝会与你一同高唱的。

家

我独自在田野间的小路上走着，
夕阳像吝啬的财主，正收藏起它最后一点金黄。
日光渐渐地沉入深深的黑暗之中，
那收割后的田地孤寂沉默地躺着。
突然，一个男孩尖锐的声音划破了天际，
穿越了黑暗，留下他的歌声在静谧的黄昏里回荡。
他的家就在荒地边缘的村落里，
穿过甘蔗园，隐约在香蕉和直直的槟榔树，
以及椰子树和深绿色榴莲的浓阴里。
星光下我在独自行走的途中停留片刻，
看着在我面前展开的幽暗大地，
正用双臂拥抱着无数的家庭，
那里有摇篮和床铺，有妈妈们的心和夜晚的灯光，
还有那年幼的生命自然而愉悦，
全然不知这样的欢愉对于世界的价值。

小贴士

泰戈尔，印度诗人、哲学家和印度民族主义者，1913年获得诺贝尔文学奖，是第一位获得诺贝尔文学奖的亚洲人。他的诗在印度享有史诗的地位，代表作有《吉檀迦利》《飞鸟集》等。在他的诗中含有深刻的宗教和哲学的见解。对泰戈尔来说，他的诗是他奉献给神的礼物，而他本人是神的求婚者。

音乐胎教：
静心聆听《爱之梦》

第11周第2天

李斯特的《爱之梦》为三部曲式，甜美的旋律贯穿始终。先是配合分解和弦的间奏，显得深沉、委婉，带有梦幻般的意境；中段流动的琶音衬托热情而激动的音调，像是爱的表白，主题旋律高八度，感情流露更为真切；最后，乐曲在宁静、幸福的气氛中结束。优美的和弦烘托出浪漫的气氛，和谐的旋律巧妙地隐藏于和弦之中，给人梦幻般的感觉。乐曲用钢琴演奏，那平缓而婉转的音调把难以用语言表达的情感展现在人们面前，这就是音乐胜过语言的地方。

爱之梦

爱吧，能爱多久，愿爱多久就爱多久吧，
你守在墓前哀诉的时刻快要来到了。
你的心总得保持炽热，保持眷恋，
只要还有一颗心对你回报温暖。
只要有人对你披露真诚，你就得尽你所能，
教他时时快乐，没有片刻愁闷！
还愿你守口如瓶：严厉的言辞容易伤人。
天啊，本来没有什么恶意，却有人含泪分离。

小贴士

研究证实，胎宝宝不仅喜欢妈妈的声音，也很喜欢准爸爸的声音。因此，准爸爸也要积极地参与到胎教中来。有时间的话，最好和孕妈妈一起和胎宝宝说说话或者给宝宝唱首歌。当然最好是准爸爸独自为胎宝宝唱一曲。在这样的氛围中，可以使胎宝宝与未见面的父母有了感情沟通，从而缩短心灵的距离，使彼此之间的关系更和谐、更融洽。

第11周第3天

音乐胎教：感受巴洛克音乐

巴洛克（Baroque）是一个时期（1600~1750年），而不是一种风格，在这个时期出产的音乐作品就称为“巴洛克音乐”。

“巴洛克”作为一种独特的艺术风格，是由于它在艺术精神和手法上与文艺复兴时期有着明显的区别。和巴洛克美术一样，巴洛克音乐也起源于意大利。和文艺复兴时期的音乐相比，巴洛克音乐节奏强烈、跳跃，采用多旋律、复音音乐的复调法，比较强调曲子的起伏，所以很看重力度、速度的变化。在巴洛克时期，音乐和美术一样也有许多发展和创新。如歌剧的诞生、宗教音乐的世俗化。宗教音乐世俗化的结果不仅彻底装饰了传统的音乐类型，还创造出前所未有的作品类型，包括清唱剧、神剧、受难曲等。代表人物有：巴赫、维瓦尔蒂和亨德尔。巴赫被称为“音乐之父”，维瓦尔蒂凭着他的《四季》一举成名，亨德尔是旋律大师，他们所留下来的东西是巴洛克时期的一大笔财富！

有研究显示，胎宝宝可以听到低频的声音，而巴洛克音乐属于低频的频率，很适合胎宝宝聆听，而且这个时期听也有利于孕妈妈保持好心情。

相关专家认为，巴洛克音乐有很大的自由空间，这在强调数字低音的演奏方式中得到发挥。尤其是作曲家巴赫，他的《卡农》《赋格》都是复音音乐中对位法创作的极致。从他的音乐中，孕妈妈能体会到繁简之间的艺术以及动与静的精神。所以孕妈妈可以有意识地多多听巴洛克音乐，也许还会对胎宝宝的音乐天赋有所帮助。

小贴士

有些孕妈妈认为看电视、听电视里的音乐也是一种胎教，其实电视里播放的歌曲和专业的胎教音乐是有很大的区别的，而且孕妈妈也不宜多看电视。

★不要长时间看电视。每1小时应起来活动5~10分钟，长时间不活动会加重下肢浮肿。

★饭后不要立即看电视，否则会造成供给胃肠的血液减少，影响消化吸收。

美育胎教：
欣赏丰子恺的《闲庭春画》

第11周 第4天

对孕妈妈而言，多看一些以儿童为题材的画，对孕育非常有益。它不仅可令孕妈妈的母爱大增，改善孕期的不良情绪，还可以提高孕妈妈的审美能力，并将这种能力传递给腹中的胎宝宝，让胎宝宝在腹中接受美的教育。今天我们就和孕妈妈一起来欣赏丰子恺的著名儿童画《闲庭春画》。

丰子恺是我国现代著名漫画家、文学家、美术和音乐教育家。他的漫画擅长以儿童为题材，以简约的方式表达实际生活。在《闲庭春画》中，作者以清晰的笔调绘制出了一幅童趣十足的场景。画中3个可爱的小孩子正在一棵大树下嬉戏，其中一个小孩子正趴在水缸旁边欣赏玩具帆船，作家着重刻画了小孩子的面部表情，她正充满好奇地看着帆船，似乎在畅想帆船在大海中航行时的场景，又似乎在畅想自己坐在帆船航游时的快乐，又似乎……给人留下了无限遐想；另外一个小孩子手里牵着小飞机的线，可小飞机竟然落到了树枝上，作者并没有画出小孩子的面部表情，这给人们留下了无限的想象空间；画中还有一个小孩子手拉着小车，但目光却定焦在悬在树上的小飞机上，这充分体现了孩子的好奇心。

丰子恺的漫画收录在《丰子恺儿童漫画选·自然卷》和《丰子恺儿童漫画选·儿童彩色卷》等书中。

第11周第5天

美育胎教：欣赏电影《当幸福来敲门》

美国电影《当幸福来敲门》（The Pursuit of Happiness）改编自美国著名黑人投资家克里斯·加德纳的同名自传，这是一个典型的美国式励志故事。作为一名单身父亲，加纳一度面临连自己的温饱也无法解决的困境。在最困难的时期，加纳只能将自己仅有的财产背在背上，一手提着尿布，一手推着婴儿车，与儿子一起前往无家可归者收容所。实在无处容身时，父子俩只能到公园、地铁卫生间这样的地方过夜。

为了养活儿子，穷困潦倒、无家可归的他从最底层的推销员做起，最后成为全美知名的金融投资家。回忆起自己的这段过去，克里斯·加德纳表示："在我二十几岁的时候，我经历了人们可以想象到的各种艰难、黑暗、恐惧的时刻，不过我从来没有放弃过。这本自传还有一层深意，那就是即使在最最艰难的时刻，父亲与儿子也是不可分离的。"

二十多岁的加德纳读书不多，任职医疗物资推销员，还要照顾女友和年幼的儿子。1981年，他在旧金山一个停车场，看到一名驾着红色法拉利的男人正找车位，他回忆道："我对他说：'你可以用我的车位，但我要你回答两个问题：你做什么工作和怎样做？'"对方自称是股票经纪，月薪达80000美元，比加德纳年薪多一倍。加德纳于是辞职转行，成功获得证券公司聘请，但还未上班时请他的人却被解雇了，新工作于是泡汤了。应征新工作前，他和女友吵架，惊动警员上门调停。加德纳被警方追讨1200美元的违例停车罚款，因为无力还钱，他被判入狱10天。但噩梦还未完，出狱后他发现女友同儿子都消失了，他变得一无所有。几个月后，女友再次现身，但不是想重修旧好，而是她不想带着儿子了。加德纳需要抚养孩子，不能再住单身宿舍，被迫流浪街头……廉价旅馆、公园、火车站厕所、办公室桌底，都成了两父子的栖身之所，一年后他才存够钱拥有自己的小窝。

加德纳努力赚钱，当上股票经纪后，事业一帆风顺。1987年，他在芝加哥开设经纪公司做老板，成为百万富翁。后来他致力于非扶贫，还出版了自传，就是《当幸福来敲门》(The Pursuit of Happiness)。

美育胎教：欣赏电影《小鬼当家》

第11周第6天

许多孕妈妈会觉得怀孕时枯燥乏味、缺乏乐趣，今天我们就为你推荐一部著名影片《小鬼当家》。

本片是导演克里斯·哥伦布1990年推出的假日强档影片，它不仅为广大电影爱好者带来了无限快乐，也使此片成了美国电影史上总票房排名第九的影片，是美国有史以来拍得最好的喜剧片之一。

影片讲述的是：8岁的凯文一夜之间成为一家之主，原因是因为举家度圣诞节时匆忙之中将他留在了家中。凯文对这一突发事件非常惬意，他把家里变成了他理想中的乐园。两个刚刚越狱出来的窃贼，想利用圣诞节无人之际入室盗窃，而8岁的小凯文竟然用自己的聪明才智与两人周旋，“好好”招待了这两位不速之客，结果两个盗贼在此被警察抓捕归案。

《小鬼当家》第二部讲述的是：又是一个圣诞节，全家决定去佛罗里达度假，早晨醒来时发现又快误了班机，急匆匆赶往机场，好在没有再把凯文忘在家中。但匆忙中凯文错乘了飞往纽约的班机，再次与家人失去联系。在纽约的街头他巧遇被他送回监狱、但越狱在逃的那两个盗贼，这一次他又得施巧计对付那两人坏蛋。

1997年，又推出了《小鬼当家》第三部。美国国防部一块存有高级机密的电脑芯片不见了，国际犯罪分子将其价格炒到了天文数字，经由国际盗匪的几度转手，由香港运抵美国，它被藏在了一个玩具遥控车里，并顺利通过了机场安检处。不料途中却阴差阳错地被一个老太太调了包，并辗转到了8岁男孩阿历克斯的手中。四位受过专业训练的犯罪分子好不容易打听到老太太的住址，悄悄潜入阿历克斯所在的住宅区，想要取回芯片。足智多谋且胆识过人的阿历克斯因长水痘正独自在家，他用许多与众不同的“武器”打败了犯罪分子，把4个盗匪折腾得死去活来……

第11周 第7天

美育胎教：
欣赏年画《连生贵子》

“莲生贵子”即“连生贵子”。画面中一个男宝宝光头梳一顶辫，坐地，双手抱笙，吹奏乐曲，身略斜，似随乐曲旋律，身不由己而晃动。脚边有荷花怒绽，旁边有莲蓬两个，寓意多子有福，这是娃娃画中最佳最妙之一幅。“莲”与“连”谐音。旧时人们认为生了孩子是有了后代，有养儿防老之说，添人口也称添丁，大福也。

美育胎教：欣赏年画《年年有余》

第12周 第1天

年画是中国农村老百姓喜闻乐见的艺术形式。大都用于新年时张贴，含有祝福新年、吉祥喜庆之意，故名“年画”。中国年画中最常见的就是“年年有余”，鲤鱼活蹦乱跳、胖娃娃嬉笑玩闹给人们一种热闹欢庆的感觉，“鱼”和“余”是谐音，表示丰盛、富足的意思，反映了人们希望年年丰收、生活富裕的美好愿望与美好憧憬。

第12周第2天

美育胎教：与胎宝宝一起看漫画

一本轻松幽默的书能让孕妈妈心情愉快、富有朝气，尤其是好看的漫画书，很容易激发孕妈妈的想象力，进而影响胎宝宝，这对激发胎宝宝的创造潜能很有帮助。下面为孕妈妈推荐两位深受大家欢迎的漫画家和他们的作品：

1.《大家都有病：朱德庸教你聪明看世界透明看人生》

全书分为6个板块：大家都有爱、大家都有玩、大家都有梦、大家都有错、大家都有钱、大家都有病。朱德庸首次在作品中引入灰色成分，画面冲击力极强，在一贯的朱氏幽默中加入对现代社会及现代人生存现状的思考。画笔在刻画种种病态的同时，流露出一种大悲悯情怀，呼吁现代人简单下来，慢下来，拥有属于自己的慢时尚。

作者朱德庸有一双成人的尖锐的眼和一颗孩子的单纯的心，他的系列漫画引领流行文化二十载，正版作品销量已逾千万册，占据各大海内外排行榜，在中国台湾、韩国、中国大陆、中国香港、东南亚地区及北美华人地区都深受欢迎。作品多次改编为电视剧、舞台剧，被大陆传媒誉为“唯一能赢得文化人群的尊重，又能征服时尚人群的作家。”

2.《星空》

《星空》描述了一个关于长大的故事：有个不爱说话的少女，认识了一个不爱说话的少年，他们都不是最快乐的孩子。有一天，他们逃离城市，翻山越岭，来到少女的爷爷曾经住过的山中小屋。在山里的夜晚，他们看到了最美丽的星空。后来，少女病了，而少年不知去向……他们究竟经历了什么，才能走出心理的阴影呢？《星空》以一种年龄的视角，描绘了一类无法和世界沟通的孩子，从对社会的恐慌、逃避到逐步认识自我的过程。画面精彩、震撼、美轮美奂，是几米目前最辉煌的绘画作品。

作者几米，台湾文化大学美术系毕业，在广告界、插画界工作多年，1998年开始创作其绘本。首开成人绘本风气之先，作品风靡海内外，美、法、德、韩、日、泰等国皆有译本。2003年获《Studio Voice》杂志选为亚洲最有创意的五十五人之一，学界和媒体多次以“几米现象”为主题分析讨论。

抚摸胎教：摸摸我的小宝贝

第12周 第3天

孕早期，胎宝宝的大脑处在迅速发育的阶段，对情感有较灵敏的感受，并不是无感觉、无头脑的。抚摸养胎有利于胎宝宝大脑的发育。实行抚摸养胎，孕妈妈一般心情愉快，对胎宝宝充满了关爱，气血处于很顺畅的状态，胎宝宝的气血也会随之变得更顺畅，对于胎宝宝机体平衡的发育很有利，对于胎宝宝大脑平衡的发育也很有利。

一个人的情绪处于平和愉快的状态之中，身体会分泌多种能补养身体的化学物质，即有利于健康的激素；相反，如情绪处于不快、忧郁的状态，身体则分泌多种有害物质，有害物质日积月累，会导致心脏病、癌症等疾病。孕妈妈充满爱意的抚摸是一种感受上的补剂，对胎宝宝的心情能起到抚慰作用，自然也会有利于胎宝宝个性的健康发展。

专家们根据对胎宝宝出生后的跟踪调查发现，经过抚摸养胎训练的胎宝宝，出生后会比一般婴儿动作灵活，感受力强，对环境的反应能力也较强，身体也会更健康；而胎宝宝在接受抚摸时会有很愉悦、舒服的表情，表现得非常喜欢此类刺激。

怀孕3个月时，胎宝宝已具人形，对外界的压、触动作可以感应，孕妈妈可用轻柔的手法按摩下腹部，或在摇椅中轻轻摇动，通过羊水的震荡给予胎宝宝压、触觉的刺激，促进胎宝宝神经系统的发育。但注意切勿用力过猛。

虽说这个月孕妈妈还感觉不到胎动，但抚摸胎教也并非没有意义，它能让孕妈妈感受到体内小生命的存在，体会到孕育新生命的快乐。本阶段进行抚摸胎教是为了促进胎宝宝的触觉发育，经常练习此法，胎宝宝就能和你互动起来。

抚摸胎教最好定时进行，开始每周3次，根据具体情况逐渐增多，每次时间为5~10分钟。如果抚摸胎教配以轻松愉快的音乐，效果会更佳。

第12周第4天

运动胎教：练习孕早期手脚操

孕早期，由于胎宝宝尚未稳定，孕妈妈运动时要特别注意，幅度不宜过大，频率不宜过高，除了前面为孕妈妈推荐的运动方法，孕妈妈还可以适当做些手操与脚操，以缓解手、脚的不适。

1.孕妈妈手操

运动功效：疏通手部经络，促进血液循环。

操作步骤：

★ 双手向前伸出，任意晃动10次。

★ 接着握拳、张开，进行10次。

注意事项：孕妈妈可以站着做，也可以坐在椅子上或健身球上做。

2.做一做脚操

运动功效：促进脚部血液循环，预防静脉曲张及下肢浮肿。

操作步骤

★ 孕妈妈仰身躺下，让两脚跟着地。

★ 两脚脚尖向内弯。

★ 两脚脚尖向外侧打开。

注意事项：在做脚操之前最好用温水泡一下脚，以加快脚部的血液循环。

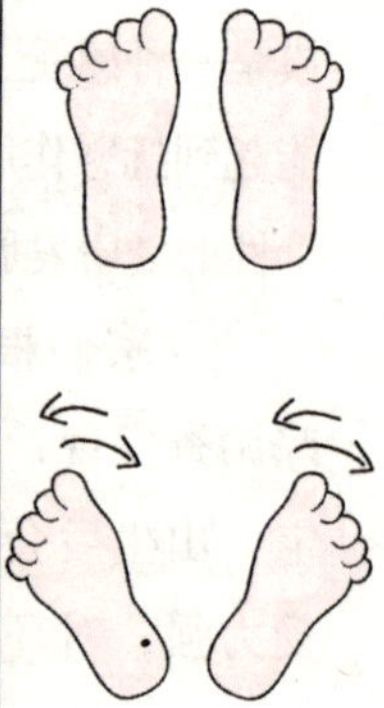

运动胎教：全身放松一下

第12周第5天

1.锻炼骨盆底部肌肉

运动功效：松弛腰关节，锻炼骨盆底部肌肉。

练习步骤：孕妈妈站立在桌子旁边，双脚分开与肩同宽，双手向下用力支撑在桌面上，背部轻轻弯曲，用力收紧肛门肌肉，保持该动作10秒，然后放松。反复练习10次。

注意事项：练习该项运动时动作不宜太大。

2.背部放松

运动功效：伸展背部肌肉，缓解背部僵硬。

练习步骤：孕妈妈坐在地板上，膝盖弯曲，双脚掌贴地，双手置于胸前，十指交叉，然后向前缓缓伸出；上身微微前倾，头部下垂至双臂之间，保持10秒。反复练习5次。

注意事项：注意保持身体平衡，避免身体后仰造成伤害。

3.全身抖动

运动功效：疏通全身经络，增加血液的含氧量，减少胎宝宝发生宫内缺氧的概率。

练习步骤：晚上上床后或清晨起床前可抖动四肢，一边抖动一边数1、2、3、4，如果觉得困难，可以在心里默数。坚持练习1分钟。数数时注意保持呼吸顺畅，避免屏气。

第12周第6天

音乐胎教：听节奏柔和的《天鹅》

圣桑：法国作曲家。1835年10月9日出生于法国巴黎，父亲出身于诺曼底附近的贫苦农家，母亲是水彩画家。父亲在圣桑两个月时去世，圣桑由母亲和伯母共同抚养。伯母是音乐家，于圣桑两岁半时开始教他弹琴。

圣桑创作技巧纯熟，作品数量超过170部，几乎涉及每个音乐领域。他的作品旋律流畅，和声典雅，结构工整，配器华丽，色彩丰富，通俗易懂。其代表作有管弦乐组曲《动物狂欢节》、交响诗《骷髅之舞》《第一大提琴协奏曲》和小提琴与乐队的《引子与回旋随想曲》等。

《动物狂欢节组曲》又称《动物园狂想曲》，是一部形象生动、充满幽默诙谐的管弦乐组曲。在这部新颖的组曲中，作者以漫画式的笔调，运用各种乐器的音色和表情特征，惟妙惟肖地描绘出动物们滑稽的动作和可爱的情态，其中的大提琴独奏《天鹅》尤为动人。

乐曲一开始，钢琴以清澈的和弦，清新而简洁地奏出犹如水波荡漾的引子。在此背景上，大提琴奏出舒展而优美的旋律，描绘了天鹅以高贵优雅的神情安详浮游的情景。中间部分由第一部分的主题因素发展构成，中间调性的变化为音乐增添了色彩，它所表现的感情更加内在而热切，犹如对天鹅端庄而高雅的形象的歌颂，把人带入一种纯净崇高的境界。

《动物狂欢节组曲》暨《天鹅》特别适合孕妈妈在孕中、晚期时听，也适合给胎宝宝听，因为它描绘了各种动物的形象，能引发孕妈妈很具体的想象。欣赏时，孕妈妈最好能给胎宝宝描述具体的动物形象，这无疑对胎宝宝的感知和智力发育有很大好处。

小贴士

孕妈妈在听音乐时，要集中注意力，根据节奏想象音乐要表达的内容，把韵律画面化，并将音乐编织的画面用语言讲述给胎宝宝听。集中精力听5分钟比泛泛听30分钟的效果还要好，胎宝宝的感受会更加强烈，这样也有助于增强胎宝宝的想象力和注意力。

美育胎教：品读泰戈尔小诗《开始》

第12周第7天

做母亲的感觉是怎么样的？是期盼？是幸福？还是有些激动或者是有些莫名地感到不安？也许你早已习惯了做妈妈的女儿，却没有想到自己有一天也成了母亲，那复杂的情绪一起涌起，一时间也表达不出自己的心情。一起来分享一下印度著名诗人泰戈尔的一首诗吧，也许你能从中找到答案。

开 始

“我是从哪儿来的，你，在哪儿把我捡起来的？”孩子问他的妈妈说。

她把孩子紧紧的搂在胸前，含泪微笑着回答——

“你曾被我当做心愿藏在心里，我的宝贝。”

“你曾存在于我孩童时代玩的泥娃娃身上；每天早晨我用泥土塑造我的神像，那时我反复地塑了又捏碎了的就是你。”

“你曾活在我所有的希望和爱情里，活在我的生命里，我母亲的生命里。”

“当我做女孩子的时候，我的心的花瓣儿张开，你就像一股花香似地散发出来。”

“你的软软的温柔，在我的青春的肢体上开花了，像太阳出来之前的天空上的一片曙光。”

“上天的第一宠儿，晨曦的孪生兄弟，你从世界的生命的溪流浮泛而下，终于停泊在我的心头。”

“当我凝视你的脸蛋儿的时候，神秘之感淹没了我，你这属于一切人的，竟成了我的。”

“为了怕失掉你，我把你紧紧地搂在胸前。是什么魔术把这世界的宝贝引到我的手臂里来呢？”

孕妈妈每月记事

产前体检情况

宫高

腹围

体重

胎儿大小

胎动

目前体重

心情

准爸爸的表现

下月产检日期

孕4月（第13~16周）：开始进入平稳舒适的孕中期

这个月，早孕反应逐渐消失，流产危险期已经过去，孕妈妈和胎宝宝都进入了安定期。

孕妈妈的变化

★ 早孕反应逐渐消失

怀孕第4 个月的孕妈妈子宫会逐渐变大，从外表已经可以看出下腹部的突出。第4个月末，宫底达脐和耻骨联合上缘之间。此时子宫上升到骨盆上方，对膀胱的压迫减少。不过，因为支撑子宫的韧带被拉长，孕妈妈会时常觉得腰酸。乳房的发育还在继续，乳头和乳晕呈深褐色，但相比前几个月表现并不明显。

此阶段胃口开始变好，之前的胃肠不舒服、恶心等症状已经逐渐缓和。此时，孕妈妈要开始做好孕期的体重控制。另外，可能会出现贫血、牙龈出血的问题。

★ 流产危机消除

孕妈妈的基础体温开始下降，逐渐呈低温状态并持续到分娩结束。阴道内的酸度降低，容易感染细菌，要注意保持清洁。

供给胎宝宝血液、氧气和营养素的胎盘已经发育完善，且孕妈妈与胎宝宝之间已有脐带连接，所以流产的危险降低。

胎宝宝的成长

★ 胎宝宝多大了

身长约10 厘米，重约120 克。

★ 内脏和手脚等器官已经形成

在怀孕第4 个月（13 周左右），胎宝宝的内脏和手脚等器官已经形成，心脏的搏动更加活跃。头的大小类似乒乓球。皮肤由透明变成红色，面部已出现胎毛。性器官在这阶段也开始明显。胎宝宝已开始能在羊水中旋转，胳膊和腿能够稍微活动，通过超声波能确认其手脚的活动状况。

★ 已具备吸吮反射机能

胎宝宝从怀孕第4 个月开始已具备吸吮反射机能，通过超声波就能看到胎宝宝吸手指的模样，非常可爱！

★ 胎宝宝开始打嗝了

这时胎宝宝在子宫里已经开始打嗝了，这是呼吸的先兆。现在他还听不到任何声音，因为胎宝宝的气管充斥的不是空气，而是流动的液体。

★ 条件反射能力增强了

如果孕妈妈用手轻轻在腹部碰触，胎宝宝就会蠕动起来，但是孕妈妈仍然感觉不到胎宝宝的动作。胎宝宝的神经元迅速地增多，神经突触形成，条件反射能力加强，手指开始与手掌握紧，脚趾与脚底也可以弯曲，眼睑仍然紧紧地闭合。

本月孕期检查

在妊娠中期，每月进行1次孕期检查。孕中期需要多关注血压、血色素、血糖的变化，以排除或及早发现是否有合并妊高征、贫血、糖尿病的可能。因此，每次检查除了一些常规的项目外，会根据孕中期的特点，增加一些特别的检查项目，比如50克糖筛、宫高和腹围的测量、胎动监测等。

第13周第1天

营养胎教：适当增加能量的摄入

怀孕3个月后，大部分孕妈妈的妊娠反应基本停止，恶心、呕吐大体消失，食欲趋于好转，应抓紧时机进补。

从这个月开始，胎宝宝的生长速度开始加快，孕妈妈子宫、胎盘和乳房等也逐渐增大，需要充足的能量。孕中期，每日对能量的需求大约比未孕前增加5%~10%，约增加200千卡，即一天需要摄入2300千卡能量。影响能量需要的因素很多，如孕前体重、孕期体重增加的情况和孕妈妈的活动量等，不可能有一个确切的能量需要量适用于所有的孕妈妈。一般可根据孕妈妈体重的增长来评价和判断能量的摄入是否适宜，孕中、晚期每周增重应不少于0.3千克、不大于0.5千克。

碳水化合物、脂类和蛋白质经体内代谢可释放能量，统称为“三大产能营养素”。其中，碳水化合物是人体最重要的能量来源，人体所需的能量50%是由食物中的碳水化合物提供的。粮谷类食物是碳水化合物的主要来源，中国营养学会建议孕中期每日应摄入350~450克粮谷类食物。

脂类是人类膳食能量最经济的来源，1克脂肪在体内分解成二氧化碳和水并产生9千卡能量，比1克蛋白质或1克碳水化合物高一倍多。2000年《中国居民膳食营养素参考摄入量》推荐孕妈妈膳食脂肪供能比为20%~30%，即一天需要从脂肪类食物中摄入460~690千卡能量（约合51~76克脂肪）。

食物脂肪含量排行榜

排名顺序	食物名称含量	克/100克
No.1	猪肉（肥）	90.4
No.2	猪肉（脖子）	60.5
No.3	猪肉（肋条肉）	59.0
No.4	核桃	58.8
No.5	松子（炒）	58.5
No.6	葵花子（炒）	52.8
No.7	南瓜子仁	48.1
No.8	花生（炒）	48.0
No.9	西瓜子仁	45.9
No.10	北京填鸭	41.3

在一般情况下，人体主要依靠碳水化合物和脂肪供应能量，但如果这两者供能不足，如长期不能进食或消耗量太大、体内的糖原和贮存脂肪已大量消耗之后，将依靠组织蛋白质分解产生氨基酸来获得能量，以维持必要的生理功能。

营养胎教：
保证优质蛋白质的摄入

第13周第2天

孕中期要注意摄入足量的蛋白质，特别是优质蛋白质。世界卫生组织建议：孕中期应每日增加优质蛋白质9克，相当于牛奶300毫升，或鸡蛋2个，或瘦肉50克。如果孕妈妈以素食为主，则每日应增加蛋白质15克，相当于干黄豆40克，或豆腐200克，或豆腐干75克，或主食200克。2000年《中国居民膳食营养素参考摄入量》建议，孕中期孕妈妈每日应摄入15克蛋白质。

蛋白质的食物来源主要分为动物性和植物性两种，蛋类含蛋白质11%~14%，是优质蛋白质的重要来源；奶类（牛奶）一般含蛋白质3.0%~3.5%，是婴幼儿蛋白质的最佳来源；肉类包括禽、畜和鱼的肌肉，新鲜肌肉含蛋白质15%~22%，肌肉蛋白质营养价值优于植物蛋白质，是人体蛋白质的重要来源。植物蛋白质中，谷类含蛋白质10%左右，蛋白质含量不算高，但由于是人们的主食，所以仍然是膳食蛋白质的主要来源。豆类含有丰富的蛋白质，特别是大豆含蛋白质高达36%~40%，氨基酸组成也比较合理，在体内的利用率较高，是植物蛋白质中非常好的蛋白质来源。特别是豆浆，蛋白质的消化吸引率高达95%，每天喝一杯豆浆是摄取优质蛋白质的有效方法。

食物蛋白质含量排行榜

排名顺序	食物名称含量	克/100克
No.1	黄豆	35.0
No.2	紫菜（干）	26.7
No.3	花生仁	24.8
No.4	绿豆	21.6
No.5	蘑菇（干）	21.1
No.6	牛肉（肥瘦）	19.9
No.7	鸡	19.3
No.8	羊肉（肥瘦）	19.0
No.9	草鱼	16.6
No.10	鸡蛋	13.3

小贴士

孕妈妈摄入蛋白质时应注意：动物性蛋白质应占全部蛋白质的一半，另一半为植物性蛋白质，包括大豆蛋白质。

第13周第3天

行为胎教：预防妊娠斑和妊娠纹

怀孕时，由于雌激素、孕激素水平发生变化，会导致孕妈妈的皮肤发生一些孕期特有的改变。这些改变大部分的孕妈妈都会发生，只是轻重程度不同而已。很多孕妈妈们非常担心皮肤的改变会持续至妊娠后，甚至影响美观，所以心理负担很重。其实大可不必。

妊娠斑

产生原因：妊娠斑又称黑斑，是界限不明的网状或片状色素斑，由色素分泌变化引起，主要分布在双颊、额头、上唇等明显区域。其产生与孕妈妈的体质、肤质、激素水平、日晒时间及生活压力都有关系。

预防方法：要预防妊娠斑的产生，怀孕期间就要注意防晒，尽量不要长时间暴露在阳光直射的环境中。如果不得不长时间进行户外运动，可涂抹一些性质温和的防晒乳液，防止皮肤晒伤。另外，规律的生活作息，每天保持8小时充足睡眠是绝对必要的。合理膳食，每天补充足够的维生素，尤其是维生素C，对改善皮肤状况也有一定作用。

妊娠纹

产生原因：怀孕时随着孕周的增加，子宫增大，皮下脂肪增厚，皮肤的伸展跟不上肚子增长的速度，常会使真皮中的弹性纤维断裂，皮肤形成深红色条纹，就是妊娠纹。妊娠纹刚出现时是深红色，有时会感到瘙痒，随着孕周的增加，深红色会逐渐变成不明显的银白色，等到分娩结束后，妊娠纹就会变浅变淡。妊娠纹的产生和很多因素有关，比如孕期体重增加过快，自身皮肤弹性差，胎宝宝过大等。

预防方法：要想尽量减少妊娠纹的出现，需要注意三点。首先，在怀孕期间要小心控制体重的增加，如果怀孕期间体重增长太快，不但肚皮上会有妊娠纹，连臀部、大腿都会产生；其次，进食一些富含胶原蛋白的食物，如猪蹄、鱼肉等；最后，可以使用对胎宝宝无害成分的保湿乳液按摩以增加皮肤的伸展性。

注意事项：如果发现妊娠纹瘙痒非常严重，影响到日常休息，可以使用一些止痒药物。

营养胎教：继续补充钙和维生素D

第13周第4天

一个成熟的胎宝宝体内含钙约30克，在孕早、中、晚期日均积累量分别是7毫克、110毫克和350毫克。怀孕17~20周这段时间胎宝宝的骨骼和肌肉开始迅速发育，它的体重和身长都将在这段时间内增加两倍以上，孕妈妈需要充足的维生素D和钙（每日应保证摄入1000毫克）来帮助胎宝宝生长。如果孕妈妈钙质摄取不足，自己骨骼等处的钙质便会分解，以补充血钙的不足来供给胎宝宝。研究显示，孕期钙的补充还可降低孕妈妈妊娠高血压综合征和先兆子痫的危险。

钙的吸收和使用需要维生素D。中国营养学会建议孕妈妈从妊娠第4个月开始补充维生素D，推荐的每日适宜摄入量为400IU。晒太阳是无偿获得维生素D的好方法，服用富含脂肪的乳、蛋类和鱼肝油是在阳光条件不足时的补充途径。但维生素D也不是多多益善，如果过多的维生素D存于体内，将不断刺激组织钙化，如肺、肾等，从而造成胎宝宝心肺等器官发育不正常，也会影响智力的发育。

下面为孕妈妈介绍几款高钙美食：

☆豆腐吞拿鱼

材料：豆腐1盒，吞拿鱼1罐，圣女果5个，白醋1匙，味噌2匙。

做法：豆腐切成小块放在盘中；将白醋和味噌充分拌匀，淋在切好的豆腐块上；吞拿鱼沥去油，放在豆腐上，盘边摆上切好的圣女果即可。

☆吞拿鱼饭团

材料：吞拿鱼1罐，米饭2碗，沙拉酱2匙，豌豆适量，玉米粒适量。

做法：豌豆、玉米粒焯熟并放凉，蒸好的米饭放凉备用；将豌豆、玉米、吞拿鱼、沙拉酱与米饭拌匀；用保鲜膜包成小饭团即可。

☆蔬菜奶酪沙拉

材料：圣女果5颗，生菜叶2片，黄瓜1/2根，樱桃萝卜5颗，罐头玉米粒20克，稀奶酪100克。

做法：将生菜叶、黄瓜切片，圣女果、樱桃萝卜切成适口的块与玉米粒共同放入碗中备用；将稀奶酪调入切好的原料中即可。

第13周 第5天

营养胎教：别让体重增长得太快

体重增长是反映孕妈妈健康与营养状况的一项综合指标。

孕期体重增长过多、过快对孕妈妈和胎宝宝都没有好处。报道称体重增加超过平均值50%的孕妈妈易诱发妊娠高血压、妊娠期糖尿病、生殖和泌尿系统感染，所怀的宝宝往往过大，胎宝宝过大容易出现宫内缺氧、胎位不正、早破水、难产等问题，导致孕妈妈产道损伤、伤口愈合不良、新生儿产伤等情况，胎宝宝和新生儿的死亡率也明显增加。如果孕期体重增长过多，分娩后体型也难以恢复。

妊娠期孕妈妈的体重平均增加10~12.5千克，孕早期增加较少，约增加0.7~1.4千克；孕中期和孕晚期体重增幅较大，孕中期平均增重4~5千克，每周体重增加以0.4千克为宜；孕晚期增重超过6千克，每周大约增加350~400克。孕前体重过轻的孕妈妈（体重指数BMI＜19.8），体重可以多增加一些，建议每周增重≥0.5千克；而超重者（体重指数BMI>26）应适当控制体重增加，减少每周能量摄入量，增重约0.3千克为宜。

体重超标的孕妈妈不能通过药物减肥，可在医生的指导下通过调节饮食来减轻体重。要注意控制糖类和高脂肪食物的摄入，米饭、面食等粮食均不宜超过每日标准供给量；动物性食物中可多选择含脂肪相对较低的鸡、鱼、虾、蛋、奶，少选择含脂肪量相对较高的猪、牛、羊肉，并可适当增加一些豆类，既可以保证蛋白质的供给，又能控制脂肪量；少吃油炸食物、坚果、植物种子类等含脂肪量较高的食物；多吃蔬菜水果，注意选择含糖分少的水果，既缓解饥饿感，又可增加维生素和矿物质的摄入。除了控制饮食之外还要注意多活动，多活动对减轻分娩时的痛苦也是大有好处的。

小贴士

巧克力是容易使人发胖的食物，孕妈妈常吃会令体重快速增加，不利于分娩。另外，巧克力还会使人产生饱腹感，孕妈妈常吃会阻碍对其他营养成分的摄取。

营养胎教：小心调味品的副作用

第13周第6天

很多孕妈妈在怀孕时总是偏好某一种味道，百吃不厌，常会叮嘱掌勺的人多加点调料。但她们往往忽略了，部分调料除了美味外还会有副作用。添加调味品时要仔细阅读其配料，含防腐剂、色素的制成品少用为好。

1.盐

盐分摄入过多会导致孕晚期出现浮肿，表现为足踝及小腿皮肤绷紧光亮，用手按压出现凹陷。长时间站立行走、中午不午睡则更加严重。

2.酱油

酱油中含有18%的盐，孕妈妈在计算盐的摄入量时要把酱油计算在内。同时酱油中含有防腐剂和色素，应该尽量少吃。

3.辣椒

辣椒是一种营养丰富的蔬菜，尤其含有大量的维生素，但辣椒会刺激肠胃、引起便秘、加快血流量等，孕妈妈虽然不必绝对禁止吃辣椒，但应适量，如果属于前置胎盘的情况则应绝对禁止食用。

4.花椒、八角、桂皮、五香粉

花椒、八角、桂皮、五香粉均属于热性调味品，这些调料易消耗肠道水分，使肠道分泌液减少而造成肠道干燥和便秘，孕妈妈应尽量少吃或不吃。

5.味精

味精可使食物味道鲜美，还含有一定的营养，但摄入过多会消耗掉大量的锌，导致孕妈妈体内缺锌。而锌是胎宝宝生长发育的必需品，因此孕妈妈要少吃味精。

6.姜

生姜刺激性较大，容易引起肠道不适感，做饭时用少量的姜调味即可。

第13周 第7天

营养胎教：每周吃一次排毒餐

怀孕时的首要任务莫过于补充营养了，但你可知道，大量摄入蛋白质和脂肪会产生各种生理垃圾，食物中的农药残留、激素滥用、空气污染、电脑辐射等也会造成体内的毒素堆积。毒素会通过胎盘进入胎宝宝体内，这恐怕是孕妈妈最害怕的事情了。别担心，隔三岔五吃一顿排毒餐，准保能缓解。

☆海带牛肉

材料：牛肉300克，水发海带200克，胡萝卜200克，大豆油50克，酱油10克，料酒10克，白糖5克，盐3克，花椒、八角、葱、姜、蒜各少许。

做法：（1）牛肉切成5厘米见方的小块儿，入锅焯水后捞出待用；（2）海带洗净，放入水中浸泡至柔软，剪成6~8厘米宽、10厘米长的小段，打一个结；（3）胡萝卜切成小块儿，葱姜切丝，蒜切片；（4）锅里倒少许大豆油，烧至七成热，用葱丝、蒜片、花椒炝锅，再放入切好的牛肉翻炒，待其变色后加入适量水；（5）大火烧开后，加入盐、白糖、酱油、料酒、姜、八角等，再用小火慢炖；（6）待牛肉炖至八分熟时放入海带结，煮30~40分钟后，再加入胡萝卜，继续用小火炖熟即可。

营养分析：海带是理想的排毒养颜食物，其中所含的碘可以促进有害物质的排泄，硫酸多糖可以促进胆固醇的排出，甘露醇具有良好的利尿作用，可以治疗药物中毒、浮肿等症。

☆绿豆浆

材料：绿豆80克，花生仁15克，核桃仁10克，黑芝麻5克，冰糖适量。

做法：（1）将绿豆洗净，浸泡6~16小时，花生仁、核桃仁、黑芝麻洗净；（2）将泡好的绿豆、花生仁、核桃仁、黑芝麻、冰糖放入豆浆机中，加入适量清水，启动机器，十几分钟后豆浆就煮熟了。

营养分析：绿豆有清热、解毒、祛火之功效，中医用之解毒，对重金属、农药以及各种食物中毒均有一定防治作用；绿豆还具有消暑止渴、利水消肿之功效，是孕妈妈补锌及防治妊娠水肿的食疗佳品。

营养胎教：孕妈妈吃油有讲究

第14周第1天

孕4个月是胎宝宝大脑的各部分，如大脑、延髓等，开始分化的时期。孕妈妈要坚持为胎宝宝提供脑发育所需的脂肪。除了前文提到的动物类食物外，食用油中也含有大脑发育所需的脂肪。

在孕期，孕妈妈如果不能获得足够的脂肪酸，将会影响胎宝宝出生时的体重和以后的智力发育。反之，如果孕妈妈摄油得当，就会对胎宝宝的发育起到良好作用。

科学选油、吃油是孕妈妈需要掌握的一种饮食观念，与胎宝宝的身体健康息息相关。烹调食物时力求少用油，而且以植物油为主，少用或不用油炸、油煎等烹调方法，多用煮、炖、汆、蒸、拌、卤等少油的做法。在平时吃油时应交替使用几种食用油，或是隔一段时间就换不同种类的食用油，这样才能使孕妈妈体内所吸收的脂肪酸种类丰富、营养均衡，避免单一。

橄榄油对孕妈妈及胎宝宝的健康非常有益，但在购买时要注意辨别优质品与劣质品，具有方法如下：

第一，看橄榄油的酸性值。一般正规产品都会标注酸性值，最好的橄榄油酸性值不超过1%，可食用的橄榄油酸性值不超过3.3%。

第二，看色泽。上等的橄榄油呈黄绿色，越清亮品质越好，越混浊则越差。

第三，看出产地。产地是决定价格的重要因素之一，世界橄榄油主产国集中在地中海沿岸，其中，西班牙、意大利、希腊为世界三大橄榄油生产国和出口国。

第四，应认准“特级初榨”的字样，这类橄榄油品质最佳。

第14周 第2天

营养胎教：吃点坚果胎宝宝更聪明

专家指出，脑细胞是由60%的不饱和脂肪酸和35%的蛋白质构成，而坚果类食物中含有15%~20%的优质蛋白质和十几种重要的氨基酸，这些氨基酸都是构成脑神经细胞的主要成分。因此，无论是对孕妈妈还是对胎宝宝来说，坚果都是补脑、益智的佳品。孕妈妈不要因为坚果中含有大量的脂肪和蛋白质就害怕食用后发胖，而对它望而却步，只要每天将摄入量控制在28克左右就不会发胖。

1.花生

花生的蛋白质可高达30%左右，其营养价值可与鸡蛋、牛奶、瘦肉等媲美，而且易被人体吸收。花生皮还有补血的功效。可以将花生与黄豆一起炖汤，最好不要用油炒着吃。

2.核桃

补脑、健脑是核桃的第一大功效，另外，其含有的磷脂具有增加细胞活力的作用，能增强机体抵抗力，促进造血功能和加速伤口愈合。核桃仁还有镇咳平喘的作用。尤其是经历冬季的孕妈妈，可以把核桃作为首选的零食。核桃可以生吃，也可以加入适量盐水，煮熟吃，还可以和栗子等一起煮粥吃。

3.榛子

榛子含有不饱和脂肪酸，并富含磷、铁、钾等矿物质，经常吃可以明目、健脑。如果孕妈妈不想单吃榛子，可以压碎放在麦片里一起吃。

营养胎教：不要拿榴莲当补品

第14周第3天

榴莲的营养价值的确比较高，有“水果之王”之称，含有丰富的蛋白质、脂类、维生素C以及钙、铁、磷等多种营养成分，对机体有很好的补养作用。虽然有些人不太喜欢榴莲的味道，但对于喜欢吃的人来说，特殊的香气有开胃、促进食欲的功效，其中的膳食纤维还能促进肠蠕动。因此，一般能耐受榴莲特殊气味的健康人都可食用。

榴莲的滋补功效也广为人知，民间素有“一只榴莲三只鸡”的说法，过去常用它给体质虚弱的人和产妇补养身子。那么，榴莲是否适合孕妈妈进补呢？

专家指出，孕4月后，孕妈妈的小肠运动减弱，饮食稍有不慎就会形成便秘。虽然榴莲富含膳食纤维，但它在肠胃中会吸水膨胀，过多食用反而会阻塞肠道，引起便秘，对于本来就容易出现便秘的孕妈妈来说，会加重胃肠负担，特别是孕前患有便秘或痔疮的孕妈妈更不宜食用榴莲。榴莲吃多了容易上火，出现喉咙疼痛、烦躁失眠等症状，引发胎热，损害胎宝宝健康。另外，榴莲所含的热量及糖分较高，500克就含有500千卡的热量。如果孕妈妈经常把榴莲当补品，会导致血糖升高、胎宝宝过重，使日后娩出巨大儿的概率增大。

孕妈妈的饮食要营养丰富，易于消化，口味以清淡为主，肥甘厚味并不适宜，像榴莲这样温燥甜腻的“水果之王”，孕妈妈不宜把它作为补品进补。

第14周第4天

行为胎教：生活细节不要忽视

妊娠期孕妈妈要放弃染发剂、冷烫精、唇膏、美白祛斑霜、指甲油、香水等含酞酸酯的美容美发用品。

孕妈妈适宜睡木板床，铺上较厚的垫被，避免因床板过硬，缺乏对身体的缓冲而转侧过频、多梦易醒。

枕头过高会迫使颈部前屈而压迫颈动脉，颈动脉受阻会使大脑血流量减少而引起脑缺氧。孕妈妈的枕头以9厘米（平肩）高为宜。

理想的被褥是全棉布包裹棉絮。不宜使用化纤混纺织物作被套及床单，以免刺激皮肤，引起瘙痒。

使用蚊帐有利于睡眠，不仅可以避蚊防风，还可吸附空间飘落的尘埃，过滤空气。

孕妈妈穿鞋要将安全放在第一位。怀孕使孕妈妈的身体重心向前移，穿高跟鞋有可能引起腹坠感，腰部酸痛，而穿平底鞋反而更难行走，产生的振动会直接传到脚上，站立或行走过久还会引起脚跟痛。柔软而有弹性的坡跟鞋最为理想。鞋要松软，最好是羊皮鞋。孕晚期脚部浮肿，要穿松紧性稍大一些的鞋子；脚背要与鞋子紧密结合，有能牢牢支撑身体的宽大后跟，鞋后跟的高度为2~3厘米，鞋底带有防滑纹；能正确保持脚底的弓形部位。鞋子的宽窄、大小均合适，重量较轻。孕妈妈弯腰系鞋带不方便，应穿容易脱的轻便鞋。

留短发的孕妈妈头发比较好洗，可坐在高度刚好可以让膝盖弯成90度的椅子上，头往前倾，慢慢地清洗。如果孕妈妈留长发，那么洗头发就相对比较麻烦。因为可能会弯腰洗太久，不但腰酸，肚子也会不舒服，还有可能因而造成宫收缩。所以，留长发的孕妈妈最好坐在有靠背的椅子上，让家人帮忙清洗。

孕妈妈腿抽筋要补钙和维生素D，半数以上的孕妈妈在孕期会发生腿部抽筋的情况。

孕妈妈腿抽筋的处理方法：不要使腿部肌肉过度疲劳；不要穿高跟鞋；睡前可对腿和脚进行按摩；平时要多摄入一些含钙及维生素D丰富的食品，适当进行户外活动，多接受日光照射。

行为胎教：孕妈妈工作应劳逸结合

第14周第5天

为了在家庭和事业中取得平衡，怀着宝宝上班的孕妈妈不在少数。专家提醒，工作着的怀孕女性要注意劳逸结合。因为孕妈妈如果工作过于紧张疲劳，可能会引起胎宝宝的宫内发育迟缓。

胎宝宝宫内发育迟缓也称胎盘功能不良综合征，或胎宝宝营养不良综合征，主要表现为胎宝宝各个器官发育不好、生命力弱、不容易成活、新生儿体重低、抵抗力弱、容易合并疾病。胎宝宝宫内发育迟缓形成的原因比较复杂。一般认为原因有两大类：第一类是孩子本身的问题，如畸形等；另一类即与胎盘供血有关。如果孕妈妈患有心脏病、高血压、糖尿病、肾炎等，都可能影响胎盘供血，进而影响胎宝宝发育。妈妈的喜怒哀乐也会影响胎宝宝发育，妈妈如果焦虑、神经紧张，会释放出能使血压升高的激素，如肾上腺素，胎宝宝能够通过胎盘感受到这种激素，从而感知妈妈很紧张，这对胎宝宝的生长是不利的。另外，人紧张的时候血管收缩、心跳加快，处于应激状态的高血压。长时间处于这种状态，人就容易真的患上高血压。这好比长期不注意，假性近视就会变成真性近视。据有关报道，为了调查工作对血压的影响，澳大利亚墨尔本大学的研究人员曾对1名怀孕妇女在工作日和非工作日的血压情况进行监控。结果显示：工作日的血压明显高于非工作日，尤其是那些工作压力比较大的女性。因此，孕妈妈在工作中要注意有张有弛，给胎宝宝创造一个轻松舒缓的环境。

第14周第6天

光照胎教：用光照促进胎宝宝视觉发育

从妊娠第4个月起，胎宝宝对光线已经非常敏感。科学工作者对孕妈妈的腹壁直接进行照射时，采用B超探测观察可以见到胎宝宝出现躲避反射，背过脸去，同时有睁眼、闭眼活动。这说明胎宝宝的视觉也在缓慢发育，并具有一定功能，此时可进行视觉功能训练。进行视觉训练可促进视觉发育，增加视觉范围，同时有助于强化昼夜周期，即晚上睡觉，白天觉醒，并可促进动作行为的发展。

操作方法：可用装有4节一号电池的手电筒，一闪一灭直接对着孕妈妈的腹部进行照射，每日3次，每次30秒钟，并记录胎宝宝的反应。

注意：不要在胎宝宝睡眠时施行胎教，这样会影响胎宝宝正常的生理周期，应该在有胎动的时候进行胎教。光照时可以配合对话，综合的良性刺激可能对胎宝宝更有益。实施视觉胎教的时候，切忌用强光，也不宜照射时间过长。

小贴士

不良坐姿伤害胎宝宝

本阶段，微微挺起来的肚子让孕妈妈略感沉重、疲劳。这时候，有些孕妈妈为了缓解疲劳，喜欢选择柔软的沙发或宽敞的椅子，或斜靠，或半躺，让整个身体或上半身陷入其中。这种坐姿在短时间内确实可以让孕妈妈感到舒适，一旦时间长了，孕妈妈在腹部和脊柱都会受到压迫，胎宝宝也会在重力的作用下形成枕后位，分娩时会使孕妈妈的产程延长，更有甚者会出现难产。所以，孕妈妈平时要注意自己的坐姿，千万不要将整个身体陷在椅子或沙发里。如果觉得坐在椅子或沙发上腰部没有支撑力，可在腰部垫一个靠垫，这样会感觉舒服很多。

情绪胎教：孕妈妈开心一刻

第14周第7天

微笑是可以传染的，而孕妈妈发自内心的微笑，是对胎宝宝最好的胎教。孕妈妈可以在每次微笑的时候都祝福胎宝宝。这样的微笑胎教，是你给宝宝的最好的礼物！在每一次微笑时，孕妈妈一定可以想象胎宝宝也正在微笑。

1."502"胶

我家的门牌号是502。一天，儿子把小火车玩具的轮子弄掉下来了，他问我怎么办，我说："你先收好了，一会用502胶粘粘。"儿子敞开门，指着门牌号说了："妈妈，你这会儿就把'502'拿下来粘吧。"

2.栗子

一天，我和丈夫为一个问题各执己见，互不相让，丈夫见说服不了我，便说："我拿个例子给你看看。"一会儿，他从书柜里找出一本书递给我。儿子见了诧异地说："爸爸，你不是要给妈妈拿栗子吗？怎么给妈妈一本书？"

3.不怕鬼

一天，全家人围在一起看电视，我问上幼儿园的儿子："儿子，你怕不怕鬼？"儿子一点儿没犹豫："鬼有什么可怕的？"我刚想表扬他，却听他继续说："我们不全是鬼吗？你说爸爸是酒鬼，爸爸说你是唠叨鬼，你们俩都说我是调皮鬼。"

4.8路平安

儿子刚刚两岁半，我带他外出经常坐8路车。一次，儿子在电视里听到孙悦唱《一路平安》，赶快来告诉我："妈妈，她唱得不对，不是一路平安，应该是8路平安！"

第15周 第1天

情绪胎教：准爸爸要悉心关爱孕妈妈

对于孕妈妈和胎宝宝来说，家人的关心和体贴显得格外重要。妈妈就像是大地，提供足够的养分；父爱像阳光雨露，滋润着孕期的母子，孕育着生命的宫内展现着无限的生机与希望。如果没有了阳光雨露的滋润，缺乏了爱的呵护，胎宝宝的心灵将是孤独、寂寞、痛苦的。

进入孕中期，疲倦、恶心等早孕反应慢慢消失，孕妈妈的心情也会随之开朗起来。有些准爸爸就以为不必再像前3个月那样照顾孕妈妈了。心理专家指出，在整个孕期，准爸爸都应该关心、体贴妻子，不能因为孕妈妈没有了早孕反应就忽视了对孕妈妈的关心。为了腹中胎宝宝的安全，准爸爸应尽量避免让妻子做吃力的家务劳动，减少孕妈妈的负担。如果孕妈妈心情平静开朗，身体便能维持良好状态，妊娠期间的负担就减小了不少。如此一来，胎宝宝就能在舒适环境中健康地成长发育了。

情绪胎教体现的父母之爱，就是要将父母的关爱洒向胎宝宝的心灵，融入他的每一根神经、细胞。情绪胎教的成功是父亲的责任与妈妈的行为结合的结果，也是孩子出生时夫妻双方共同育儿的准备过程，它可以用血缘的纽带增强家庭的凝聚力，产生出牢固的亲情。

语言胎教：跟胎宝宝说说悄悄话

第15周第2天

每天早晨起床后，孕妈妈要记得小声和胎宝宝说几句悄悄话，比如“宝贝，我爱你！”“我是最爱你的妈妈。”“今天爸爸又和我说他很爱你了。”“你知道我和你爸爸多么盼望你的到来吗？”“宝宝，你睡得好不好？天亮了，我们起床了。”“宝宝，起来活动活动，看今天的天气多好！”，或是利用外出散步的时间悄悄告诉他“外面阳光真好，你和妈妈一起来享受阳光的沐浴吧”，类似温馨的话语会让胎宝宝每天都有一个好的印象。孕妈妈每天都重复这些话，反复地强化，会给胎宝宝留下记忆，从而刺激胎宝宝脑部更快地发育。

从孕中期开始，胎宝宝已经具备了听力，虽然他听不懂孕妈妈和准爸爸的话，但说话的声音却能在胎宝宝在脑海里留下粗浅的痕迹。出生后胎宝宝会觉得这些声音很熟悉，有安全感。有些小宝宝出生后，爸爸一逗他就哭，这是由于宝宝在妈妈肚子里的时候对爸爸的声音不熟悉造成的。

其实，准爸爸更适合给胎宝宝做语言胎教。研究表明，胎宝宝在子宫内最适宜听中、低频调的声音，而男性的声音正好是以中、低频调为主。进入孕中期后，孕妈妈可采取坐式或者卧式，配合准爸爸进行语言胎教。而准爸爸最好坚持每天对子宫内的胎宝宝讲话，让他熟悉你的声音，这样做有助于胎宝宝出生后的智力发展及情绪稳定。准爸爸和胎宝宝对话时，说的内容不要太复杂，简单明了就可以了。

第15周第3天

音乐胎教：欣赏《彼得与狼》

《彼得与狼》是苏联作曲家普罗科菲耶夫为儿童写的一部交响童话，完成于1936年春，同年5月2日在莫斯科的一次儿童音乐会上首次演出。该作品是普罗柯菲耶夫的代表作品之一，由作者本人所构思的情节和撰写的朗诵词，具有生动活泼而又深刻的教育意义。

少先队员彼得与他的小朋友鸟儿一起玩耍，家中的小鸭在池塘嬉游，与小鸟争吵。小猫趁机要捕捉小鸟，被彼得阻拦。爷爷后来吓唬他们说狼要来了，把彼得带回家。不久，狼真的来了，吃掉了小鸭，还躲在树后要捉小鸟和小猫。彼得不顾个人安危，在小鸟的帮助下捉住狼尾巴，将它拴在树上，爷爷和猎人赶来把狼抓进了动物园。故事寓意深刻，表现了少年彼得以勇敢和机智战胜了凶恶的狼。

作曲家运用乐器来刻画人物和动物的性格、动作和神情，音乐技巧成熟，形式新颖活泼，旋律通俗易懂。全曲既有贯穿的情节，而又不是干涩地平铺直叙，每一个角色、每一个段落不但形象鲜明，而且还含有表达尽致的艺术魅力。

音乐中用长笛、双簧管、单簧管、大管、弦乐四重奏、定音鼓和大鼓所奏出的具有特性的短小旋律和音响，分别代表小鸟、鸭子、猫、爷爷、少年彼得和猎人的射击声等。曲中采用长笛的高音区表现小鸟的灵活好动；弦乐奏出了彼得的神情，描绘了彼得的机智勇敢；鸭子的形象由双簧管模拟，生动地刻画出那蹒跚的步态；单簧管低音区的跳音演奏描绘了小猫捕捉猎物时的机警神情；爷爷老态龙钟的神态由大管浑厚、粗犷的声音来表现，节奏和音调模拟了老人的唠叨；狼阴森可怕的号叫用3只圆号来体现。

小贴士

普罗科菲耶夫是俄罗斯音乐史上的超级神童，5岁就写出了第一首钢琴独奏曲，9岁已经令从学的老师大惊失色。他发明了一种“快速配器法”，充满独特的个人见解，以表示不喜欢原有的单调乏味的配器方式。他的代表作《彼得与狼》《古典交响曲》和《罗密欧与朱丽叶》一直被古典乐坛奉为先锋派。

音乐胎教：聆听勃拉姆斯的《摇篮曲》

第15周第4天

勃拉姆斯是19世纪后半叶德国最卓越的古典乐派最后一位作曲家，他的这首《摇篮曲》作于1868年，是其代表作之一，为摇篮曲中最为出色的一首。乐曲深情而动听，表现了真挚的母爱，被广为传唱。

摇篮曲

快安睡，小宝贝，
夜幕已低垂，床头布满玫瑰，
陪伴你入睡，小宝贝，小宝贝，
歌声催你入睡，小宝贝，小宝贝，
歌声催你入睡；
快安睡，小宝贝，
夜幕已低垂，月光洒满大地，
微风轻轻吹，小宝贝，小宝贝，
歌声催你入睡，小宝贝，小宝贝，
歌声催你入睡。

1864年，勃拉姆斯在汉堡遇见了一个维也纳青年女歌手，名叫贝尔塔。奥地利姑娘特有的温柔妩媚和天真烂漫自有一种神秘的魅力，从她身上，勃拉姆斯感到他注定要终老于此的奥地利土地分外可爱。勃拉姆斯对贝尔塔一见钟情，但在谈婚姻的时候却遭到了不可克服的障碍。贝尔塔嫁给了法柏先生，当他们养第二个孩子的时候，勃拉姆斯送给她一首“随时随地可以用来取乐”的《摇篮曲》。“安睡安睡，乖乖在这里睡，小床满插玫瑰，香风吹入梦里，蚊蝇寂无声，宝宝睡得甜蜜，愿你舒舒服服睡到太阳升起”，那恬静、优美的旋律本身就是一首抒情诗。后人曾将这首歌曲改编为轻音乐，在世界上广为流传，就像一首民谣那样深入人心。

此曲是一首民歌风格的歌曲，歌曲中摇摆的韵律，舒缓的叙事语气的旋律，再加上装饰音的运用，表现出充满无限温存慈祥的万千柔情，勾画出一幅妈妈对孩子亲切祝福的动人画面，表达了人类最崇高的感情：妈妈对孩子的爱。演唱者克洛伊·安格纽像孩童一样柔嫩清澈、像糖果一般甜美的嗓音独树一帜，给人一种纯真的美感。

美育胎教：名画欣赏《摩特枫丹的回忆》

这是法国画家科罗（1796~1875）晚期最成熟，也是最具代表性的风景画杰作之一。摩特枫丹位于巴黎以北桑利斯附近，是个非常美丽的地方。科罗有感于那片美丽的风光，这幅画是他对那里的回忆之作。湖畔森林，晨雾初散，一片清新，一棵大树向四周伸展，前面一棵小树显出婀娜多姿的舞蹈美，给画面平添了诗意，女子的红裙与头巾是全画的最强音。画家极善于应用银灰色和褐色，使得他的风景画色调柔和，景物仿佛被一层银灰纱幕笼罩着，给人一种诗意的朦胧，和谐与安宁。

科罗喜欢在美丽的大自然中点缀人物活动，使自然与人构成艺术生命的整体。在这幅风景画中，他画了一位身着红裙的女子正仰首摘取小树上的野果，树下有两个孩子，女孩低头采撷草地上的野花，男孩手指树上的果子。在这幅画中仍含有古典主义的意蕴，如黄金律的构图和均衡，但更多的是画家的真情实感。科罗作画爱添加枯枝，枝条屈伸多姿、轻飘摇曳，犹如美人翩翩起舞。色调轻柔，景物虚实中层次丰富，如梦如幻。科罗多用暖色铺染画面，爱用银灰色和褐色调子，因为这类色调具有宁静感，能使灿烂的阳光和弥漫的云雾更具朦胧诗意。

行为胎教：产前检查增加了新内容

第15周第6天

1.胎心音检查

怀孕14周后，每次产前检查都要进行胎心音检查。可直接用胎心听筒或多普勒来监听胎心音，胎心率在120~160次/分钟为正常。妊娠6个月以后可在孕妈妈腹部听到胎宝宝的心跳声，犹如钟表的“滴答”声。准爸爸可直接将耳朵贴在孕妈妈的腹壁上听取，或用木听筒听取，每日一至数次。胎心直接反映胎宝宝的生命情况，过快、过慢或不规则都说明胎宝宝在宫内有缺氧情况，有窒息的可能，可危及胎宝宝生命，应及时就医。

胎心应与子宫动脉及胎盘杂音相区别。子宫动脉杂音是血流通过扩张的子宫动脉时所产生的吹风样的低音，胎盘杂音是血流通过胎盘时所产生，二者的快慢与母体脉搏相一致。胎盘杂音的范围较子宫动脉杂音的范围大。

2.宫高、腹围检查

从怀孕14~15周开始，孕妈妈做产前检查时增加了一个新的检查项目：测量宫高及腹围，怀孕28周前每4周测量1次；怀孕28~35周，每两周测量一次；怀孕36周后每周测量一次。测量宫高的方法是让孕妈妈排尿后平卧于床上，用软尺测量耻骨联合上缘中点至宫底的距离，然后将测量结果画在妊娠图上，以观察胎宝宝发育与孕周是否相符及羊水的多少等情况。

正常的孕妈妈宫高和腹围的增长应该限制在一定范围内，超出该范围就要仔细考虑是否存在一些隐匿的问题，最为常见的是孕妈妈吃得太多，体重增长超过了标准；另外，羊水过多或者双胎妊娠时都会在妊娠图上表现出来。

第15周 第7天

美育胎教：欣赏王羲之的《兰亭集序》

《兰亭集序》又名《兰亭序》《临河序》《禊序》《禊贴》，为三大行书书法帖之一，系中华十大传世名帖之一。该幅字画是王羲之在兰亭召集的一次诗书画集会时所作的序。据史书考证，参加集会的人包括谢安、孙绰、支遁……还有王羲之的3个儿子，共41个人，众人饮酒赋诗作文，最后由已有几分酒意的王羲之执笔为之作序。王羲之轻拈鼠须笔，洋洋洒洒28行、324字一挥而就。在这短短的篇幅中，王羲之将兰亭的优美景色描写得入木三分，又记录了与朋友举杯尽欢的欢乐场面，同时也抒发了人生苦短、及时行乐、怡然自足的情怀。文章理趣深远，沁人心脾，而书法更是遒媚劲健变化无穷，二十多个“之”无一雷同，如有神助。后来，王羲之曾再次重写了这幅《兰亭集序》，但所作之品皆比不上原作。

《兰亭集序》原文：

永和九年，岁在癸丑，暮春之初，会于会稽山阴之兰亭，修禊事也。群贤毕至，少长咸集。此地有崇山峻岭，茂林修竹；又有清流激湍，映带左右，引以为流觞曲水，列坐其次。虽无丝竹管弦之盛，一觞一咏，亦足以畅叙幽情。是日也，天朗气清，惠风和畅，仰观宇宙之大，俯察品类之盛，所以游目骋怀，足以极视听之娱，信可乐也。

夫人之相与，俯仰一世，或取诸怀抱，悟言一室之内；或因寄所托，放浪形骸之外。虽趣舍万殊，静躁不同，当其欣于所遇，暂得于己，快然自足，曾不知老之将至。及其所之既倦，情随事迁，感慨系之矣。向之所欣，俯仰之间，已为陈迹，犹不能不以之兴怀。况修短随化，终期于尽。古人云：“死生亦大矣。”岂不痛哉！

每览昔人兴感之由，若合一契，未尝不临文嗟悼，不能喻之于怀。固知一死生为虚诞，齐彭殇为妄作。后之视今，亦犹今之视昔。悲夫！故列叙时人，录其所述，虽世殊事异，所以兴怀，其致一也。后之览者，亦将有感于斯文。

小贴士

在怀孕期间，趁着闲暇练练书法，这也能熏陶宝宝不一样的审美视角，培养宝宝的艺术细胞。

美育胎教：学做软陶，丰富孕期生活

第16周第1天

软陶又叫“彩陶”，也有人称“烧烤黏土”。19世纪，当德国雕塑家创造这种材料时，由于它具有高度延展性和可塑性，能充分满足人类的创造欲望，很快便风靡了整个欧美地区。它多变的特性，立刻又成为启发创造性思维、培养文化气质的教材。直到今天，软陶仍是手艺界DIY族的最爱。有人预测，软陶将是21世纪最时尚的产品。

软陶制作小窍门：

☆先行设计。许多朋友一旦拿到软陶泥，就急于赶制自己想做的东西。殊不知，磨刀不误砍柴工。将自己想做的东西先行设计好，再制订制作方案及步骤，往往会起到事半功倍的作用。

☆水的妙用。在捏制过程中，当软陶泥因接近手的温度而变软以至粘手的时候，就用手蘸些水，不但可以使陶泥表面更加光滑，还更有利于在陶泥移动的过程中保持形状。

☆用刀手法。在制作过程中，用刀切割是不可避免的工序，但再锋利的小刀，也会因有压力而使软陶变形，如想切出圆条形却成了椭圆形。此时，应该将圆条随刀锋的运动一起滚动，这样就能切出称心如意的圆条了。

☆非烤即蒸。目前许多家庭中，很少拥有烤箱之类的加热工具，而家家必备的微波炉，却因发热原理不一样，影响烤制定型效果。此时，最简单的方法就是煮或蒸。温度不够怎么办？可以多蒸煮一段时间，从水开到闭火，一般在15~30分钟为宜。

☆烤的学问。许多初学者因好奇或新鲜感，刚到时间就急于取出来欣赏自己的作品，殊不知，骤冷骤热的温度变化会使陶泥变脆而不易保存。所以，正确的方法是加热之后耐心等待，待软陶慢慢冷却至室温之后再取出来欣赏，这样，您就可以永久保存自己心爱的作品，而不用担心其过脆而容易损坏了。

第16周 第2天

美育胎教：
雕塑欣赏《抱鹅的少年》

《抱鹅的少年》又称《戏鹅的儿童》，创作于约公元前200年，高约84厘米，出自希腊雕刻家波厄多斯之手，现收藏于德国慕尼黑国家博物馆。波厄多斯擅长以风俗题材进行雕塑，是当时因专门雕刻儿童形象而闻名的艺术家。他的这件《抱鹅的少年》体现的是一个天真活泼的小孩和一只大鹅一起嬉戏的情景。

波厄多斯生活在公元前3世纪，正是希腊化风俗性雕塑发展的时代。雕塑题材几乎触及生活的方方面面，从超凡脱俗的神性表达最普遍的人性，特别重视真实地塑造人物形象，注重人的内在精神表现。《抱鹅的少年》反映的是一个天真活泼的小孩和一只大鹅一起嬉戏的情景。儿童形象的刻画十分有趣，他使劲想把往前走的鹅扳回来，而这只鹅则直蹬着叉开的双腿，张开嘴拼命与小孩抗衡。孩子的体态、动作和细腻的皮肤雕刻得十分真实、自然，那顽皮的微笑和执拗的动作充分表现了一个儿童固有的天真活泼的本性，富有极其浓厚的生活气息。孩子头部的发型有很强的韵律节奏感，头顶上的小发卷则更显得可爱逗人。整个雕像刀法细腻，动感十足，小孩与鹅的姿态优美动人，使观赏者们看到了那蓓蕾初放的生命力，仿佛又回到了色彩斑斓的童年时代。

欣赏完这幅雕塑后，身为孕妈妈的你是否也回到了童年时代？是否幻想过你的宝宝长大后也能与这个孩子一样活泼可爱、充满活力呢？

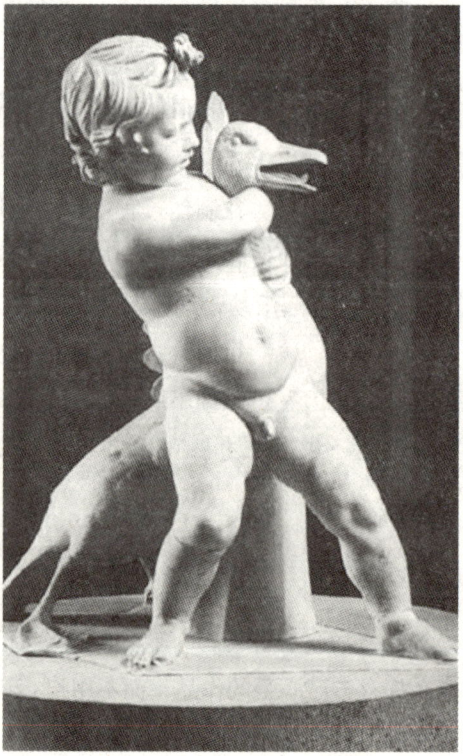

抚摸胎教：边抚摸边感受胎动

第16周第3天

孕4月，有些敏感的孕妈妈已经可以感受到胎动了。胎动明显的时候，孕妈妈可以感受到子宫在蠕动，胃里也出现咕噜咕噜的声音。而且此时胎宝宝的神经系统发育迅速，对触觉与力量很敏感。孕妈妈和准爸爸一定要抓住这个时机，通过抚摸和胎宝宝进行交流，如孕妈妈可以在胎宝宝踢腿的时候轻轻抚摸腹部，与胎宝宝的活动内外呼应，让胎宝宝感受准爸爸和孕妈妈的关爱。胎宝宝在孕妈妈或准爸爸抚摸的时候，会做出反射性的躯体蠕动，这可以促进大脑功能的协调性发育。

孕妈妈可以在进行抚摸胎教的时候融入触压拍打法对胎宝宝进行良性刺激。具体做法是：孕妈妈平躺，放松腹部，先用手在腹部从上至下、从左至右来回抚摸，并用手指轻轻按下再抬起，然后轻轻地做一些按压和拍打的动作，给胎宝宝以触觉的刺激。刚开始时，胎宝宝不会做出反应，孕妈妈不要灰心，一定要坚持且有规律地去做。一般需要几个星期的时间，胎宝宝会有所反应，如身体轻轻蠕动、手脚转动等。开始时每次5分钟，等胎宝宝做出反应后，每次5~10分钟。

第16周第4天

运动胎教：可以适当增加运动量

当孕妈妈感到精力有所恢复，孕初期疲惫的身体开始有些活力了的时候，应该开始适当地做些运动，比如有目的地做孕妇操，或是晚饭后与爱人一起散散步，这是最安全和健康的运动。

做操是为了增强体质，对于胎宝宝来说也同样适用。早期对胎宝宝进行这方面的训练可以培育出心灵手巧、体格健壮的孩子。有人曾对腹中的胎宝宝进行长期的体操训练，当孩子出生后2~3个月便可以顺利地完成各种动作，有些动作则是1周岁以后的婴儿才能完成的，如：翻身、抓握、爬，甚至还可以自己转动袖珍收音机的旋钮，捡起床上的瓜子皮，抓住小奶瓶自喂等这种超前的动作能力实在令人惊讶。据专家们观察，这样的孩子不但身体健康，很少得病，而且精力充沛，智力发育良好。

如果想去旅游，最好选择在怀孕第4~6个月之间，此期最为安全。此时剧烈的妊娠反应已经过去，胎宝宝发育比较稳定，孕妈妈身体尚未沉重，具有一定的对旅游辛劳的承受能力和愉悦的心境。

孕期外出旅游前必须去医院看一次妇产科医生，将整个行程向医生交底，以取得医生的同意和指导。一定要带全药品，比如对孕妈妈和胎宝宝都很安全的抗腹泻药、口服的肠胃药和外用的酒精棉、止吐药、优碘、外伤药膏、蚊虫咬伤药膏等。因为外出时难免会有些小意外发生，带全这些药品可以为孕妈妈解除后顾之忧。准备宽松、舒适的衣裤和鞋袜，带一双合适的软垫鞋供途中使用。必要的卫生用品也要带上，主要包括消毒纸巾、护垫以及可以清洁公用马桶盖用的消毒喷剂等。此外，还要带一小罐孕妇奶粉，可以在没有鲜奶的情况下使用。必须要有亲人陪同，确保途中的照顾与安全。孕妈妈在旅游途中还要注意劳逸结合，保证充足的睡眠。

运动胎教：巧手转魔方

第16周第5天

最早的魔方是匈牙利的一位叫Rubik的教授于1974年发明的，这位教授发明它并不是为了投入生产和娱乐。因为他是建筑学和雕塑学教授，所以他自己动手做出了第一个魔方的雏形，来帮助学生们认识空间立方体的组成和结构，以及锻炼学生的空间思维能力和记忆力。在他完成第一个作品以后，转动了几下，发现原本齐整的魔方竟然很难恢复。于是，他意识到这个新的发明会很不简单。但是他想不到的是，这个边长不到6厘米的玩具竟然会在未来风靡全球，甚至出现了以魔方为道具的运动。

魔方不仅仅是小孩子的玩具，更是一种休闲放松的方式和体育竞技形式，孕妈妈可以和准爸爸一起玩魔方，在玩儿的过程中加深彼此的情感，也让胎宝宝体会到父母的爱。

第16周第6天

运动胎教：练习简单的瑜伽（1）

从这个月开始，孕妈妈在身体允许的情况下可以练习一下简易的瑜伽，可调节体内血液循环、放松身心、解除疲劳。

猫伸展式

猫伸展式可缓解背部疼痛和疲劳感，按摩腹部器官，增进消化作用，解决便秘烦恼，还能消除腹部多余脂肪，帮助子宫恢复正常位置，适合在孕期和产后练习。

★ 跪坐，双腿并拢，脚底朝上，俯身向前，双手撑地，伸直脊柱。

★ 吸气，头向上抬起，慢慢地将臀部向上翘，腰向下微曲，肩胛向背部挤压，形成一条弧线。

★ 吸气，慢慢把背部上拱，带动头下垂，视线望向大腿位置，直至感到脊柱有伸展的感觉。

运动胎教：练习简单的瑜伽（2）

第16周第7天

孕妈妈要先暗示自己全身放松，要一个部位一个部位地放松，然后柔和地开始深吸气，再慢慢地、细细地、自然地呼气。在练习瑜伽时要避免过度弯腰、扭腰、转体、举胳膊等动作，动作要柔和，还要以孕妈妈没有任何不适感为好。

孕妈妈由于体内的负担，容易出现腰酸等不适，可将注意力放在腰部，暗示自己放松腰部，再进行上述的吸气、呼气，对减轻腰背酸痛效果很不错。

骨盆扭转运动

骨盆扭转运动可加强骨盆关节和腰部肌肉的柔软，疏通全身经络，缓解颈部疼痛，强化骨盆柔韧性，为顺产做准备。

★ 孕妈妈仰卧，双腿并拢屈膝，脚掌贴地，双臂放在身体两侧，掌心向下紧贴于地面。

★ 双膝缓缓倒向左侧，膝盖尽量贴近地板，头部及上半身保持原姿势不动。

★ 双腿恢复到第一步动作，双腿再缓缓地向右侧倒下，膝盖尽量贴近地板，头部及上身姿势不变。如此左右交替练习，每晚临睡时各练习3~5分钟。

孕妈妈每月记事

产前体检情况

宫高

腹围

体重

胎儿大小

胎动

目前体重

心情

准爸爸的表现

下月产检日期

孕5月（第17~20周）：胎宝宝越来越聪明了

到了孕5月，胎宝宝的生长速度加快了。此时的他，头部已占全身长度的1/3，而且胎动已经十分明显。伴随着十分美妙的胎动，孕妈妈已经能真切地感受到小生命的存在了。

孕妈妈的变化

★ 看起来更像一个孕妈妈了

本月孕妈妈在外貌和体形上出现了较大的变化：子宫的增大使下腹部明显隆起，子宫底的高度与肚脐平齐，乳房、臀部更加丰满，皮下脂肪增厚，体重增加。

★ 开始感觉到胎动

其实胎宝宝很早就开始在子宫内活动，只不过孕妈妈感觉不到，到了孕18~20 周，孕妈妈就可以明显感觉到胎动了。不过由于胎动的感觉因人而异，每个人感觉到胎动的时间不同，所以你要耐心等待它的到来。

★ 常出现一些不适症状

由于妊娠的缘故，孕妈妈的生理会发生一些变化，如清晨刷牙时牙龈出血；阴道局部充血，宫颈分泌功能旺盛，阴道分泌物继续增多；由于关节、韧带的松弛，还会感到腰背酸痛。

胎宝宝的成长

★ 胎宝宝多大了

胎宝宝现在看上去像一只梨子，头已经占到全身长度的1/3。在今后3周内，他将经历一个飞速增长的过程，重量和身长都将增加两倍以上。到这个月月末的时候，胎宝宝大约有25厘米长、320克重。

★ 神经系统进一步发育

骨骼和肌肉开始发育，肢体的活动能力增强，可有明显的胎动，更容易被孕妈妈感觉到。运动神经和感觉神经进一步发育，出现肌肉的细微活动。神经元分成各个不同的感官，味觉、嗅觉、听觉、视觉和触觉在大脑里的专门区域里发育。神经元数量的增长开始减慢，但是神经元之间的相互联通开始增多。

★ 外形发生变化

全身皮肤由透明的深红色变为不太透明的红色，皮下开始储存脂肪。从头、面部开始，全身逐渐被汗毛所覆盖，头上长出少量的头发。背部和四肢关节皮肤皱褶处形成一种白色油腻状的物质叫胎脂，它具有保护皮肤的作用。

★ 各主要器官均已开始工作

用一般听诊器即可在孕妈妈的腹部听到强而有力的胎心音；肝脏开始造血；循环系统和泌尿系统完全进入正常的工作状态；肺也开始工作，他已经能够不断地吸入和吐出羊水了。味蕾在逐渐形成，声带也开始发育。如果胎宝宝是个小公主，那么她的子宫在这个时候形成了；如果是个小王子，那么他已经开始产生睾丸激素。

本月孕期检查

本月应进行一次孕期检查，本次检查有一些特别项目：

★ 羊水检查：一般称作染色体检查，通过检查可发现异常。35 岁以上的高龄孕妈妈都应该接受羊水检查。

★ 畸形儿检查：能够了解胎宝宝的脊椎是否畸形或其他几种先天性畸形，还能识别染色体异常发生率较高的孕妈妈，以便进一步接受羊水检查。

第17周第1天

营养胎教：这个月要特别注意补铁

怀孕早期的妊娠反应使孕妈妈铁的摄入量下降，机体铁的储备减少，怀孕期间的胃酸减少也影响铁的吸收。而到怀孕中期，胎宝宝生长发育速度加快，孕妈妈的血容量急剧增大，需要补充大量的铁。如果此时铁的摄入满足不了需求而缺铁，孕妈妈的红细胞增生不足，出现缺铁性贫血、水肿、心功能障碍、妊娠中毒症的概率将会大大提高，使胎宝宝生长发育受阻，出现发育不良、低体重，甚至早产、死亡。

孕中期，孕妈妈每日需铁量增至5~10毫克，也就是说，每日应摄入铁25毫克。一般每月查一次，如果检查发现血红蛋白低于10克，可以遵照医生的建议补充各种铁剂药物及维生素。

在早孕反应消失、饮食恢复正常后就应多吃含铁丰富的食物，如猪肝，每100克含铁25毫克，吸收率也高，最好每周能吃2~3次，每次100~150克；还可经常吃些瘦肉肉松、黑木耳、海带、紫菜、莲子、豆制品、虾米等含铁丰富的食物；用铁锅炒菜也是增加菜肴中铁含量的好方法。可以多吃些新鲜蔬菜、水果，增加维生素C的摄入，以提高食物中铁的吸收率。血红蛋白的生成不仅需要铁，也需要蛋白质，因此在饮食中补充铁的同时应注意补充蛋白质，只有补充足量的蛋白质才能提高补铁的效果。

食物中铁的吸收率极低，尤其是植物性食物中的非血红素铁吸收率不足10%，孕期对铁的需要通常很难从膳食中得到充分满足。一些学者主张自孕中期起通过补铁剂来改善孕妈妈的贫血症状，常见的补铁剂有硫酸亚铁（剂量为150毫克/日）、富马酸亚铁（剂量为100毫克/日）等。

小贴士

不要在饭后喝茶，更不要喝浓茶，因为茶叶中的鞣酸可妨碍铁的吸收。

营养胎教：适当增加脂类的摄入量

第17周第2天

脂类是人类膳食能量的重要来源，孕期需要3~4千克的脂肪积累，以备产后泌乳。此外，膳食脂肪中的磷脂及其中的长链多不饱和脂肪酸对人类生命早期脑和视网膜的发育有重要的作用。孕20周开始，胎宝宝脑细胞分裂加速，需要大量的磷脂、长链多不饱和脂肪酸，如花生四烯酸（ARA）、二十二碳六烯酸（DHA），是脑磷脂合成所必需的营养物质。2000年《中国居民膳食营养素参考摄入量》推荐，孕妈妈每日所需的能量中应该有20%~30%来源于脂肪，其中饱和脂肪酸、单不饱和脂肪酸和多不饱和脂肪酸分别为<10%、10%、10%，多不饱和脂肪酸n-6系与n-3系的比值为4∶6。n-3系多不饱和脂肪酸DHA的母体是α-亚麻酸，n-6系多不饱和脂肪酸ARA的母体是亚油酸，二者均不能在人体内合成，必须从食物中摄取。亚油酸几乎存在于所有植物油中，而α-亚麻酸仅存在于大豆油、亚麻子油、低芥酸菜子油等少数油中，但α-亚麻酸的重要代谢物DHA和EPA也可源于鱼、鱼油及鸡蛋黄中。

小贴士

食盐摄入要适量

孕妈妈最好吃清淡些，口味过重容易引发水肿。但千万不要误认为清淡饮食就是不吃盐，这样对人体健康也没有好处，因为盐进入人体即分离成钠离子和氯离子，氯离子保持细胞及周围水的平衡，这对生命至关重要。钠离子帮助控制血的含量及血压，对于心脏和肌肉的收缩是非常重要的。同时，肾脏有防止摄入过多盐的作用。如果孕妈妈体内缺盐，甚至几乎没有盐，孕妈妈就会发生肌无力，肌肉痉挛、恶心、抵抗力降低等情况，腹中的胎宝宝也将深受其害。对孕妈妈来说，只要饮食稍淡些，每日食盐不超过5克即可。

第17周第3天

营养胎教：为胎宝宝牙齿发育准备足够的养分

怀孕4个月后，胎宝宝的恒牙胚在乳牙胚的深部开始发育，延续到宝宝出生后3~4年，再逐渐发育成恒牙。而孕中期是胎宝宝发育最快的时候，如果这个时候孕妈妈不能及时地补充牙齿发育所需的养分，就会影响胎宝宝的牙齿发育，这种影响会一直延续到宝宝的乳牙期。

1.钙对牙齿的发育很重要

牙齿发育必需的营养物质是钙，所以孕妈妈补充足够的钙对胎宝宝的牙齿发育十分重要。孕妈妈可以吃豆制品、芝麻酱、虾皮、海带等食物来摄取钙。

2.及时补充蛋白质

牙齿基质所需要的营养是蛋白质，蛋白质是牙齿有机基质的原料，为了促进胎宝宝牙齿的健康发育，孕妈妈要多吃鸡、鱼、肉、蛋、豆腐等富含蛋白质的食物。

3.维生素A也不能少

牙齿表面主要是珐琅质，而珐琅质的形成则需要维生素A，如果孕妈妈缺乏维生素A，会造成胎宝宝牙的珐琅质形成异常。所以孕妈妈为了补充维生素A，可以多吃一些蛋、奶、胡萝卜、甜菜、南瓜、红薯、西葫芦、桃子和大比目鱼等。

4.维生素D很重要

维生素D有助于牙齿的钙化，是钙吸收和代谢所必需的。如果孕妈妈缺乏该营养素，会造成胎宝宝牙齿钙化不全。所以孕妈妈应多吃含维生素D丰富的食物，牛奶、鱼肝油、大骨头、白带鱼、猪肉和豆腐等都含有丰富的维生素D，孕妈妈可以多吃。另外，多晒太阳也可以补充维生素D。

营养胎教：孕中期食物选择宜与忌

第17周第4天

1.蜂王浆能提高抵抗力

蜂王浆富含葡萄糖、核糖、蛋白质、脂肪、乙酰胆碱及丰富的维生素和多种酶，还含有促性腺激素样物质和抗生素类物质，能加强机体抵抗力及促进生长，有滋补强壮作用，能够满足胎宝宝的营养需求。

另外，蜂王浆还能给脑组织提供神经胶质细胞合成的重要原料，同时还能给神经胶质细胞提供营养，增加神经胶质细胞的数量，对促进胎宝宝脑组织细胞的生长发育非常有益。

2.喝牛奶是补钙的重要方法

如果孕妈妈钙摄入不足，胎宝宝为了满足自己的生长需要，就会从妈妈的骨髓、牙齿中夺取，这样就会使孕妈妈血钙降低，容易发生小腿抽筋或手足抽搐。虽然很多食物中都含有钙，但是，现实生活中有很多因素会影响孕妈妈对钙的吸收。如有的蔬菜含有大量草酸盐，与钙结合后形成不溶性草酸钙而影响钙的吸收；谷类食物中的植酸也不利于钙的吸收；如果脂肪摄入过量，形成的不溶性皂化物也会降低钙的吸收。喝牛奶可成为补钙的一个重要方法。每100克牛奶中含钙约120毫克，而且牛奶中磷、钾、镁等多种矿物质搭配也十分合理。因此，孕妈妈补钙的最好方法是每天喝200~500克牛奶。

3.柑橘类水果不可多吃

据测定，500克橘子中含有50毫克维生素C、27毫克B族维生素。其中，维生素B_1的含量居水果之冠。柑橘所含的矿物质以钙的含量最高，而且还含有丰富的磷。常吃柑橘可以预防坏血病及夜盲症。而进入第5个月，胎宝宝生长发育速度非常快，对钙和磷的需求也进一步增加，所以孕妈妈可以吃一些柑橘类的水果。

柑橘类水果再好也不能过量食用。过量食用会引起燥热，造成口腔炎、咽喉炎等。大量食用柑橘后，身体内的胡萝卜素会明显增多，肝脏会把来不及排出的胡萝卜素转化成维生素A，进而使皮肤内的胡萝卜素沉积，导致皮肤呈黄疸样改变，胎宝宝也会间接受到影响。为了避免这些情况出现，孕妈妈还是少吃柑橘类食物为宜。每天吃柑橘不应该超过3个，总重量在250克以内。

第17周 第5天

行为胎教：孕妈妈要注意身体的清洁

妊娠期间，汗腺和皮脂腺分泌旺盛，头部的油性分泌物增多，阴道的分泌物也比较多，应当经常洗头、洗澡、换衣服。全身清洁可以促进血液循环和皮肤代谢，增强孕妈妈的体质。夏季酷热，每天洗澡不可少于两次；春秋气候宜人，每周1~2次即可；寒冬腊月每周1次就足够了。洗澡的时间要适当，饥饿时、饱食后1小时之内不宜洗澡。水温要适当，无论春夏秋冬，浴水温度最好与体温接近，太凉或太热的水会对孕妈妈皮肤造成刺激，影响孕妈妈的血液分布，不利于母体健康及胎宝宝发育。淋浴比盆浴更适合孕妈妈，因淋浴可防止污水进入阴道，避免产前感染。而且，孕中期，孕妈妈的身体日渐笨重，进出澡盆、浴缸不便，容易滑倒，使腹部受到撞击。

洗澡时要注意通风，并避免时间过长。一般每次洗澡时间不宜超过15分钟。如果浴室通风不好，空气混浊，湿度大，空气的含氧量就会相对较低，再加上热水的刺激，使皮肤血管扩张，造成血液流入躯干、四肢的较多，进入大脑和胎盘的相对减少，可能造成孕妈妈在洗澡的时候晕厥或胎宝宝缺氧，胎宝宝脑缺氧时间较短，一般不会有什么不良后果，如果过长会影响其神经系统的生长发育。

孕期孕妈妈的外阴部会发生明显变化，皮肤更柔弱，皮脂腺及汗腺的分泌较体表其他部位更为旺盛。同时，由于阴道上皮细胞通透性增高，以及子宫颈腺体分泌增加，使白带大大增多。孕妈妈要每天进行外阴局部清洁，以免发生感染，但注意不可用热水、碱性肥皂水和高锰酸钾液清洗。

小贴士

重拾性爱甜蜜

健康而适度的性生活能大大增进孕妈妈和丈夫的感情，又不必担心避孕的问题，可以使夫妻更放松、更能体验到性爱的快乐。此时性生活的原则是选择适宜的体位，不要过于激烈，不能压迫或撞击孕妈妈的腹部，不要给子宫以直接的强烈刺激，次数也不宜过多。

运动胎教：每天坚持练瑜伽

第17周第6天

1.鱼式

（1）仰卧，双腿并拢伸直。双臂伸直，掌心贴地，轻压在臀部下面，保持头颈放松，正常呼吸。

（2）手肘弯曲，向地面施力并让上半身离地。全身重心放在手肘上，臀部及脚不离地，腿保持伸直，膝盖不要拱起。

（3）吸气，头向后仰，用头顶着地，尽量扩胸，身体重心放在手肘上。尽量深呼吸，让胸腔及腹腔得以扩展。结束时，先将头轻轻抬起，背慢慢放到地面上并回到完全休息式开始放松，再抖肩解除紧绷感。

2.蹲式

（1）挺身直立，双脚分开，双手腹前交叉，双臂自然下垂。

（2）弯曲双膝，一边呼气一边慢慢下蹲，直到大腿与地面平行。

（3）继续下蹲，直到双手略微高于地面，但不要完全蹲下，保持大小腿肌肉的收紧状态；然后伸直双腿，吸气回复挺身直立的姿势，放松休息。可反复练习。

益处：这个姿势对孕妈妈是个很好的练习，能加强腰背、双踝、双膝、两大腿内侧和子宫肌肉，延缓衰老，增强性功能。此式可在整个孕期练习，对妊娠大有裨益。

第17周 第7天

行为胎教：了解和预防静脉曲张

有些女性怀孕以后会出现下肢静脉曲张的现象，表现为在外阴或小腿部隆起一条条蚯蚓样的东西，弯弯曲曲，有的孕妈妈会感觉下肢酸痛，并伴有沉重感、肿胀感、热感、蚁走感。

下肢静脉曲张产生的原因主要有3个，一个是生理方面的原因，妊娠期间，子宫和卵巢的血容量增加，使下肢静脉回流受到影响，过多的静脉血淤积在下肢静脉血管内，使其对血管壁的压力增加，同时增大的子宫压迫盆腔内的静脉，进一步阻碍下肢静脉的血液回流，造成静脉曲张；另一个原因是孕妈妈在妊娠期间休息不好，特别是需要久坐、久站和负重的孕妈妈，出现下肢静脉曲张的概率较高；第三个原因和遗传有关，如果妈妈怀孕时下肢静脉曲张严重，女儿怀孕后也易出现类似症状。

只要孕妈妈平时不久坐、久站和负重，注意多休息，孕晚期适当多躺卧休息或架起双脚休息，夜间睡眠时适当垫高双腿，帮助静脉回流，可以有效避免严重的下肢静脉曲张。如不是遗传的原因，下肢静脉曲张是可以减轻和预防的。

已经出现下肢或外阴静脉曲张时，孕妈妈容易感到疲劳，行动不便，要注意减少站、坐的时间，更不要负重；穿合适的平跟鞋，避免穿高跟鞋或高筒靴，不要穿过紧的袜子或鞋子，以免可能压迫血管；尽量减少可能增加腹压的因素，如便秘、慢性咳嗽等；尽量远离热源，不要进行桑拿和日光浴，用与体温接近的温水淋浴，避免用过冷或过热的水洗澡。为了控制症状的发展，在饮食上要特别注意少吃高脂肪和含糖量高的食物，少吃咸食。静脉曲张严重时需要卧床休息，可以用弹力绷带缠缚下肢，以防静脉结节破裂出血，分娩时要防止外阴部曲张的静脉破裂而引起出血等。轻微的下肢静脉曲张可于分娩后消失，但是严重者会留有后遗症，给日后的生活带来不便，产后需要考虑手术治疗。

行为胎教：
了解胎动的一般规律

第18周第1天

孕18周时，胎宝宝四肢运动范围更大，部分孕妈妈可感觉到胎动。孕20周时，胎宝宝四肢活动明显增加，大多数孕妈妈可感觉到胎动，特别是夜间更为明显。孕29~38周为胎动最频繁的时期，接近足月胎动略为减少，如妊娠过期胎动次数减少。

胎动的强弱和次数个体差别很大，一般每小时胎动3~5次，12小时内胎动次数约为30~40次。在正常情况下，一昼夜胎动强弱及次数有一定的变化，一天之中以早晨次数最少，下午6点以后增多，晚上8~11点是胎动最活跃的时间，说明胎宝宝已有自己的睡眠一觉醒规律，即胎宝宝生物钟。胎动还与妈妈的性格、情绪、爱好以及外界环境的声音、光线和宫内压力有关系，如巨大的声响、强光的刺激、触压孕妈妈的腹壁等，均可使胎动次数增加。胎宝宝活动的方式有蠕动、踢撞、搅动和呃逆打嗝4种，怀孕6个月开始，胎宝宝有剧烈地踢脚或冲撞；产前3个月左右有缓慢地蠕动或扭动。

尽管现在孕妈妈都会定期到医院进行检查，但这种检查观察到的胎宝宝情况毕竟只能反映当时的一般情况，不能逐日连续监测，也不能预示实发、突发情况。胎宝宝对缺氧十分敏感，有时妈妈身体不佳或过于劳累会造成宫内缺氧，有时胎宝宝在转动过程中出现脐带绕颈，也会出现呼吸窘迫，这类情况如不及时发现常常会危及胎宝宝的生命。有时临床上会有这样的情况：一周前还正常的胎宝宝，一周后检查时被发现已胎死腹中。如何避免这种悲剧的发生呢？如果孕妈妈学会在家中测胎动，就能及时发现胎宝宝是否缺氧。胎动显示缺氧的反应比胎心要敏感明显，从胎动消失到胎心消失一般有数小时到3天的时间。所以孕妈妈一旦发现胎动异常立即到医院就诊，一般可以挽救胎宝宝的生命。

小贴士

孕妈妈从怀孕7个月就应该开始数胎动。测胎动时，孕妈妈取侧卧位或半坐位，两手轻放在腹壁上。每日测3次，早、中、晚各一次，每次一个小时。

第18周第2天

行为胎教：不要害怕B超检查

很多孕妈妈对于做超声检查（尤其是在妊娠早期）存在很大的顾虑，因为有些资料认为过于频繁地运用超声检查在妊娠早期会增加流产和胎宝宝畸形的风险，而有些孕妈妈则直观地把超声等同于一种声音，接下来产生的就是这种声音听多了会不会对胎宝宝听力造成影响的担忧。但是目前没有任何一项研究能够证明上面所提到的观点，关于超声对于妊娠早期影响仅仅是有可能引起胚囊的轻微水肿和变形，但是胎宝宝在很短的时间内就能够恢复正常形态，不会造成流产或是胎宝宝畸形。与这些推测的危害和风险相比，B超检查的优点显而易见，它能够在妊娠早期动态检测胚芽的生长，及时发现胚芽和孕囊的异常，除外胎宝宝的复杂畸形，如先天性心脏病、消化道或是泌尿系统畸形等，在怀孕晚期检测胎盘功能、胎盘位置、羊水量等。总之，孕期检查很大一部分依赖于超声检查的结果，所以遵从医生的指导，定期进行超声检查非常重要。在发达国家一般产前检查每次都用B超看胎宝宝大小。

在大概孕16周左右，通过超声检查能够清楚地看到胎宝宝的性器官，尤其是男宝宝的“小鸡鸡”。但是在我国，受到计划生育相关法律的限制，医生是不会告知你宝宝的性别的，只有在宝宝降生的那一刻谜底才会被最终揭晓。当然，一些特殊情况下，比如要对一些随性染色体遗传的特殊疾病进行产前筛查的时候，医生用超声检查能够较准确地告知孕妈妈胎宝宝的性别，这也是产前筛查的目的——避免和减少出生缺陷的发生。

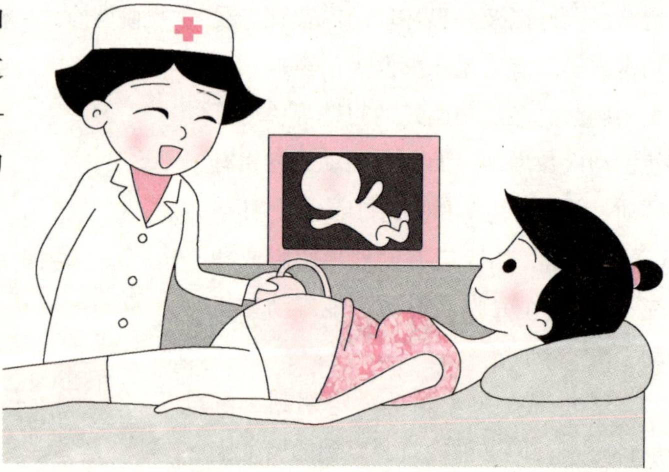

行为胎教：做好乳房的护理

第18周第3天

在怀孕4~5个月时，孕妈妈的乳房开始分泌出稀薄的黄色液体，这时孕妈妈就应该开始做乳房护理了，这是确保母乳喂养成功的第一步。

1.护理乳房

要穿合适的乳罩，不宜穿过紧的胸罩，否则会影响乳腺发育。

保持乳头清洁。每晚睡前要用干燥柔软的毛巾轻擦乳头，这样不仅可以保持乳房卫生，还可以增加皮肤表面的韧性。

洗浴后涂抹乳液。洗完澡后可以在乳头上均匀地涂一层油脂，能有效避免乳头破裂。

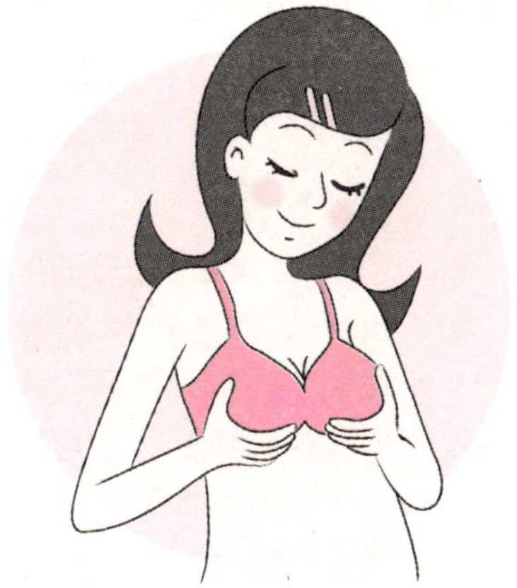

2.矫正内陷的乳头

用吸奶器。将吸奶器的玻璃罩去掉，捏紧橡皮球，挤出球内的空气，然后用开口处吸住乳晕，利用负压作用吸引内陷的乳头。10分钟后把橡皮球取下，牵拉乳头，坚持一段时间后内陷的乳头就会凸出来。

用手指牵拉。孕妈妈一只手托起乳房，使乳房耸起，另一只手的食指、中指和拇指拉住乳晕部，牵拉乳头，每次几分钟即可。这种矫正内陷乳头的方法，在每天入睡前、起床后及洗浴时都可以进行。

小贴士

孕妈妈在选择带型腹带时，最好购买棉质产品，因为这类产品不会刺激皮肤，一年四季都可以使用。与带型腹带相比，裤型腹带不仅可以保护腹部，还可以预防腰痛以及减少妊娠纹的形成。注意，无论哪种类型的腹带，为了延长它们的使用寿命，洗的时候都不能用洗衣粉。

第18周第4天

环境胎教：职场孕妈妈要注意工作环境

在办公室工作的孕妈妈不要整天坐着不动，每隔1小时就要起来走动一下，或做一些简单的伸展动作。孕妈妈即使要加班，也要在中间留半小时到一小时放松一下，站起来走走，或做一些简单的伸展动作。感到身体挺不住的时候就不要硬撑着，如果觉得自己的工作量有些大，可以主动做一些调整。

1.注意工作中的饮食问题

孕妈妈可以从家里带饭到公司吃，既卫生又营养，也能按照自己的口味准备午餐，有利于营养的均衡摄入和吸收。注意不要去公司附近的路边摊、小饭馆等卫生条件不好的地方吃饭。另外，吃点健康小零食补充体力没问题，但千万不要为了图方便吃速食、小吃和热量高的零食来代替正餐。

2.经常开窗透气

写字楼里一般因为有空调所以很少开窗户，孕妈妈可以把座位调换到有窗户的位置，经常开窗透气。也可以买个小型的空气净化器放在办公室里。

3.工作中的休息和调整

怀孕期间人会变得容易疲劳或失眠，尤其到了孕中期的时候，这种情况更加明显。上班的时候昏昏欲睡、没有精神是很多职场孕妈妈的烦恼，所以孕妈妈可以利用午休的时间到会议室或是员工休息室休息一会儿，半小时到一小时左右就能恢复精神。

工作到一半如果很想睡觉就起来到户外走动一下，呼吸一下新鲜的空气，或者和同事聊几句，让自己兴奋起来，但不要用咖啡、茶之类的刺激性饮料提神。试试嚼口香糖，也可以使用一些温润型的精油来提神，而且这个时期孕妈妈最好调换一下工作内容。

小贴士

孕妈妈要预防腰椎间盘突出

为了预防孕妈妈腰椎间盘突出，一定要增加孕期的锻炼。强健的腰背肌及腹肌能够帮助孕妈妈稳定脊柱，防止腰椎间盘突出。怀孕期间，孕妈妈在锻炼的时候运动方式不宜剧烈。

情绪胎教：翻看相册，回忆甜蜜往事

第18周第5天

孕妈妈可以做些自己喜欢做的事，一方面可以减轻身心因怀孕而不舒服的感觉；另一方面，这些努力与尝试也将有助于胎教和建立以后的亲子关系。可以通过与胎宝宝聊天或专门去做某些事情，来与胎宝宝沟通与交流思想感情。比如，可以整理一下相册，回想那些值得回忆的经历，并通过照片将故事说给腹中的胎宝宝听，让胎宝宝在潜意识里感受到你的爱。通过这些交流，你和胎宝宝都能得到快乐。甚至可以把怀孕后的点点滴滴录照下来，留待以后回味，想必更是一件有意思的事。这种交流与愉悦，对形成宝宝乐观向上的性格是非常有帮助的。

小贴士

妈妈情绪差，宝宝胎动多

当孕妈妈情绪不安时，胎动次数会较平常多3倍，最多达正常的10倍。若胎宝宝体力消耗过多，出生时体重往往比正常婴儿轻。如果孕妈妈在孕期心情长期压抑，婴儿出生后往往易出现机体各类功能失调的现象，特别是消化系统功能容易出现紊乱。

第18周第6天

语言胎教：“宝宝，我是你爸爸”

这个月，胎宝宝已经具有辨别各种声音并能做出相应反应的能力，父母应该抓住这一时机经常对胎宝宝进行呼唤训练。坚持下去，孩子出生后就会马上识别出父母的声音。这对年轻父母来说是一个激动人心的时刻，对孩子来说也是莫大的安慰和快乐，可以消除由于环境的突然改变而带给他的心理上的紧张与不安。

曾有一位父亲从胎宝宝7个月开始经常一边向胎宝宝说：“小宝贝，我是你的爸爸!”一边摸着胎宝宝，以后每当这句话一出现胎宝宝就会兴奋地蠕动起来。当这个孩子出生后，因环境的突变产生不安而哭闹不止时，他的父亲马上说：“小宝贝，我是你的爸爸!”话刚出口，婴儿就像着了魔法一样突然停止了哭声，并掉转头来寻找发出声音的方向，后来竟高兴地笑了。以后每当孩子哭闹时，这句话就会使孩子从哭闹中安定下来。

可见父母通过声音和动作与腹中的胎宝宝进行呼唤训练，是一种积极有益的胎教方法，在对话过程中，胎宝宝能够通过听觉和触觉感受到来自妈妈亲切的呼唤，增进彼此生理上的沟通和感情上的联系，这对胎宝宝的身心发育很有好处。

语言胎教：
培养胎宝宝的文学素养

第18周第7天

文学和音乐一样，容易对人的情绪产生影响，将优雅的文学作品以柔和的语言传达给胎宝宝，是培养孩子的想象力、独创性以及人文修养的一条可试途径。让胎宝宝与妈妈一起感受文学的趣味，有助培养其艺术的情感，增进其大脑的发育。

文学是一种充满感性色彩的艺术，孕妈妈读了能激发爱子之情。比如朱自清的《荷塘月色》，那优美的意境、宁静的情韵，不仅会起到摆脱烦恼情绪、改善精神状态、促进身心平衡的作用，也能优化胎内环境，使胎宝宝出生后性格良好，情绪稳定。

孕妈妈阅读文学作品需要选择，许多文学名著思想性、艺术性都好，但对孕妈妈不一定适宜。女性大多喜欢悲欢离合、缠绵悱恻的小说，常读这类小说会令人多思多虑，心理负担加重。孕妈妈最好读一些童话、寓言、幼儿画册，并将其所展示的幻想世界和你丰富的想象力传递给胎宝宝，从而促使胎宝宝心灵健康成长。读一些古代散文、古诗词，在高尚纯洁的文学氛围中，感受文学的趣味，也可以达到怡情养性的目的。

小贴士

孕妈妈阅读有禁忌

孕妈妈不宜看那些低级下流、打斗、杀戮的作品。此外，世俗人情写得过分悲惨凄厉的文学作品也不宜看。欣赏文学作品时不要废寝忘食、通宵达旦，因为这样不仅达不到怡情养性的目的，反而累及身体，对胎宝宝也不利。

第19周第1天

语言胎教：给胎宝宝讲《皇帝的新装》

许多年前，有一位皇帝，他为了穿得漂亮，不惜把所有的钱都花掉……

有一天，他的王国来了两个骗子，自称是裁缝。他们说，他们能织出人间最美丽的布。这种布不仅色彩和图案都分外美丽，而且缝出来的衣服还有一种奇怪的作用：凡是不称职的或者愚蠢得不可救药的人都看不见……

城里所有的人都在谈论这美丽的布料，皇帝很想亲自去看一次。“这是怎么一回事呢？”皇帝看后心里想。“我什么也没有看见！这真是荒唐！难道我是一个愚蠢的人吗？难道我不配做皇帝吗？这可是最可怕的事情。”

“哎呀，真是美极了！”皇帝只好说，“我表示十二分满意！”

第二天早晨，游行大典就要举行了。皇帝亲自带着一群最高贵的骑士们来了。两个骗子各举起一只手，好像拿着一件什么东西似的。他们说：“请看吧，这是裤子，这是袍子，这是外衣。”“现在请皇上脱下衣服，”两个骗子说，“好让我们在这个大镜子面前为您换上新衣。”

皇帝把他所有的衣服都脱下来。两个骗子装作一件一件地把他们刚才缝好的新衣服交给他。他们在皇帝的腰那儿弄了一阵子，好像是系上一件什么东西似的：“这就是后裙……”

皇帝就在那个富丽的华盖下游行起来了。“乖乖！皇上的新装真是漂亮！他上衣下面的后裙是多么美丽！这件衣服真合他的身材！”谁也不愿意让人知道自己什么也看不见，因为这样就会显出自己的不称职或是太愚蠢。皇帝所有的衣服从来没有获得过这样的称赞。

“可是他什么衣服也没有穿呀！”一个小孩子最后叫了出声来。

“上帝哟，你听这个天真的声音！”孩子的爸爸说。于是大家把这孩子讲的话私自低声地传播开来。

“他并没有穿什么衣服！有一个小孩子说他并没有穿什么衣服呀！”“他实在是没有穿什么衣服呀！”最后所有的老百姓都说。皇帝有点儿发抖，因为他觉得百姓们所讲的话似乎是真的，不过他自己心里却这样想：“我必须把这场游行大典举行完毕。”于是他摆出一副骄傲的神气，他的内臣们跟在他后面走，手中托着一个并不存在的后裙。

音乐胎教：

给胎宝宝唱《小红帽》

第19周 第2天

第19周第3天

语言胎教：给胎宝宝讲《咕咚来了》

一只可爱的小白兔，住在美丽的湖边。湖边种了一棵木瓜树。有一天，小白兔正在湖边玩耍时，忽然听见“咕咚”一声，吓得小白兔撒腿就跑。

小狐狸碰上了小白兔就问：“小白兔，你怎么了？”小白兔边跑边回答：“咕咚来了，快跑呀！”小狐狸吓得也跟着跑了起来，慢慢地，森林里的动物越来越多，有小鹿、松鼠、大象等。

他们的跑声惊动了正在睡觉的森林之王狮子，狮子大吼了一声问：“你们怎么了，出了什么事情？”这个时候大家才你看我我看你，不明白到底是怎么回事。后来小白兔讲：“湖边好像有一个可怕的怪物，我听到它的声音咕咚、咕咚的，就把我吓跑了。”狮子就说：“大家跟我来，我不相信谁比我还厉害。”大家纷纷跟着来到了小白兔的家，在这时又听到“咕咚”一声，大家一看原来是成熟的木瓜掉到湖里了。大家互相看着对方大笑了起来，原来是虚惊一场。

音乐胎教：
给胎宝宝讲《采蘑菇的小姑娘》

第19周 第4天

《采蘑菇的小姑娘》是一首经典的儿童歌曲。

小姑娘在一个没有人烟的大森林里，独自一个人采着雨后的蘑菇，小松鼠在树上蹦跳着，小兔子在她身旁陪伴着她，还有小鸟唱着动人的歌曲，小蘑菇随着音乐的节拍也摇动着……那一定会是一个很温馨很美丽的画面。

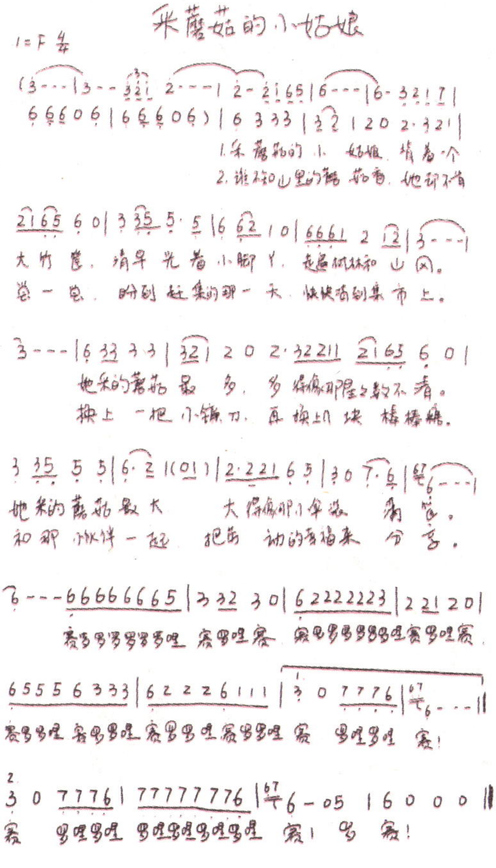

第19周第5天

音乐胎教：
给胎宝宝听《小星星变奏曲》

胎宝宝在妈妈的子宫里，对外界的声音刺激会有所反应，包括感受到妈妈的心跳速度、血液流动的节奏、胃肠蠕动的韵律。如当妈妈沉浸在美妙的音乐中时，胎宝宝不仅能感受到如音乐节奏般的子宫、血管的脉动，而且环绕着的羊水如温柔的摇篮，他会随着妈妈的心跳、呼吸，如海洋般悠悠地摇晃。

莫扎特的《小星星变奏曲》缘自一首法国童谣《哦!妈妈，让我告诉您吧!》，这是一首描写情窦初开的少女向妈妈表白的歌曲，莫扎特把它改编成钢琴曲《小星星变奏曲》，其中乐曲做了12次变化，生动地表现了小星星活泼可爱、变幻多端的模样。在这种欢快的节奏里，胎宝宝的情绪肯定是愉快无比的，而孕妈妈此时也会完全陶醉其中。

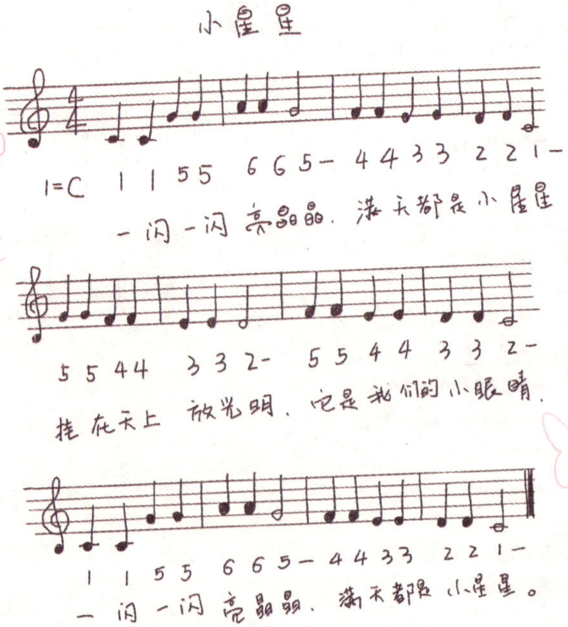

美育胎教：学习折纸，心灵手巧

第19周第6天

今天，我们就教你一种既能打发时间又能开发胎宝宝审美能力的小游戏——折纸，希望孕妈妈能在游戏中得到快乐，也希望胎宝宝长大后能成为一个心灵手巧的人。

具体做法：

1. 选一张正方形的纸，沿着中间对折（图①）。

2. 压折其中一个角（图②）。

3. 两个角全部压折以后，将面对你的那一面的两个角向上翻折，作为青蛙的两条前腿（图③）。

4. 再将青蛙反过来，使其两个前腿着地，将对着你的这个面的两个角沿着虚线向内折，当成青蛙的两个后腿（图④）。

5. 最后再为青蛙画上眼睛。这个好玩的小青蛙就大功告成了（图⑤）。

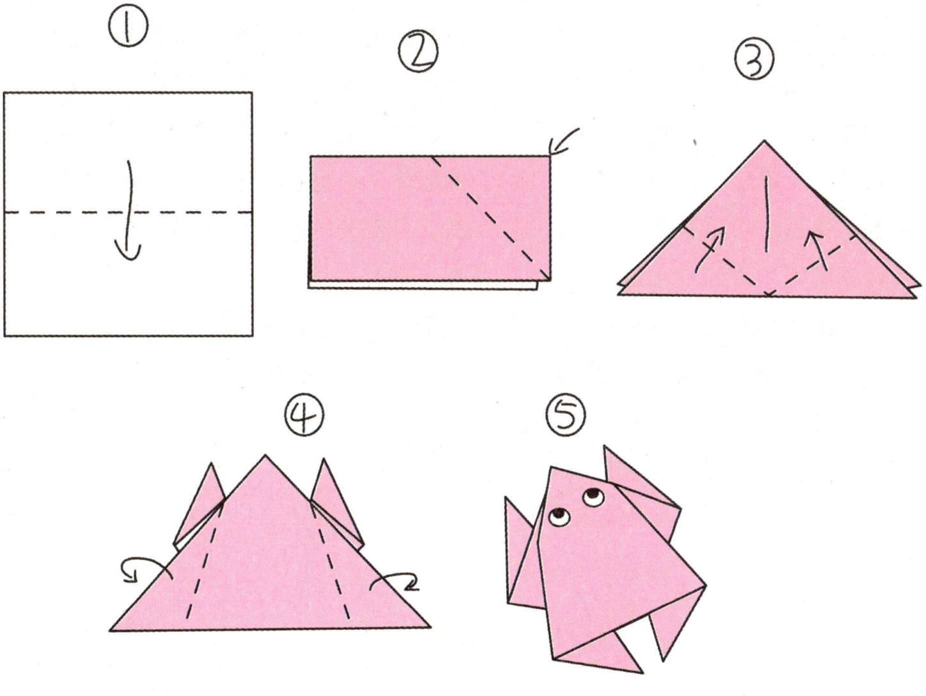

第19周 第7天

美育胎教：欣赏雕像《断臂的维纳斯》

雕像《断臂的维纳斯》也称《米洛的维纳斯》，高2.14米，可四面欣赏，不论从哪个角度看，都有统一而富于变化的美。

维纳斯是罗马神话中爱和美的女神，即希腊神话中的阿佛洛狄忒。大约公元前4世纪时，希腊著名的雕刻家阿海山纳在神话的基础上加以想象和创造，用大理石雕成了这一艺术珍品，但后来遗失了。1820年在密罗斯岛上，一个叫尤尔赫斯的农民在翻挖菜地时发现了一个神龛。里面有个半裸美女的雕像。尤尔赫斯非常惊奇，但并不知道是维纳斯雕像，便把它搬到家里。这时有两个法国海员刚巧来到该岛考察水文。他们看到这个雕像，但没有购买。几天后，他们的船到了伊斯坦布尔，在应邀到法国大使馆赴宴席间，讲起了尤尔赫斯的发现。法国驻土耳其大使立刻派大使馆秘书马采雷斯前去收买。然而在这期间，尤尔赫斯已把雕像廉价卖给了当地的一位神甫，神甫又打算把它献给君士坦丁总督的翻译员。正当神甫准备把雕像装船起运时，马采雷斯赶到了。马采雷斯向神甫交涉出让，被神甫断然拒绝。于是双方展开激烈的争夺。在混战中，维纳斯雕像被抛在泥泞里，双臂被摔断了。官司打到米洛当局，米洛当局以8000银币将雕像卖给了法国人。法国人把它看做国宝，收藏在卢浮宫里，成为卢浮宫的“镇馆之宝”。

这座雕像自从被发现以后，100多年来一直被公认为是希腊女性雕像中最美的一尊。她像一座纪念碑，给人以崇高的感觉，庄重典雅，貌美婀娜，体态万方。丰满的胸脯，浑圆的双肩、柔韧的腰肢，都呈现出一种成熟的女性美。她既有女性的丰腴妩媚和温柔，又有人类母亲的纯洁、庄严和慈爱，体现了充实的内在生命力和人的精神智慧。雕像的躯体采取螺旋状上升的趋向，略微倾斜，各部分的起伏变化富有音乐的节奏感；下肢用长裙遮住，从舒卷自然的衣褶中显示出人体的动态结构，给雕像增添了丰富的变化和含蓄的美感。

美育胎教：欣赏拉斐尔的《圣母子》

第20周 第1天

欣赏名画是提高孕妈妈审美能力及个人修养的有效方法，也是实施美育胎教的一个主要途径。今天我们为孕妈妈们准备了意大利著名画家拉斐尔的一幅油画《圣母子》。

拉斐尔，（1483—1520）是意大利杰出的画家，和达·芬奇、米开朗琪罗并称文艺复兴三杰，也是三杰中最年轻的一位。拉斐尔谢世时年仅37岁，但由于他勤勉的创作，给世人留下了300多幅珍贵的艺术作品。他的作品博采众家之长，形成了自己独特的风格，代表了当时人们最崇尚的审美趣味，成为后世古典主义者不可企及的典范。其代表作有油画《西斯廷圣母》、壁画《雅典学院》等。

圣母、圣婴原本是典型的宗教题材，在中世纪的绘画作品中，为了强调圣母、圣婴的神灵身份，一直被描绘得冰冷呆板、毫无生气。文艺复兴三杰之一的拉斐尔在此幅作品中摈弃传统的创作思维，把圣母描绘成一位温柔秀美、洋溢着爱意、微微丰腴的人间母亲。三角形构图是拉斐尔惯用的手法，金黄、酒红、墨绿，华丽的色彩让画面洋溢着温暖欢快的调子，同时也是文艺复兴时期的画商、教堂等喜爱的颜色。圣母正在沉思，而膝上的圣婴则是活泼的、动态的，比例上稍大于人间男婴，肥肥的质感非常可爱逼真，激起观者的抚摸欲，与圣母一静一动、相映成趣。背景是拉斐尔的故乡——意大利托斯卡纳的美丽山地乡村。这是文艺复兴时期的杰出作品，也是人类美术史上的珍品之一。

第20周第2天

音乐胎教：一定要选择合格的胎教音乐

据报刊报道，一位女士带两岁半的儿子至某医院，医生发现该幼儿严重失聪，再仔细检查，孩子的耳蜗和听觉神经已损坏，且没有治愈的可能。原来，该女士在怀孕3个月时，听到了有关胎教好处的传言，于是每天将耳机放在腹部让胎宝宝听1个小时的音乐，结果造成了胎宝宝听力的损害。

许多人认为，对胎宝宝来说，妈妈的子宫是一个不受外界干扰的理想环境。而事实并非如此，胎宝宝在子宫内亦深受外界噪声之害。美国科学家实验发现，外界声音的基本音节能全部传入子宫，胎宝宝能清晰地听到3米外人们的讲话声、开门声和小车通过的声音，其所感受的声音只比外界低25~30分贝。

构成胎宝宝内耳一部分的耳蜗从孕妈妈妊娠第20周起开始发育，其成熟过程在婴儿出生后30多天内仍在继续进行。由于胎宝宝的耳蜗正处于发育阶段，极易遭受噪声损害，对2000赫兹以上的高音尤为敏感，所以胎教音乐中若出现2000赫兹以上的高音，必将损害胎宝宝的听力。

令人吃惊的是，不久前，国家优生优育协会和中科院声学研究所对市面上出售的胎教音乐进行随机抽样调查，音频超过2000赫兹的不合格胎教音乐大量存在。有的包装盒上标明音频范围是500~2000赫兹，但实际检测结果音频最高者竟达4000~5000赫兹。用这样不合规格的产品进行胎教，对胎宝宝听力造成的损害是可想而知的。

美育胎教：巧手妈妈孕育聪明宝宝

第20周 第3天

剪纸是一种极具民族特色的美育胎教。曾有专家对多名孕妈妈的行为进行研究，发现那些勤于动手动脑的孕妈妈所生的宝宝明显智商较高，而过于慵懒的孕妈妈，胎宝宝出生后反应缓慢的比例更高。所以，孕妈妈不要怕自己剪不好，别怕麻烦，别说没时间，别说不会剪，关键在于你在进行美育胎教，你在向胎宝宝传递深深的爱和美的信息。

第20周 第4天

抚摸胎教：和胎宝宝玩踢肚游戏

进入孕5个月后，孕妈妈已经能明显感觉到胎动了，此时，孕妈妈可以与胎宝宝玩踢肚游戏。

具体做法为：孕妈妈感到胎动时轻轻拍打被踢部位，等待胎宝宝第二次再有相同的动作。一般来讲，1~2分钟后胎宝宝就会有第二次动作。这时孕妈妈可再轻轻地拍几下，等胎宝宝再踢时，如果这时孕妈妈改换拍的部位，胎宝宝便会向改变的地方踢去，但是孕妈妈要注意改变的位置不要离胎宝宝一开始踢的地方太远。

这个游戏每天可以进行2次，每次进行5分钟。如果准爸爸和孕妈妈一起做抚摸胎教效果会更好，既可以增进夫妻感情，又能增进父子间的感情。

光照胎教：让胎宝宝沐浴阳光

第20周第5天

孕妈妈可以在天气不错的时候来个日光浴，在晒太阳的同时还可以和胎宝宝进行交流，比如一边晒太阳一边和腹中的宝宝对话：“宝宝，不要睡懒觉了，今天太阳很好，快出来晒晒太阳！”

至于什么时候晒太阳，应根据季节、时间以及每个人的具体情况灵活掌握。如果是夏天的话，每天阳光都很强烈，就不用专门晒太阳了，树荫里的散射阳光就足以满足孕妈妈的需要了，而且孕妈妈外出的时候还要防晒。一般来说，春秋季在每天上午9点到下午4点，冬季在每天上午10点到下午1点晒太阳比较合适，因为这些时候阳光中的紫外线最为充足，孕妈妈可选择在这段时间晒太阳。

晒太阳的时间以每天1小时为好，在太阳下晒的时间过长，太阳光可使皮肤受到紫外线的伤害，进而产生皮炎。特别是在强光的照射下，孕妈妈的皮肤没有足量黑色素的保护，更容易使皮肤发炎。另外，长时间晒太阳还会加重脸上的色斑，导致出现妊娠蝴蝶斑或使之加重。由此看来，孕妈妈要恰当掌握晒太阳的时间。

进行日光浴不宜空腹，不可入睡，酌情暴露身体，还要经常转换体位。夏天要戴草帽和太阳镜以保护头、眼，预防中暑；夏天在进行日光浴前，外露部位应涂抹润肤油或防晒露。冬天要适当穿得厚一些，一般不宜外露身体，预防感冒和其他疾病。日光浴后不要立即洗澡。

第20周 第6天

运动胎教：做做颈部和坐姿运动

1.做一下颈部运动

运动功效：舒张颈部肌肉，减轻颈部压力。

（1）孕妈妈和准爸爸相对而坐，准爸爸十指交叉抱住孕妈妈的头颈后部。

（2）孕妈妈头颈尽量向后仰，准爸爸要轻轻施力向前拉，每次持续10秒左右。

注意事项：孕妈妈自己一个人的时候最好不要做这个运动，一定要在准爸爸的帮助下进行。

2.坐姿运动

运动功效：增加氧气的吸收量，为胎宝宝提供充足的氧气。

（1）准爸爸和孕妈妈相对而坐，互相抓住对方的手腕，两腿打开，两脚相对，如果准爸爸和孕妈妈的腿足够长，可以交叉放在一起。

（2）两人保持同步呼吸。呼气时二人同时向前面压。

（3）两人同时吸气，并向后仰，然后再呼气恢复到步骤（1）。

注意事项：如果担心运动中有意外的话，可以在孕妈妈周围放一些靠垫和其他软的东西，预防孕妈妈发生磕碰。

运动胎教：给宝宝来点“空气维生素”

第20周 第7天

在室内待久了，连空气也变得不那么新鲜了。那就在一个风和日丽的日子里去户外，听听来自大自然的天籁之音吧。这时，妈妈可以唱一支动听的歌，也可以让准爸爸在空旷的绿野里来一曲纯粹的山歌，或者谁也不唱，就静静地手牵手，听小鸟啁啾，听小溪哗啦啦的声音，听树叶沙沙的响声，听田野里的蛙鸣……爸爸妈妈还可以告诉肚子里的宝宝，“哗哗”响的是一条小溪，小溪边有一片什么颜色的不知名小花……这种和谐的感觉是制作多么精良的CD都无法比拟的。需要注意的是，孕妈妈要注意休息，不能太过劳累。如果是夏天，准爸爸还要照顾好爱人，提防蚊虫的叮咬。

散步是一项很适宜孕妈妈的运动，它和缓安全，既能调节心情，又能促进健康，一定要坚持到孕晚期，甚至到产前一天。然而，在人多车多的闹市区，空气中含有大量一氧化碳、铅、氮和硫的氧化物，尤其是铅，被吸收到孕妈妈的血液中后会进入胎宝宝体内，影响其大脑发育及造血系统和泌尿系统功能。所以最好散步于幽静的林荫路，或到森林公园中做空气浴。这些地方的空气新鲜、含尘量低、噪声低，这样既可怡情养性，又能得到充足的“空气维生素”——空气负离子。

孕妈妈每月记事

产前体检情况

宫高

腹围

体重

胎儿大小

胎动

目前体重

心情

准爸爸的表现

下月产检日期

孕6月（第21~24周）：已能明显感觉到胎动

随着孕6月的到来，胎宝宝的肌肉和神经已经充分发育，更加强了活动能力，加之羊水量的不断增多，胎宝宝在羊水中的活动更加频繁了，孕妈妈能够更多地感觉到胎动了。

孕妈妈的变化

★ 子宫迅速增大。宫底高19~21厘米，下腹明显隆起。随着子宫的增大，身体的重心发生了变化，突出的腹部使重心前移，为了保持平衡，不得不挺起肚子走路。这时不能再穿高跟鞋了，它不仅会使背部肌肉紧张程度加重而导致疼痛，而且还会使孕妈妈重心不稳，十分危险。另外，由于孕激素的作用，手指、脚趾和全身关节韧带变得松弛，这也会使你孕妈妈觉得有些不舒服。

★ 出现心悸、气短等症状。增大的子宫适应了快速生长的胎宝宝的需要，但不可避免地会压迫周围的组织和器官，孕妈妈易出现心悸、气短、胃部胀满感、腹部下坠、尿频、便秘等症状，下半身也由于血液循环不畅而极易疲劳，并且难以缓解。

★ 乳房继续发育。乳腺进一步增大，可出现泌乳现象；乳房的周围有时会出现一些褐色的小斑点，形成第二乳晕。这个阶段体重在稳定增加，大约每周增重250克。

★ 血液循环变差。由于血液量的增加，血管扩张，脸及手都容易变红，严重时还会出现淤血，不过通常分娩后就会消失。

★ 皮肤瘙痒。因为胎盘中分泌的激素影响肝脏，所以这个时期的孕妈妈皮肤会出现瘙痒的感觉，严重时会长出水疱，甚至发展成湿疹。

★ 腹痛。此时，子宫底高度被提高19~21 厘米，下腹更加隆起，支撑子宫的腹部韧带被拉长，因此时常会感觉隐隐的疼痛；呼吸变得急促，心脏负担更重了，还有可能出现腹胀、消化不良的状况；甲状腺的机能变得活跃，容易流汗，感觉燥热。

胎宝宝的成长

★胎宝宝多大了　从21周开始胎宝宝的体重开始明显增加，到这个月的月末体重可达630克，身长约30厘米。

★ 外形像个小老头　嘴唇、眉毛和眼睫毛已各就各位，清晰可见，耳朵和眼皮都长好了。皮下脂肪开始蓄积，但量不多，皮肤仍呈皱缩状，像个小老头。皮下脂肪不仅可保护胎宝宝免受羊水的伤害，还可为顺利分娩做准备。

★ 胎动更为明显　手脚活动开始变得比较频繁，经常在羊水中变换姿势，而其睡眠姿势已与出生后的相似。小动作也在增多，会咳嗽、打嗝、皱眉、眯眼，会吸吮自己的大拇指。

★ 大脑继续发育　大脑皮层已有6层结构，沟回增多。孕24周时胎宝宝的听觉快速发育，能听到子宫外传进来的音乐和声音，并且做出反应，甚至可以识别妈妈的声音。在今后的日子里，他会对亲人的声音越来越熟悉。除了听觉有所发展外，视网膜也已形成，具备了微弱的视觉。

★ 肺部已有一定的功能　如此时早产可有浅呼吸，能够存活数个小时。

本月孕期检查

超声波全面检查：此阶段，胎宝宝身体不大不小，正适合对胎宝宝进行一次全面的检查。过了这个阶段，胎宝宝将会占据整个子宫，不太容易看到他的全貌，而且即便发现有畸形也不太可能终止妊娠。

胎宝宝心脏共鸣检查：如果准爸爸、孕妈妈的直系亲属中有人患有心脏病，或者以前妊娠的胎宝宝心脏有异常，或者由于用药而有担心的话，就应该进行此项检查。

第21周第1天

营养胎教：为胎宝宝补充“脑黄金”

在胎宝宝脑组织中，神经和神经胶质分化速度最快的第一个高峰就是孕23周左右(第二个高峰在接近预产期时)，要是孕妈妈摄入的热量和蛋白质不足，将使胎宝宝脑细胞分化速度减慢，最终使脑细胞总数减少。

1.保证蛋白质的摄入量

现在要为日后分娩及乳汁分泌时的消耗储备大量能量，尤其是蛋白质。日常饮食要保证摄入足量优质的蛋白质，每天的摄入量要比孕早期多15克，且动物蛋白质应占全部蛋白质的一半以上。孕妈妈还应适当增加植物油的摄入量，也可以适当吃些花生仁、核桃仁、芝麻等含必需脂肪酸量较高的食物。

2.保证碳水化合物和脂肪的摄入量

胎宝宝开始在肝脏和皮下储存糖原及脂肪，此时如果碳水化合物摄入不足，将导致母体内的蛋白质和脂肪分解失衡，易造成蛋白质缺乏和酮症酸中毒，所以，应保证热量的供给。除需大量葡萄糖供给胎宝宝迅速生长和体内糖原、脂肪原储存外，还需要有一定量的脂肪酸，尤其是亚油酸。此时是胎宝宝大脑增殖高峰，大脑皮层增殖迅速，丰富的亚油酸可满足大脑发育所需。

3.胆碱的补充要及时

胆碱是卵磷脂的组成成分，也存在于神经鞘磷脂之中，可促进脑发育、提高记忆能力。对孕妈妈来说，胆碱的摄入量是否足够会影响到胎宝宝的大脑发育。研究表明，从怀孕23周开始，主管人大脑中记忆的海马体就已经开始发育，并一直持续到宝宝4岁。所以，如果在海马体发育初期，孕妈妈摄入的胆碱量不充足，就会影响胎宝宝的记忆能力。

尽管人体可以合成胆碱，但由于女性在孕期、哺乳期对胆碱的需求量会增加，所以，专家建议孕妈妈多吃含胆碱的食物，进行额外补充。富含胆碱的食物主要有：蛋类、动物的脑、动物心脏与肝脏、绿叶蔬菜、啤酒酵母、麦芽、大豆卵磷脂等。

营养胎教：多吃菇类和瓜子

1.菇类多糖体对孕妈妈的作用

多糖体不仅能提高巨噬细胞的吞噬能力，也可以增强免疫系统的其他功能，孕妈妈常食用可增强身体免疫力，降低孕期患病率。研究者发现，多糖体在增进细胞功能、降低胆固醇方面也表现出良好的效果，孕妈妈常吃可降低患妊娠高血压综合征的概率，可以缓解妊娠糖尿病患者的病情。近年来的研究发现，食用多糖体会促进胰岛素分泌，有降低血糖的功效。因此，多糖体已普遍用于协助糖尿病患者的康复。

自由基是人类致病的根源，多糖体是很好的自由基清除剂，可保护巨噬细胞免受自由基的侵袭，进而促进体内细胞正常工作。

2.如何补充菇类多糖体

孕妈妈可以通过食用各种菇类来摄取菇类多糖体，如香菇、草菇、平菇、草菇、金针菇、猴头菇等。

3.巧吃瓜子补营养

葵花子含有丰富的维生素E；西瓜子含有丰富的亚油酸，而亚油酸可以转化成被称为“脑黄金”的DHA，能促进胎宝宝大脑发育。南瓜子的优势则在于营养全面，蛋白质、脂肪、碳水化合物、钙、铁、磷、胡萝卜素、维生素B_1、维生素B_2、烟酸等应有尽有，而且各种营养成分比例适宜，有利于人体的吸收与利用，对胎宝宝的发育有着很好的促进作用。所以，专家建议孕妈妈在平时可以嗑一点瓜子，如葵花子、西瓜子、南瓜子等，都能为胎宝宝的发育提供营养。

小贴士

医学专家发现，血糖偏高的孕妈妈生出体重过高的胎宝宝的可能性、胎宝宝先天畸形的发生率、出现妊娠毒血症的机会分别是血糖偏低孕妈妈的3倍、7倍和2倍。另一方面，孕妈妈在妊娠期肾的排糖功能有不同程度的降低，如果血糖过高，则会加重孕妈妈的肾脏负担，不利于孕妈妈的身体健康。

第21周 第3天

环境胎教：
高龄孕妈妈应进行产前筛查

一般年龄在35岁以上的孕妈妈最好能进行产前筛查（一般在孕21周之前进行），目的是在产前检查的基础上进一步对高危人群确诊，并提供终止妊娠的方法，预防和减少出生缺陷。目前产前筛查的两种主要疾病是唐氏综合征（又称21三体综合征）和先天性神经管畸形。

唐氏综合征是由于第21号染色体异常造成的，胎宝宝可能很快就会流产或是早产。如果侥幸存活，智商可能也会比同龄儿童低，容貌也和正常宝宝有很大不同，寿命也比较短。所以，一旦确诊，通常医生会建议孕妈妈进行选择性流产，但是最终的选择还是由孕妈妈自己决定。

神经管指的是胎宝宝的中枢神经系统。在胚胎形成的过程中神经管应该完全闭合，如果在闭合过程中出现任何异常，宝宝就会出现各种各样的先天畸形，如无脑儿、脑膨出、脑脊髓膜膨出、隐性脊柱裂、唇裂及腭裂等。

筛查不是诊断某一种疾病，而是筛选出患某一种疾病可能性较大的人。通过了解孕妈妈的年龄、体重、血液和激素水平，并结合其他的一些情况，如是否吸烟或酗酒等，计算出胎宝宝分别患有唐氏综合征和先天性神经管畸形的风险值，依据风险值的高低得到一个阳性（高危）或阴性（低危）的结果。通常把区别唐氏综合征高危和低危的风险值设定为1/270，如果唐氏综合征风险值低于该水平（如1/1000），那么就是筛查低危，但是筛查低危并不能等同于零风险。如果孕妈妈年龄较大（大于35岁），或者以前曾经有过分娩畸形儿的病史，往往医生会推荐进行羊水穿刺和染色体测定以进一步进行诊断。

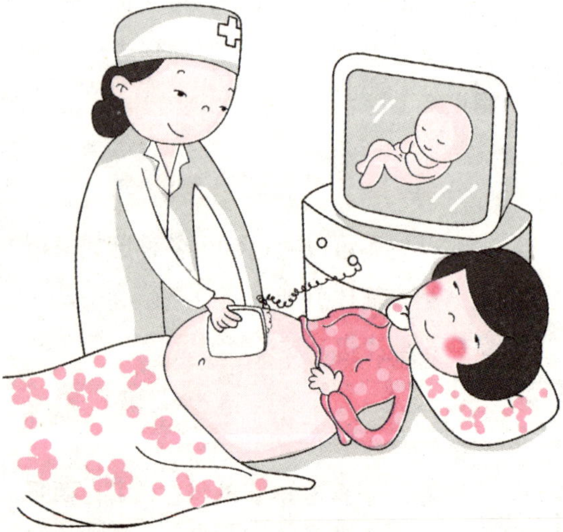

环境胎教：预防妊娠高血压综合征

第21周 第4天

妊娠高血压综合征是怀孕中晚期常见的疾病，发病率为5%~10%，仅次于产科出血，是威胁产妇生命安全的第二大疾病。妊高征大多发生在妊娠20周以及产后两周，主要症状为高血压、蛋白尿及水肿，并伴有头痛、眼花、恶心、呕吐等症状，严重的还会发生抽搐。全身肌肉抽搐时可引起子宫收缩，导致早产、胎宝宝窘迫甚至宫内死亡。患有妊高血征的孕妈妈所怀的宝宝，宫内发育迟缓的发生率高，出生体重低于正常的标准，严重者可致胎宝宝死亡或新生儿死亡。营养不良、贫血、肥胖、有高血压及糖尿病家族史的孕妈妈是妊高征的高危人群。

妊娠高血压疾病与营养因素密切相关，动物脂肪、热能摄入太多，蛋白质、各种维生素、矿物质和微量元素摄入不足，水果、红糖、蜂蜜、冰糖等及其他含糖食品或饮料超量，钠盐摄入超量，都会诱发或加重妊娠高血压。为了增加营养而大补特补，往往会使孕妈妈患上妊高征。因此，每周体重增加应控制在500克以内，整个孕期的最佳体重增加量为12~13千克。此外，要保证充分休息，每天睡眠的时间至少在8个小时以上，包括中午休息半小时到1小时。

按时进行产前检查是及早发现妊娠高血压疾病的最好方法。每一次检查时医生都会测量血压、验尿及称体重，并检查腿部水肿现象。已经患上妊高征的孕妈妈要注意营养，保证蛋白质、钙、钾、维生素的摄入，控制钠盐的摄入量。钙可以调节血管收缩和舒张能力，建议孕妈妈每天吃3~4份奶制品，还有脆骨、带皮的小鱼和小虾、大豆之类，再加上适量补钙，从而保证每天钙元素的摄入量达1000毫克，同时每天晒1~2小时的太阳，以帮助钙的吸收。维生素，特别是抗氧化类维生素A、维生素C、维生素E，有助于增加血管弹性、降低血压。每天食盐的摄入量应控制在3~4克，还要警惕所有含钠高的“膳食杀手”，如酱油、酱类、浓肉汁、调味汁、腌熏食品、咸菜、酱菜、罐头肉、罐头鱼、罐头菜、薯条、汉堡、香肠和火腿等熟食、含盐黄油、人造黄油、奶酪等。

第21周第5天

环境胎教：莫让药物影响胎宝宝性格发展

有研究表明，孕期女性使用激素类药物会使胎宝宝的性格发生改变。例如，如果孕妈妈使用黄体酮和雌激素就会使男性胎宝宝出现明显的女性特征，表现为性格软弱，缺乏攻击能力，而女性胎宝宝则表现得更加女性化。

1.抗生素类

四环素：能抑抑制胎宝宝骨骼发育，使乳齿变黄，可致先天性白内障。

链霉素、卡那霉素、新霉素、庆大霉素：可引起胎宝宝听觉障碍及泌尿系统损害。

氯霉素：抑制骨髓造血功能，并能引起以呼吸循环衰竭为特征的灰色综合征。

磺胺类：可致新生儿高胆红素血症。此外，红霉素等对胎宝宝有不良影响。

2.抗癌药物

甲氨蝶呤、6-巯基嘌呤、氟尿嘧啶、阿糖胞嘧啶、白消安、环磷酰胺等：这些药物在妊娠早期应用，可使胎宝宝发生无脑、脑积水、脑脊膜膨出、兔唇、腭裂、四肢发育异常等畸形。如果几种抗癌药物合用，致畸作用更强。即使胎宝宝幸存，出生后也往往智力低下。

3.降压利尿药

双氢克尿塞：可致胎宝宝血小板减少。

利血平：使胎心变慢、新生儿鼻塞。妊娠期间使用利尿剂，可使产程延长、子宫无力及胎粪污染羊水等。使用噻嗪类利尿剂可使胎宝宝患出血性胰腺炎。

4.激素类药

肾上腺皮质激素：可致兔唇、腭裂。

糖皮质激素：在妊娠早期可引起死胎、早产；胰岛素可致胎宝宝畸形。

早期服用阿司匹林可致胎宝宝腭裂及心血管、神经系统和肾畸形，晚期可引起胎宝宝出血。

5.镇静催眠药

利眠宁、安定、巴比妥、苯巴比妥等：可致胎宝宝四肢畸形、兔唇、腭裂、心脏病。氯丙嗪、扑尔敏、乘晕宁、敏可静等：在妊娠期使用，有可能使胎宝宝发生视网膜病、血胆红素多、脑损伤、肝中毒、呼吸抑制等。

6.其他

抗甲状腺、抗癫痫、抗凝血、抗过敏药均可致胎宝宝畸形。

行为胎教：孕妈妈外出要注意安全

第21周第6天

1.自己开车要小心

到了孕中期，孕妈妈的肚子越来越大，有可能会顶住方向盘，反应也会变得比较慢。基于安全考虑，孕妈妈在开车的时候一定要注意以下几点：

★ 调整至最佳驾驶位置。最佳驾驶位置是：两手腕放置于方向盘3点、9点的位置后，两手臂呈自然无力状下垂。安全带系在腹部以下耻骨处，腿部要自然伸直，大腿弯处位置要稍高于臀部。

★ 背部要紧靠在椅背上，也可以垫个靠枕支撑腰部。

★ 开车的时候不要穿高跟鞋，可以在车里放一双比较舒服的鞋备用。

★ 车里的空调温度不能太低，吹自然风比较好。

★ 孕妈妈在开车时一定要随身携带手机，并且要保持通信正常，这样才能在遇到紧急情况时及时求助。

2.乘坐地铁时要注意

孕妈妈要选择乘坐地铁的方式出行，要注意不要在上下地铁的时候排在人群的最前面，尽量站在靠后的位置，否则容易发生被后面的人推搡而跌倒的危险。上车后不要站在车厢与车厢之间的连接处，这个位置相对于其他位置来说稳定性比较差。

乘坐地铁的时候最好穿舒适的鞋，帮助减轻脚的负担。在地铁没座位又没有人让座的情况下，不要站在没有扶手的危险位置，也不要长时间地以一种姿势站立，要不时地调整一下站的姿势，重心不要总是放在一条腿上。尽量站在靠近车门的地方，在到站车门打开的时候能够偶尔换换气。

小贴士

车子里到处充满有毒的挥发气体，尤其是在夏天，再加上太阳长时间的暴晒，车内有毒挥发气体的浓度更高。有研究显示，车内甲苯含量本来就比室内标准高了4倍，在日晒后甚至会达到20倍，这对人体极有可能会造成伤害。医生建议：孕妈妈上车后别急着把车子开走，可先打开窗户，或将冷气开到通风状态，吹5~10分钟，让毒气散发出去，以避免吸入过多有毒气体。

第21周第7天

音乐胎教：欣赏《E小调第九交响曲》

德沃夏克（1814—1904）是19世纪捷克最伟大的作曲家之一，在他杰出的9部交响曲中，《E小调第九交响曲》（又叫《自新大陆》），是人们最熟悉的一首，用“也许没有一个乐队没有演奏过它，也没有一个指挥没有指挥过它”来评说大概并不为过。作品表现了德沃夏克对美国这个新大陆的印象和感受，并倾注了他对遥远的祖国和家乡的思念。

全曲共分4个乐章：第一乐章，音乐开始是一段慢板序奏，为整个交响曲的戏剧性叙述做了铺垫，同时又给人们以丰富的联想：仿佛作曲家正在体验着初到美国时的感受。他站在甲板上凭栏眺望，那里是他心目中怎样的一个新世界呢？第二乐章非常感人，有的评论家把它视为所有交响曲慢乐章中最动人的一章。它充满奇异的色彩和神妙的情趣，沁人肺腑，体现了一种黑人歌谣风格与斯拉夫民族气质结合的独特韵味。第三乐章具有舞曲性质，据说是受到舞蹈场面的启发。全曲的几个主题充满内在的对比，或热烈欢愉，或温文尔雅，或思念祖国，或幽默欢趣。第四乐章是一个激动人心的乐章，它气势宏大而雄伟，充满活力与热情，是整首交响曲戏剧发展的高潮，也是全部乐曲发展的总结。

乐曲表现出深邃的意境、沉思的韵味、鲜明的民族色彩、感人至深的旋律，不仅能让孕妈妈陶醉，而且还能给孕妈妈独特的美感，尤其适合美育胎教。

小贴士

怀孕21周的时候，胎宝宝大脑沟回增多并且已经基本定型，这时候的音乐胎教会发挥更大的作用。

行为胎教：洗一个美美的“放松浴”

第22周 第1天

孕妈妈在睡觉前最好舒舒服服地洗个温水澡，但注意水温不要太高。温水浴可以让肌肤彻底放松，不但能消除一天的疲劳，积蓄体能，同时也是练习深度放松、愉悦心情的好方法。孕妈妈还可以把“放松浴”看做一次与胎宝宝亲密接触的好机会。

第22周 第2天

环境胎教：预防及缓解孕期水肿

到了第22周左右，有些孕妈妈就会发现水肿已经潜伏在自己身边了，所以预防水肿一定要早点开始。事实上很多孕妈妈在孕期都会出现水肿，尤其是当孕妈妈久坐或久站时，水分就会在下肢聚积，这时水肿就出现了。这种情况一般卧床休息后就会消退，不要对此过分担心，这是孕期的正常生理现象。

出现水肿之后孕妈妈要注意换穿比较宽松的鞋子，饮食上也要注意多吃些利水消肿的食物，红豆汤就是一个很好的选择。孕期水肿严重的要警惕妊娠高血压综合征，所以孕妈妈一定要注意定期进行产检。当然注意一些生活方式也可以预防水肿：

★ 要多休息。因为孕期水肿与子宫压迫有关，所以多休息是有帮助的。

★ 坐着的时候把脚垫高。把脚垫高有助于血液回流，很适合还在上班的孕妈妈。

★ 睡前泡脚。这样有助于血液循环，不但可以改善和缓解水肿，还有助于睡眠。

★ 经常按摩小腿。按摩是缓解水肿的有效方法，孕妈妈可以请准爸爸帮忙。

有利于消除水肿的美食

☆鲤鱼冬瓜汤

材料： 鲤鱼1条，冬瓜200克，姜片6片，葱1根，盐3克。

做法：（1）鲤鱼去鳞、鳃、鳍、内脏，洗净，下锅略煎至浅黄色。（2）冬瓜去皮、瓤、子，洗净切片。（3）锅中放清水，将鱼、冬瓜片、盐、料酒、葱段、姜片放入，大火烧开，小火炖至鱼熟瓜烂，拣去葱姜，加入胡椒粉调味即成。

行为胎教：养成良好的睡眠习惯

第22周第3天

孕妈妈的睡眠习惯对胎宝宝的影响很大。所以，孕妈妈必须养成良好的睡眠习惯，这样有利于使宝宝出生后也能有这样的好习惯。

孕妈妈可以按照下面几点去做：

★ 白天遇到烦心的事，晚上不要总是心中盘算、懊悔、烦忧，要想得开，放得下，做到心境安宁，没有杂念，避免出现不良情绪。

★ 早睡早起，每天最好能够定时入睡。

★ 睡前不要谈论让人很高兴的事情，这会让大脑过于兴奋，难于入睡。

★ 睡前不要看煽情的小说和电视剧，也不要饮用带有刺激性的饮料，避免大脑因刺激性饮料、小说、电视节目而兴奋过度。

★ 最好先上趟厕所，排空膀胱，并用温水洗脚，使脑部血液下流，不再充血，减少大脑皮质的兴奋。

小贴士

室内温度高会影响睡眠，房间温度保持在18℃较为理想。如果温度超过24℃，就很难进入深度睡眠。夏天尤其要注意温度的调节。要选择优质的床垫，仰卧在床上，将手伸到腰下方，如果手指被夹得很紧，说明床垫过软；如果能轻松地将手伸入则说明床垫过硬。应当选择介于两者之间的床垫。床上的褥子最好选择天然白棉布为罩、内填棉花的样式。

第22周 第4天

环境胎教：关注自己的血压变化

孕中期血压正常值的标准和孕前一样，仍然是不能超过140／90毫米汞柱。从妊娠20周后开始，医生会更加注意血压的变化，因为在20周之前发现血压升高的孕妈妈属于原发高血压的范围，也就是说，该高血压是你在孕前就已经存在的疾病，不是妊娠所诱发的；而20周之后出现的高血压则提示孕妈妈罹患了一种新的妊娠期并发症：妊娠期高血压疾病，其中单纯的妊娠期高血压症状不会给母儿带来太大的危害，但是妊娠期高血压症状带来的先兆子痫和子痫则完全不同。

先兆子痫是指孕妈妈在妊娠20周到分娩后第一周之间发生的高血压、蛋白尿或水肿等一系列症状的总称。肥胖、高龄、患有高血压、肾病等慢性疾病的孕妈妈更容易患上先兆子痫。疾病一旦发生会影响到孕妈妈全身各个脏器，一旦机体器官先后出现问题，产妇就会有生命危险，严重的时候会并发胎盘早剥或引起子痫（由先兆子痫发展成的更为严重的症状），可引起孕产妇的抽搐或昏迷，甚至在很短时间内导致胎宝宝死亡。

轻度先兆子痫的孕妈妈只需要在家卧床休息，但必须每周去医院检查，如果病情没有迅速改善应当住院治疗。若住院期间病情仍在继续发展，应尽快终止妊娠。严重先兆子痫的孕妈妈应住院治疗，卧床休息，静脉输液和硫酸镁可缓解症状，通常在用药后4~6小时血压能够得到控制。

先兆子痫和子痫不同于一般的高血压，治疗中不强调利尿剂及低盐饮食的作用。鼓励孕妈妈正常摄入盐分，多饮水，多卧床休息。建议孕妈妈在睡觉或卧床时采用左侧卧位，可减少下腔静脉的压力，增加回心血量，改善血液循环。

情绪胎教：
让心情平静的呼吸法

第22周 第5天

这种呼吸法要在胎教训练开始之前进行，不仅如此，而且要在每天早上起床时，中午休息前，晚上临睡时，各练习一次，对稳定情绪和集中注意力很有帮助。而且，掌握了这一方法分娩时就会轻松很多。

练习这种呼吸法可以任意选择场所，床上、沙发上，甚至坐在地板上都可以。练习时要尽量使腰背舒展，微闭双眼，全身放松，手可以放在身体两侧，也可以放在腹部，衣服尽可能穿宽松些。准备好以后，用鼻子慢慢地吸气，以5秒钟作为标准，在心里一边数“1、2、3、4、5……”，一边吸气。吸气时，要让自己感到气体被储存在腹中，然后慢慢地一点点将气呼出来，从嘴或鼻子呼出来都可以。呼气的时间是吸气的两倍，也就是说，如果吸气是5秒的话，呼气就是10秒。就这样，反复呼吸1~3分钟，你就会感到心情平静、头脑清醒。

小贴士

练习呼吸法的时候尽量不去想其他事情，要把注意力集中在吸气和呼气上，一旦习惯了，注意力自然就集中了。

第22周 第6天

情绪胎教：情感上接受即将到来的胎宝宝

研究发现，胎宝宝能对妈妈相当细微的情绪、情感差异做出敏感的反应。胎宝宝在母腹之中，母子之间不但血脉相连，休戚相关，而且情感相通，心灵互应，妈妈与胎宝宝在彼此传递着情感。因此，在胎教过程中，最为关键的莫过于妈妈的爱心——这就是我们所提倡的“无为而治”。

妊娠6个月以后，胎宝宝开始明确自我，能把感觉转换为情绪。这时，胎宝宝的性格逐渐根据妈妈的情感信息得以形成。胎宝宝不断接收妈妈传递的信息。最初，他只能接收极简单的内容，但是随着记忆和体验的加深，胎宝宝的性格变得越来越复杂。胎宝宝的精神世界由无意识的存在，发展为能够记忆和理解复杂情感与情绪的存在。所以每一天，孕妈妈保持良好的心态和豁达开朗的心境，就是一种“无为而治”的胎教方式。

胎宝宝喜欢的是轻松、温馨、平和、愉快和幸福的内外环境，准父母首先要在情感上接受胎宝宝，并且为胎宝宝的即将到来感到欣喜。

孕妈妈要常常告诉准爸爸说：“这一定是个漂亮、聪明的宝宝，眼睛会像你，嘴巴会像我，肯定会很漂亮。”因为胎宝宝是你们爱的结晶，是生命的延续，你们肯定会格外地珍惜这个胎宝宝。慎起居、美环境；注意营养、戒烟酒，以爱关注着胎宝宝的变化。这是一种极好胎教，胎宝宝通过感官会得到健康的、积极的、乐观的信息，这也是你们能给予胎宝宝的最好胎教。

相反，当一个孕妈妈还没有在情感上做好接受即将出世的胎宝宝的时候，内心肯定会充满矛盾和不快，她不愿意承担起做妈妈的责任，或者是持模棱两可的态度，准爸爸也对此漠不关心，这种心理状态，在精神上对胎宝宝而言，无疑是一个痛苦的经历和沉重的压力，对胎宝宝出生后的成长会很不利。

语言胎教：准爸爸给胎宝宝讲故事

第22周第7天

胎宝宝最喜欢准爸爸的声音了，除了跟宝宝对话、给宝宝唱歌外，今天，准爸爸就来为胎宝宝讲个有趣的故事吧。

春天过去了。

小鼹鼠盼望着第一阵夏雨的到来。他天天盼。

一个闷热的午后，小鼹鼠在洞里睡熟了，睡得好熟好熟。一声低沉的雷声，没有能惊醒他；一阵沙沙的大风，也没有惊醒他。紧接着，小鼹鼠盼望了好久的夏雨淅沥沙啦地来了。

等到小鼹鼠睡醒了，它听到洞外仿佛有雨声，便一阵风似的冲了出去。

可是，晚了。雨停了，风停了，太阳公公从一朵云后面探出脸来，朝小鼹鼠笑着。

小鼹鼠笑不出来，它快要哭了，他好伤心。

这时，一只小黑熊走了过来，当它问清了小鼹鼠为什么不高兴时就笑了。

它领着小鼹鼠来到一棵梧桐树下，小黑熊说：

“准备着吧，鼹鼠先生，今年的第一场夏雨来了！”说完，就使劲地摇着梧桐树。停在树叶上的水珠儿淅沥沙啦地落下来，就跟密密麻麻的雨点儿一样。

小鼹鼠抬着头，张开双臂喊了起来：

“哦，第一场夏雨来了，真凉快，真舒服啊！”雨点儿把小鼹鼠淋了个痛快，小黑熊自己也湿透了。

小鼹鼠对小黑熊说：“谢谢你，小黑熊。你送给了我一阵雨，一阵躲在树上的夏雨！”

语言胎教：为胎宝宝朗诵朱自清的《春》

今天，孕妈妈可以充当一下朗诵演员，给胎宝宝朗读一段自己喜欢的优美散文。在音乐伴奏或歌曲伴唱的同时，朗读诗或词以抒发感情，也是一种很好的胎教形式。

如果你还不知选择哪段来给宝宝诵读，这里介绍一篇——朱自清的《春》。在朱自清的笔下，春草是如此的天真烂漫、活泼可爱。如果作者没有发自内心的由衷的喜爱之情，怎能写出这等精彩之笔!作者对春天真挚的赞美之情，已不留痕迹地融入了景物描写之中，让孕妈妈读来回味无穷。

盼望着，盼望着，东风来了，春天的脚步近了。

一切都像刚睡醒的样子，欣欣然张开了眼。山朗润起来了，水涨起来了，太阳的脸红起来了。

小草偷偷地从土地里钻出来，嫩嫩的，绿绿的。园子里，田野里，瞧去，一大片一大片满是的。坐着，躺着，打两个滚，踢几脚球，赛几趟跑，捉几回迷藏。风轻悄悄的，草软绵绵的。

桃树，杏树，梨树，你不让我，我不让你，都开满了花赶趟儿。红的像火，粉的像霞，白的像雪。花里带着甜味，闭了眼，树上仿佛已经满是桃儿，杏儿，梨儿。花下成千成百的蜜蜂嗡嗡地闹着，大小的蝴蝶飞来飞去。野花遍地是：杂样儿，有名字的，没名字的，散在草丛里像眼睛像星星，还眨呀眨的。

“吹面不寒杨柳风”，不错的，像妈妈的手抚摸着你，风里带着些新翻的泥土的气息，混着青草味儿，还有各种花的香，都在微微润湿的空气里酝酿。鸟儿将巢安在繁花嫩叶当中，高兴起来了，呼朋引伴地卖弄清脆的歌喉，唱出婉转的曲子，跟清风流水应和着。牛背上牧童的短笛，这时候也成天嘹亮地响着。

“一年之计在于春”，刚起头儿，有的是功夫，有的是希望。

环境胎教：有些孕妈妈需要进行产前诊断

第23周第2天

在遗传咨询的基础上，对有高风险的孕妈妈应该进行产前诊断，下列孕妈妈需要进行产前诊断：

1.性连锁遗传病携带者

在孕期应该确定胎宝宝性别：对有X连锁隐性遗传病，如血友病、红绿色盲、假性肥大型肌营养不良症等家族病的胎宝宝，及早确定胎宝宝性别，因为这类遗传病的发病规律是：女性携带者本身无症状表现或表现很轻，男性携带者则一定会发病。

2.35岁以上的高龄孕妈妈

易发生胎宝宝染色体异常：主要指染色体（常染色体及性染色体）数目或结构异常，常染色体异常有先天愚型唐氏综合征；性染色体异常有先天性卵巢发育不全症等。

3.前胎为先天愚型或有家族病史者

从羊水细胞提取胎宝宝DNA，针对某一基因做直接或间接分析或检测。

4.孕妈妈有常染色体异常、先天代谢障碍、酶系统障碍的家族史者

遗传性代谢病涉及各代谢系统，如脂代谢病、粘多糖沉积病、氨基酸代谢病、碳水化合物代谢病等。

5.前胎为神经管缺陷或此次孕期血清甲胎蛋白（AFP）值明显高于正常妊娠者

6.产前筛查血清标记物异常，属于高风险的孕妈妈

目前进行的比较多的产前诊断的方法是羊膜腔穿刺、超声检查和脐带血穿刺检查。这3项检查中只有超声检查是无创的，其他两项都是有创检查。所谓“有创”指的是检查有可能对孕妈妈或者胎宝宝造成损伤，因此需要在医生和孕妈妈进行充分沟通并签订协议之后才能进行。如果孕妈妈有疑虑检查就不会进行，直到孕妈妈对检查的目的和内容以及可能出现的意外有了充分的了解之后，检查才会在资深医生的指导下进行。

音乐胎教：和胎宝宝一起玩节拍游戏

今天，孕妈妈可以和胎宝宝一起玩一个节拍游戏。首先，孕妈妈要选择有声音的玩具，比如摇铃，或用筷子敲击碗、木头等都可以，也可以轻轻地用手掌拍击，要用不同的节奏进行击打，让胎宝宝慢慢感受四拍、三拍、二拍的不同节奏。孕妈妈也可以利用家里的多种器具，组成一个超级随意的打击乐队，也可以让家里的毛绒玩具与可爱娃娃加入。孕妈妈要充分发挥自己的想象力，多想出几个游戏和胎宝宝一起玩玩，在开心之余，胎教任务也完成了。

音乐胎教：学唱《雪绒花》

第23周第4天

宝宝越来越大了，你的体重也越来越重了，行动也会有些不便，脸上可能会出现一些斑点，生活中的一些琐事让你心烦了，身体变得懒散了……建议你一定要有坚持的决心，坚定自己的信念，因为这些努力都是值得的，你在孕期所做的一切都是会有效果的，要有耐心。其实，音乐胎教的过程也是孕妈妈自己修身养性的过程，做妈妈的心情愉悦了，才会给胎宝宝带来积极的影响。

现在，就请你随着《雪绒花》的旋律深呼吸，放松一下心情，来探寻你内心深处的一片晶莹世界吧。

它是广阔无边的银白世界，地上开满了雪花，小而亮，洁而白。雪绒花在天空中悄悄绽放，曼舞在楼台亭阁和你的身旁。雪白的花蕾晶莹剔透，鲜艳芬芳。伴着它的飘落，轻轻地伸出双臂，迎接它的到来；伴着它的绽放，把幸福的歌儿轻轻吟唱。

雪绒花，雪绒花，是从天而降的美丽天使，是心中的快乐天堂。

请想象自己已经置身其中，有无数片雪绒花从天而降，瞬间又化成清凉的气息，渗透进你的身体。深吸一口气，把晶莹世界的清凉吸进体内，再吐一口气，吐出所偶遇的烦恼和忧虑。

《雪绒花》是电影《音乐之声》的插曲，这部经典老电影是关于音乐、孩子与爱的故事，不妨找来看看，现在的你会有全新的感受。

小贴士

可以动手制作一个“雪绒花”，写上你此时的感受和想对宝宝说的话，然后，放到一个晶莹透明的瓶子里，收藏起来。等宝宝长大识字后，可以把这个礼物送给他，这就是最珍贵的“爱的箴言”。

第23周 第5天

音乐胎教：
让胎宝宝听听名曲《月光》

《月光》是德彪西早期代表作《贝加马斯卡组曲》中的第3曲，创作于1890年。德彪西曾于留学罗马期间游历了风光秀丽的贝加摩地区，并被它的风光所吸引，之后就根据自己的印象创作了该曲。

乐曲一开始就以明亮的旋律、缓慢的速度向下浮动，宛如月亮正把银色的光芒洒向人间。接着，在连续的和弦进行中，第一部分轻轻地奏出优雅如歌的“月光曲”；中间部分由3个段落组成，是一个富于抒情意味的部分，好似抒写了人们在银色月光中浮想联翩、舒心歌唱的情绪；乐曲的再现部分，把淡淡的月色描绘得更加富于诗意。

由于这首乐曲的旋律清新并富于浪漫情调，较通俗易懂，因而流传较广。作者采用了色调柔和而明净的和声着意描画了月夜幽静的景色，令人心旷神怡，它尤其适合于孕妈妈心情烦躁时听，可以让孕妈妈很快平静下来并能轻松进入睡眠。

小贴士

在胎宝宝满6个月以后，听觉神经已经发育得比较成熟了，孕妈妈可将传声器扣在腹壁上将音乐声波传导进去，这样能刺激胎宝宝的听觉，从而促进其大脑细胞数目和树突的增多以及建立更多的突触联系，使胎宝宝的大脑网络更加丰富。但要注意音乐的音量不能太大。

美育胎教：选择适合胎教的绘画作品

第23周第6天

不要选择难以理解的抽象画，最好选择便于欣赏的风景画，或者色泽温和明快、内容健康向上的绘画作品。不规则、模糊的线条给人以不安感，应该尽量避开。

“印象主义画派”的作品基本上满足了胎教绘画的要求。莫奈、马奈、雷诺阿、塞尚 、德加等印象派画家的作品具有色彩明亮、光线充足的共同特征。

这些绘画作品不仅能使胎儿拥有丰富的情感，还能有效地刺激胎儿的视觉。令人心绪平和、宁静的作品：如拉斐尔的《西斯廷圣母》，毕加索的《母爱》和《梦》，雷诺阿的《少女画像》，以及运用艳丽的色彩和丰富的想象力描述故乡、家庭和爱的夏加尔的作品。珍爱家庭的作品：如，表达对妻子深情的伦勃朗的《犹太新娘》、慕里略的《神圣家庭》。颂扬母爱的作品：如，莫莉索的《摇篮》，描述维纳斯诞生瞬间的神秘与美丽的波提切利的作品《维纳斯的诞生》等。

第23周第7天

环境胎教：羊水过多或过少都不好

1.什么是羊水

羊水是由孕妈妈血清经羊膜渗透到羊膜腔内的液体及胎宝宝的尿液所组成，它可保护胎宝宝免受挤压，防止胎体粘连，维持子宫腔内的恒温恒压。

2.羊水过多怎么办

正常足月妊娠时，羊水量约1000毫升左右，羊水量超过2000毫升称为“羊水过多”。如果羊水量在数天内急剧增加超过正常量称为“急性羊水过多”，不过大多数都是在较长时间内缓慢增加形成羊水过多的，称为“慢性羊水过多”。

一般羊水超过3000毫升，孕妈妈会有不适感觉。急性羊水过多可引起孕妈妈腹痛、腹胀、气短、不能平卧等不适，也可出现下肢、外阴部浮肿及腹水。慢性羊水过多由于羊水量是逐渐增加，上述症状较轻，孕妈妈一般能够适应。

孕妈妈发现腹部增大明显应及时到医院就诊，如确认为胎宝宝畸形，应及时终止妊娠，并检查有无其他合并症如双胎、妊娠高血压等。如胎宝宝无畸形，症状不重者，可以继续妊娠，但必须给予临床监测，酌情治疗，并注意防止胎膜早破。

3.羊水过少怎么办

羊水量少于300毫升称为“羊水过少”，最少的只有几十毫升或几毫升。此时胎宝宝紧贴羊膜，B超检查羊水平段小于3厘米。羊水过少与胎宝宝泌尿系统畸形同时存在，如先天肾缺陷、肾发育不全。孕晚期羊水过少常与过期妊娠、胎盘功能不全并存。

羊水过少对孕妈妈的影响较小，但对胎宝宝的威胁较大，围产儿死亡比正常妊娠高出5倍以上。羊水过少的产妇在分娩时子宫收缩疼痛剧烈，收缩不协调，宫口扩张缓慢，分娩时间长。

定期产前检查及B超检查可以发现羊水量的情况。如果出现羊水过少应进一步检查。孕妈妈应密切注意胎动变化，医生应及时测定胎宝宝有无缺氧情况，一旦发现异常情况应考虑立即施行剖宫产，尽快娩出胎宝宝。如果发现胎宝宝畸形应立即终止妊娠。

营养胎教：避免食物中的激素和抗生素

第24周第1天

近年来激素、抗生素在农牧业中的应用十分普遍，但滥用的后果对人类的健康是灾难性的。比如，如果牛羊体内抗生素含量过多，人们喝牛、羊奶或吃牛、羊肉，抗生素的抗性会通过食物进入人体，使人体产生耐药性。一旦生病需要使用抗生素的时候，抗生素已经对人体没有激发抗体作用了。那么，孕妈妈如何尽可能避免激素、抗生素对胎宝宝的影响呢?

1.保证母体没有受到毒物的影响和污染

曾有6个多月大男婴被诊断为农药中毒，原来是其母亲在地上洒农药，经呼吸道及皮肤接触，使她的乳汁含有农药并经哺乳传给婴儿。由于激素抗体、农药都可经乳汁危害婴儿，所以，如母亲较长时期生活或工作在污染严重的环境中(包括空气、水、食品、衣物等)，乳汁可能含有毒成分。

怀孕了要多吃鱼，宝宝多吃鱼健脑。但如果怀孕期间孕妈妈每月吃2~3次受污染的鱼，可造成胎宝宝早产、新生儿体重过轻，血液里的PCB(多氯联苯，一种毒物)含量高，神经发育相关指标差，推测智商低的后果。

台湾1999年做了PCB大规模研究。在128名被试者中，有的孩子是在胚胎发育时母亲受到污染，有的则是在母亲还未怀孕的时候受到污染，结果新生婴儿有影响。1985~1992年检查和测试发现小孩出现一系列外科的、神经的、青春期等方面的问题，如青春期男孩阴茎短小不正常，还有运动机能和智力方面永久性障碍。

要注意，鱼内的黑膜是有毒物质往外排的时候的淤积，在洗鱼时要把鱼鳞刮净，鱼内黑膜去掉。鸡、鸭、鹅的臀尖最好不吃。

2.减少使用抗生素的机会

家庭中要减少抗生素制剂进行消毒灭菌，例如，洗手洗干净就可以了，不要什么都“抗菌”。家庭食品安全来源于厨房，要保持厨房卫生，经常用开水烫洗餐具、用具(案板、刀等)，少用消毒剂、化学清洗剂。

第24周 第2天

运动胎教：适当干些家务活

很多孕妈妈在整个孕期都小心翼翼，不敢“轻举妄动”。其实孕妈妈可以在孕期尝试着做一些力所能及的家务，这样做不仅能舒缓紧张情绪，提高自身的耐力、肌肉强度，预防骨骼耗损和肌肉疲劳等这些孕期常见的问题，还可以解决胎宝宝体型过大带来的问题，有助于孕妈妈顺利分娩，有助于产后的体形恢复，降低产后忧郁症的发病率。在胎教方面，亦能发挥独特的功效。实践证明，在孕期做一些家务事的孕妈妈生的宝宝远比不活动或少活动的孕妈妈生的宝宝有活力、健康。

小贴士

“劳动是最好的医生”，这是当年流行在欧洲的一句名言。适当地干些家务活能使孕妈妈气血和畅、经络疏通、精神愉快，是一种很好的胎教，对胎宝宝未来的成长有着深远的意义。

运动胎教：和胎宝宝一起嬉戏

第24周第3天

妊娠的第6个月，可以在孕妈妈腹部明显地触摸到胎宝宝的头、背和肢体，是进行抚摸胎教的好时机。抚摸胎教可以在起床后和睡觉前进行，应避免在饱食后进行。一般每天可进行3次，每次约5分钟。具体的方法是：孕妈妈排空小便，平卧床上，下肢膝关节向腹部弯曲，双足平放于床上，全身放松。此时孕妈妈腹部柔软，利于触摸。

抚摸可由孕妈妈进行，可由准爸爸进行，也可轮流进行。先用手在腹部轻轻抚摸片刻，再用手指在胎宝宝的体部轻压一下，可交替进行。有的胎宝宝在刚开始进行抚摸或按压时就会作出反应，随着孕周的增加，胎宝宝的反应会越来越明显，当胎宝宝习惯指压后，他会主动迎上来。怀孕28周以后，轻轻的触摸配合轻轻的指压可区别出胎宝宝圆而硬的头部、平坦的背部、圆而软的臀部以及不规则且经常移动的四肢。当轻拍胎宝宝背部时胎宝宝有时会翻身，手足转动，此时可以用手轻轻抚摸以安抚之。在用手触摸胎宝宝的时候，别忘了还要同时轻轻地、充满柔情地对胎宝宝说话，让胎宝宝更强烈地感受到父母的爱意。父母也可以在触摸胎宝宝的时候谈谈心，交流交流感情，憧憬一下宝宝出生后的美好生活，营造出温馨、亲密的气氛，这样有利于加深一家三口间的感情。

做完抚摸后，可用双手轻轻推动胎宝宝在宫内“散步”。这样反复的锻炼，可以使胎宝宝建立起有效的条件反射，并增强肢体肌肉的力量。经过锻炼的胎宝宝出生后肢体的肌肉强健，抬头、翻身、坐、爬、行走等动作都比较早。训练时，手法要轻柔，要循序渐进，不可急于求成，即使在怀孕7~8个月的训练高峰期，每次也不能超过5分钟，否则只能是拔苗助长，适得其反。一旦胎宝宝出现踢蹬不安时，便应立即停止刺激，并轻轻抚摸之，以免发生意外。在进行运动胎教过程中，思想一定要集中，心里应有幸福喜悦的感受。

第24周第4天

语言胎教：告诉胎宝宝一天的生活

怀孕的第6个月，胎宝宝已经有了记忆和学习的能力，因此，孕妈妈要时刻牢记胎宝宝的存在，经常与之谈话，这是十分重要的。这一时期对话胎教主要采用同胎宝宝谈话的方式，以逐渐加强对胎宝宝的语言刺激，以语言手段来激发胎宝宝的智力。

孕妈妈可以告诉胎宝宝一天的生活，从早晨醒来到晚上睡觉，自己或家庭成员做了什么，想了什么，有什么感想，说了些什么话，这些都可以用语言讲给胎宝宝听。这是母子共同体验生活节奏的一种方法。如早晨起来，先对胎宝宝说一声“早上好”，告诉他新的一天已经开始了。打开窗户告诉胎宝宝：“早上空气真新鲜”“啊，太阳升起来了，阳光洒满大地”“今天是一个晴朗的好天气”。关于天气，可教的有很多，如阴天、下雨、飘雪花等，气温的冷热、风力的大小、温度的高低等都可以作为话题。在洗手间也有很多可以同胎宝宝说的话，如天天要洗脸，饭后要刷牙，便后要洗手，衣服要经常换，爸爸为何要刮胡子，妈妈为什么爱梳妆，肥皂为何起泡泡，吹风机为什么能把头发吹干等，都是很好的说话内容。

此外，孕妈妈可在散步时把眼前的景色生动地讲给胎宝宝听：“瞧，公园真美丽，青青的草，红红的花，鱼儿在池塘里游来游去。”孕妈妈还可以利用诸如打扫房间、洗衣服、做饭、买东西、上银行、去医院，或者织毛衣、看电视、洗澡等活动同胎宝宝谈话。

准爸爸对胎宝宝的讲话也是很重要的，准爸爸的声音更易被胎宝宝所接受，通过与胎宝宝讲话可以培养父子感情。并且，准爸爸对胎宝宝进行胎教，还可增进夫妻感情。准爸爸与胎宝宝讲话时，孕妈妈应仰卧或端坐在椅子上，准爸爸把头俯在孕妈妈的腹部，嘴巴离腹壁不能太近也不能太远，一般以3~5厘米为宜。准爸爸同胎宝宝讲话的时间，一般选在晚上睡觉前为好，每次讲话时间以5~10分钟为宜。如就寝前，可以由准爸爸通过孕妈妈的腹部轻轻地抚摸其中的胎宝宝，同时与胎宝宝谈话：“爸爸来啦，起来活动吧，对啦，小手伸出来，小脚又在哪里呢？让爸爸摸一摸，啊，会蹬了，再来一个……再见！”

语言胎教：
给胎宝宝起个可爱的名字

第24周第5天

自妊娠6个月起，胎宝宝就开始不断地“凝神倾听”。妊娠期间，母亲的腹内(子宫)是一个非常“嘈杂”的场所，有大量的声音传入胎宝宝耳内。在传入胎宝宝耳内的声音中，最为嘈杂的是孕妈妈胃内发出的咕噜咕噜的声音。另外，即使是父母比较微弱的谈话声，胎宝宝也会全神贯注地倾听。

随着现代医学的发展，借助于B型超声波诊断仪，人们已能观察到胎宝宝在母体子宫内的活动情况，以及吞吐羊水的有趣模样。胎宝宝能接受外界刺激，并作出反应。当胎宝宝听到音响时胎心音会变快；听到汽车的喇叭声时会出现频繁的胎动。用光照射孕妈妈的腹部，胎宝宝会有眼球活动。

有人还做了这样一个实验，在孕妈妈妊娠期间，让父母给胎宝宝起一个小名，并让父母常常向腹中的胎宝宝呼唤他的小名。胎宝宝出生以后，当听到呼唤他的小名时会突然停止吃奶或在哭闹中安静下来，有时甚至会露出似乎高兴的表情。这项试验结果在一定程度上说明，胎宝宝不但只有听力，而且还有一定的记忆力。

据数年前的研究结果表明，在新生儿室内给一部分新生儿播放人心脏跳动的录音时，尤其是母亲的心跳录音，听到这种录音的新生儿比没有听到这种录音的新生儿表现得活泼，饮食和睡眠状况良好，体重迅速增加，呼吸能力不断增强，不爱哭闹，不易生病。

专家们认为，胎宝宝在宫腔内被羊水包围，生活在一个水环境中，而水对声音具有选择的过滤作用，它能除去一部分低音而对高音则有较多的保留，故而胎宝宝对高音具有更强的敏感性。

第24周 第6天

光照胎教：促进胎宝宝的视觉发育

胎宝宝在妊娠第8周时眼睛已经开始发育，但直到怀孕25周左右的时候对光才有了最初的反应。当一道亮光穿过孕妈妈的皮肤、甚至子宫壁到达胎宝宝时，胎宝宝的眼睛就开始在黑暗中一开一合，似乎在为出生后做练习。怀孕27周以后，胎宝宝的大脑才能感知外界的视觉刺激。怀孕30周以前，胎宝宝还不能凝视光源，直到怀孕36周，胎宝宝对光照刺激才能产生应答反应。

如果从怀孕24周开始，每天定时在胎宝宝觉醒时用手电筒（弱光）作为光源，照射孕妈妈腹壁胎头方向，每次5分钟左右，结束前可以连续关闭、开启手电筒数次，这样做可促进胎宝宝视觉功能健康发育。因为有研究表明，当用手电筒照射孕妈妈腹壁胎头部位时，可感到胎宝宝心率增快的现象，持续照射数分钟，胎心率又恢复至照射前的状态。光照5分钟，通过刺激胎宝宝的视觉信息传递，使胎宝宝大脑中动脉扩张，对胎宝宝脑细胞的发育有益。

因此，孕妈妈可以利用胎宝宝所具有的视觉功能，对其进行胎教，以锻炼胎宝宝的视觉，并且有助于提高胎宝宝的智力。但需注意的是，在对胎宝宝进行光照刺激时，切忌强光照射，并且时间也不宜过长。

行为胎教：不要忽视糖尿病筛查

第24周第7天

在怀孕24~28周后要进行糖尿病筛查，又叫“50克糖筛”。如果糖筛结果显示血糖高，则通过喝75克葡萄糖水来确定孕妈妈是否患有妊娠期糖尿病。

患有妊娠糖尿病的孕妈妈要注意科学饮食。首先，要调整总热能摄入量。糖尿病患者在妊娠期间代谢复杂，病情变化多，血糖、尿糖浓度虽然高，但机体对热能的利用率则较低，仍需要更多的热能，以弥补尿糖的损失，一般每日每千克体重应该供给30~50千卡热能。

其次，要增加蛋白质的摄入量，并适当控制碳水化合物的摄入。患糖尿病时蛋白质分解增加，氮丢失较多，因此，蛋白质供给量应较正常孕妈妈多，以每日100~110克为宜，蛋白质供热应占总热能的15%~20%。控制碳水化合物的摄入包括摄入总量、摄入时间、每次摄入量以及组成。碳水化合物摄入总量不宜过高或过低，以每日摄入200~300克为宜，碳水化合物所供热能应占总热能的60%。在碳水化合物总摄入量既定的情况下，增加餐次、减少每餐进食量，可将全天的食物量分为4~6次吃，临睡前进餐1次；严格限制单糖及双糖的使用量，最好选用多糖，如米、面、玉米面等，同时加入一些土豆、芋头、山药等根茎类蔬菜混合食用，混合膳食可以使糖消化吸收缓慢，有利于病情的控制。

再次，要增加膳食纤维的摄入量。膳食纤维具有良好的降低血糖作用。多摄取高纤维食物，如以糙米或五谷米饭取代白米饭。蔬菜、水果、海藻和豆类富含膳食纤维，尤其果胶在各种水果中占食物纤维的40%，其具有很强的吸水性，在肠道形成凝胶过滤系统，可减缓某些营养素排出，延长食物在胃肠道排空时间，减轻饥饿感，同时延缓葡萄糖的吸收，使饭后血糖及血清胰岛素水平下降。因此，糖尿病孕妈妈应多吃蔬菜、水果。

最后，糖尿病患者因排尿过多，易使钾、钠、钙、磷等矿物质丢失而影响体液酸碱平衡。微量元素中的锌、铬、镁参与体内胰岛素生物合成和体内能量代谢，动物性食物，如畜禽鱼肉中含锌较高，牡蛎、蛋黄、啤酒酵母中铬的活性较强，可以多吃一些。

孕妈妈每月记事

产前体检情况

宫高

腹围

体重

胎儿大小

胎动

目前体重

心情

准爸爸的表现

下月产检日期

孕7月（第25~28周）：睁开眼睛“看”世界

随着胎宝宝的不断长大，孕妈妈的腹部更加突出，行动较前几个月更加笨拙了，妊娠纹和色素沉积也越来越明显。所以，从本月起孕妈妈要注重肌肤的保养。这个时候，胎宝宝的动静也越来越大了，孕妈妈要做好心理准备。

孕妈妈的变化

★ 腹部更加突出　妊娠第七个月末时，宫底在脐上3横指处。孕妈妈的腹部更大了，向前高高隆起，站立时必须保持胸部向后、颈部向前、肩部下垂、脊柱前凸才能使身体保持平衡，这会引起背部一些肌肉过度劳累，孕妈妈会而感到明显的腰部酸痛。增大的子宫压迫下半身的静脉，易使下半身出现静脉曲张。下肢承担体重并被子宫压迫而影响回流，容易出现浮肿。子宫压迫骨盆底部，容易发生便秘和痔疮。

★ 子宫变得敏感　子宫肌肉对外界的刺激越来越敏感，如果用手稍用力刺激腹部，腹部可能会出现较微弱的收缩。收缩时子宫内的压力一般不超过2 千帕，所以不会引起疼痛，也不会使子宫颈扩张。一般持续数秒即会消失，不必紧张。

★ 妊娠纹增多　腹部越来越沉重，腰腿痛因而更加明显，现在你可能会感到有些疲惫。另外，随着腹部的不断增大，这时你会发现肚子上、乳房上会出现一些暗红色的妊娠纹，脸上的妊娠斑可能也会明显起来。有的孕妈妈还会觉得眼睛发干、发涩、怕光，这些都是正常现象，不必过于担心。

★ 乳房开始分泌乳汁　乳房的乳腺管和腺泡增生，脂肪沉积，使乳房进一步增大。乳头增大变紫黑、易勃起，乳晕变紫黑。孕28周前后，乳房可能分泌初乳，是真正乳汁产生之前的分泌物。

胎宝宝的成长

★ 体重和羊水量明显增加　体重约为1000克，身长约为35厘米。皮下脂肪继续增多，皮肤由暗红色变为粉红色，皮下有胎脂，头发已长出一定的长度。

★ 胎动更加频繁　骨骼关节及肌肉继续不断发育生长，动作能够自控，手脚可自由地伸展、摆动，孕27周时胎宝宝可以在子宫内自由活动。此时的胎动更加频繁，并且动作有力。

★ 大脑发育将进入一个高峰期　大脑细胞迅速增殖分化，体积增大。大脑知觉开始发达，脸部有表情，听觉反应能力增强，不过，听觉要到第八个月时才能发育完成。孕26周时，胎宝宝的眼睛开始睁开，透过孕妈妈肚皮穿透进来的一些光线照亮了胎宝宝黑暗的小世界，胎宝宝的眼睛对光的明暗开始敏感。

★ 出现记忆和意识的萌芽　特别让你意想不到的是，胎宝宝已有喜怒哀乐的表情和动作，也开始有小脾气，会做梦，会哭泣，也能喝水了。这个时候，小家伙对外界刺激更容易接受，出现记忆和意识的萌芽。

★ 主要器官运转有力　心、肝、肾和肺等内脏器官相继发育成熟，并运转有力。胎心率每分钟120~140次，相当于孕妈妈的两倍。男宝宝睾丸未降，但女宝宝小阴唇、阴核已明显突起。

本月孕期检查

妊娠性糖尿病检查：妊娠性糖尿病对孕妈妈和胎宝宝的健康会造成极大影响，在本月内必须进行此项检查。

贫血检查：进行血红蛋白检查，以便提早发现问题，及时采取措施。

第25周第1天

营养胎教：营养均衡很重要

本阶段胎宝宝的发育达到高峰，大脑发育也很快，孕妈妈注意均衡摄取营养就显得非常重要。孕妈妈可以按以下的方案补充营养：

1.补充维生素E

植物油不仅含丰富的必需脂肪酸，还富含维生素E。维生素E可避免胎宝宝发育异常和肌肉萎缩。孕妈妈可以适量食用花生、芝麻、核桃以及香油、豆油等补充维生素E。

2.继续补钙

孕中晚期每日钙质摄入量应为1500毫克，这个数字要超出未孕女性很多。具体补钙方法前文已经介绍，孕妈妈可参考。补钙要注意度，尤其要注意微量元素之间的平衡，否则容易顾此失彼。如果服用钙量过高，不仅容易造成胎宝宝颅缝过早闭合，导致难产，甚至会使胎盘过早老化，引起胎宝宝发育不良。另外，庞大的子宫压迫盆腔血管和输尿管，如果再加上高尿钙，会增加形成尿路结石的危险性。而且，钙摄入量过高不利于其他矿物质如铁、锌、镁、磷的吸收利用，尤其是铁的吸收，极易引起孕妈妈和胎宝宝贫血。高血钙还可以降低锌的生物利用率，致其他营养素吸收不良，同样会影响胎宝宝发育。

3.要控制盐的摄入量

孕妈妈每天摄盐量要适度，烹调用盐2~4克，酱油不超过10毫升。同时，不吃腌肉和腌菜，也不用苏打制作食物。

4.要控制热能的供应

孕中期绝大多数孕妈妈由于各器官负荷加大，血容量增大，血脂水平增高，活动量减少，因此总热能供应不宜过高。

5.职场孕妈妈可适当加餐

除保证三餐规律进食外，其他任何时间都不要让自己处于饥饿状态，必要时可用零食补充能量。上班的孕妈妈在下班前1小时左右可以喝一杯牛奶，再加上几片饼干，可以有效防止下班途中低血糖引起的头晕。

营养胎教：增加食物粗纤维的摄入

第25周第2天

怀孕25周之后，不断长大的胎宝宝会压迫孕妈妈的胃，引起胃部灼热，还可能会引起便秘。这时应注意多摄入富含粗纤维的食物，这些食物中所含的粗纤维有刺激消化液分泌、促进肠蠕动、缩短食物在消化道通过的时间等作用，还能使粪便松软、容易排出，对保证消化系统的健康很重要，也能够减轻便秘，还有助于维持稳定的血糖水平。

全谷类食物是获取膳食纤维的重要途径，标有“100%全谷类”的食物是最好的。需要注意的是，不要被一些食品包装上的“多种谷类”“6种谷类”“用无漂白面粉制造”等字样所误导，这些食品大多是精制谷类食物。另外，没有标明“全谷类”字样的黑麦和小麦面包同样也是使用精制面粉为原料的。蔬菜、水果、坚果和植物种子中也含有丰富的膳食纤维，如芹菜、青菜、丝瓜、菠菜、萝卜、苹果等。

☆红薯饭

材料：红薯，大米。

做法：（1）红薯洗净去皮，切块儿；（2）将红薯块儿、大米一同放入电饭锅中，熟后即可食用。多放一些水即成为红薯粥。

营养提示：红薯口感好，含有大量胶原和黏多糖物质，赖氨酸的利用率比较高，含纤维素较多，有通便作用。

☆牛奶燕麦粥

材料：燕麦，牛奶，葡萄干或核桃仁。

做法：（1）将燕麦与水按1：1的比例泡10分钟；（2）将牛奶、燕麦一同倒入锅中煮；（3）煮开后加入葡萄干或核桃仁，再煮2分钟即可。

营养提示：燕麦的营养价值较高，对提高人体免疫力、增进智力与骨骼发育有良好的作用。国产燕麦营养价格适中，且营养含量高于价格昂贵的进口燕麦，可放心购买。

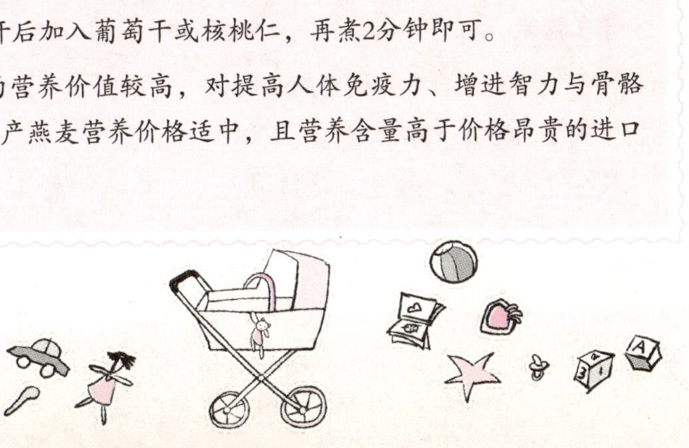

第25周第3天

营养胎教：孕中期应多吃的4种食物

1.玉米

玉米富含镁、不饱和脂肪酸、植物蛋白、淀粉、矿物质、胡萝卜素等多种营养成分，能够促进大脑细胞的新陈代谢，有利于排除脑组织中的氨。孕妈妈常吃可以预防及治疗口角炎、舌炎、口腔溃疡等核黄素缺乏症；还能美容，降低胆固醇的含量，防治动脉硬化及冠心病。玉米须煎水代茶饮，有利尿、降压、清热、消食、止血、止泻等功效，可用于防治妊娠高血压综合征、肝胆炎症以及消化不良等疾病。

2.红薯

红薯富含淀粉，其氨基酸、维生素A、维生素B、维生素C及纤维素的含量都高于大米与白面。它还富含人体必需的铁、钙等矿物质，是营养全面的长寿食品。

3.糙米

糙米也十分适合孕妈妈食用。明代药物学家李时珍在《本草纲目》中称赞糙米具有“和五脏、好颜色”之妙用。

4.杨桃

杨桃的营养价值很高，而且它有丰富的果汁，杨桃果汁中含有大量柠檬酸、苹果酸等，能提高胃液的酸度，促进食物的消耗消化。另外，杨桃含有大量的挥发性成分、胡萝卜素类化合物、糖类、有机酸及B族维生素、维生素C等，可帮助消除孕妈妈咽喉炎症及口腔溃疡。

杨桃所含的营养成分对孕妈妈都很有益，还能让孕妈妈减少对脂肪的吸收，对预防肥胖，降低血脂、胆固醇也有很好的疗效，对高血压、动脉粥样硬化等心血管疾病也有很好的预防作用。同时它还可以保护孕妈妈的肝脏，帮助孕妈妈降低血糖。

杨桃的果汁充沛，能迅速补充孕妈妈体内的水分，生津止渴，利于通过小便排出毒素，还可以帮助孕妈妈消除疲劳。

营养胎教：学习烘焙，让生活更甜蜜

第25周第4天

1.亲手制作柠檬酸奶麦芬

材料：低筋面粉100克，黄油60克，鸡蛋30克，细砂糖60克，原味酸奶80克，柠檬汁2小勺（10毫升），柠檬皮屑1小勺（5毫升），香草精1/2小勺（2.5毫升），盐1/4小勺（1.25毫升），小苏打1/4小勺（1.25毫升），泡打粉1/2小勺（2.5毫升)（参考分量：6个）。

烘焙：烤箱中层，上下火180℃，20分钟。

做法：（1）黄油软化以后加入细砂糖、盐，用打蛋器打到颜色变浅、体积膨松。（2）分2次加入打散后的鸡蛋，并打均匀。要等第一次加入的鸡蛋完全和黄油融合之后再加第二次。（3）加入新鲜柠檬挤出的柠檬汁以及香草精，搅打均匀。（4）加入柠檬皮屑，搅打均匀。（5）倒入酸奶，此时不需要搅拌。（6）低筋面粉、泡打粉、小苏打混合均匀后筛入黄油混合物里。（7）用橡皮刮刀翻拌均匀，成为湿润面糊。（8）把面糊装入裱花袋，挤入模具，2/3满，放入预热好180℃的烤箱，烤焙20分钟左右，直到完全膨发，表面呈金黄色即可。

2.亲手制作脆皮蛋糕

材料：鸡蛋16个，糖800克，低筋面粉800克。

烘焙：烤箱中层，上下火180℃，20分钟。

做法：（1）先将蛋，糖打发8成左右。（2）然后把过筛好的面粉放入，低速搅拌均匀，大概30秒左右。（3）烤模事先刷好油（色拉油加少许高粉），这样比较方便出模。（4）入模7成满，撒些白芝麻，烤炉预热200℃，烤20分钟就可以出炉了。

小贴士

配方里用到的柠檬汁是新鲜柠檬挤出的汁。买一个柠檬，挤汁以后将柠檬皮洗净切成屑，这样柠檬汁和柠檬皮屑都有了。柠檬皮内部有一层白色的组织，口感上比较苦涩，将柠檬皮切屑的时候，可以用小刀先将白色的部分刮去。

第25周 第5天

行为胎教：密切关注胎位的变化

胎宝宝出生前在子宫里的姿势非常重要，它关系到孕妈妈是顺产还是难产。子宫内的胎宝宝是浸泡在羊水中的，由于胎宝宝头部比胎体重，所以胎宝宝多是头下臀上的姿势。正常的胎位应该是胎头俯曲、枕骨在前，分娩时头部最先伸入骨盆，医学上称之为“头先露”，这种胎位分娩一般比较顺利。不过，有些胎宝宝虽然也是头部朝下，但胎头由俯曲变为仰伸或枕骨在后方，就属于胎位不正了。至于那些分娩时臀部先露（臀位），或者脚或腿部先露，甚至手臂先露（横位）等，更是胎位不正。这些不正常的胎位容易导致难产，比如臀位容易导致胎膜早破，造成脐带脱垂或分娩时的出头困难，从而会危及胎宝宝的安全；横位的胎宝宝，由于分娩时先露部分不能紧贴宫颈，对子宫的压力不均匀，也容易造成胎膜早破，甚至出现胎宝宝手露出阴道外、脐带脱垂等问题，危及胎宝宝生命。

孕晚期到医院进行孕期检查时，医生会通过四步手法来确定胎位是否异常。在妊娠28周前发现胎宝宝为臀位可以做膝胸卧位操进行纠正，每天早晚各1次，每次做15分钟，连续做1周。其姿势是：在硬板床上，膝胸着床，臀部高举，大腿和床垂直，胸部要尽量接近床面，但要注意不能在饱食之后进行，以防孕妈妈呕吐。膝胸卧位也有一定风险，如脐带过短，胎宝宝在转的过程中会对脐带有牵拉，甚至会造成胎盘早剥。目前主张顺其自然。

还可以用艾卷灸孕妈妈两小脚趾外侧的至阴穴，每日一次，每次15分钟，连续做一周。注意艾卷离皮肤不要太近，以免烧伤皮肤。

如果到怀孕36周时胎位仍然不正则需要提前决定分娩方式，并及早入院待产。横位者也可采取一定的措施进行纠正，以确保在分娩前能转为正常。医生可用手法扭转横位胎位，但要注意有可能因此产生脐带绕颈，如临产时仍然不能纠正则应剖宫产。

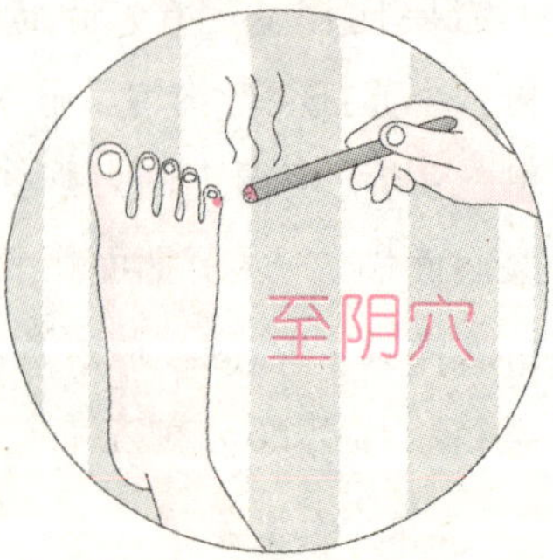

行为胎教：过年过节不要太劳累

第25周第6天

春节的时候事情特别多，要准备年货，要打扫房间，这个时候孕妈妈一定要小心行事。专家提醒孕妈妈们，衣食住行要多留神，才能轻松愉快地度过节日！

1.打扫卫生一定要小心

对于本月的孕妈妈来说，在春节前的大扫除中要注意以下几点：过年打扫卫生时千万不能长时间接触冷水，因为孕妈妈着凉的话也会影响胎宝宝的健康。不要长时间蹲着行动，因为长时间保持蹲着的姿势会使骨盆充血，而且也会挤压到胎宝宝。

2.不要远行

中国人习惯在过年的时候回家团圆，但是对于家在外地的孕妈妈来说，最好不要长途跋涉，因为旅行造成的劳累、饮食不洁、睡眠不足等都会影响胎宝宝的健康。

3.最好让家人帮忙买年货

孕妈妈大腹便便地去超市、商场等人多的地方购买年货，会面临被人挤压碰撞的危险，而且这样的场所人多、空气污浊，孕妈妈还可能被传染上疾病，这些对腹中的胎宝宝来说都是很危险的。所以孕妈妈最好避免去这些地方，把购置年货的任务交给家人。

4.一定要注意多休息

春节期间孕妈妈的活动量也会相对地增多，可能经常会晚睡，这样会使孕妈妈疲惫不堪。准爸爸及家人要多体恤孕妈妈的辛苦，让孕妈妈每天要有足够的时间休息，白天最好能有1小时的午睡时间。另外，孕妈妈自身也要控制一下，娱乐要适度，累了就要及时休息，晚上也要尽量早点睡。

5.避免因过年而忌医

春节期间孕妈妈千万不要因为过年有一些传统而不去看医生，只要身体有不适就要去看医生，如突然出现腹部阵痛、有水样的阴道分泌物或阴道出血等，这些都是胎宝宝异常的表现，应该及时就医。

第25周第7天

行为胎教：孕妈妈不要浓妆艳抹

因为怀孕，孕妈妈的内分泌发生变化，黑色素沉着增加，容易出现色斑。有些孕妈妈为了掩饰色斑，就化很浓的妆，这种做法是不对的。因为在这个时期，孕妈妈的皮肤比较敏感，使用过多的化妆品会对皮肤产生刺激，引起过敏反应，从而对胎宝宝造成影响。这个时期特别要注意，不要用美白化妆品，因为这类产品大多含有重金属铅，会对胎宝宝的神经发育造成不利影响。可以适当地用些乳液或面霜，如果孕妈妈喜欢化妆，可以化淡妆，且确保所用化妆品不含有害化学成分，无任何毒副作用。可尝试自己做一些纯天然的护肤品，比如纯天然的面膜。

☆苦瓜片保湿面膜

材料：苦瓜1根。

做法：把苦瓜洗净后，用保鲜膜包好放入冰箱冷藏15分钟。然后将冷藏后的苦瓜切片，均匀地敷满整张脸(包括眼睛)，约20分钟即可。苦瓜要待使用时才切片，否则很容易令苦瓜的水分流失，保湿效果不够显著。

☆橄榄香蕉油保湿面膜

材料：香蕉1根，橄榄油1小匙。

做法：香蕉压成泥状，在压挤过程中加入适量橄榄油，搅匀后就成了香蕉面膜，每周两次敷脸，可以让皮肤变得细嫩光滑。

孕妈妈不要烫发和染发，因为绝大部分染发剂都含有化学物质，而且孕妈妈的皮肤又比较敏感，接触染发剂后可能会出现一些不良反应，引起头痛和脸部肿胀，眼睛也会受到伤害。另外，在染发、烫发过程中难免要用到冷烫精，尤其是到了孕中期以后，孕妈妈的头发往往比较脆弱，并且极易脱落，如果采用冷烫精来做头发，会加剧头发的脱落。

情绪胎教：别让坏情绪影响了胎宝宝

第26周 第1天

古人经过长期的观察和经验积累，总结出了一些胎教经验，认为孕妈妈的为人处世、日常生活起居的方式，会通过气血运行的规律对胎宝宝产生很大的影响。所以，孕妈妈应注重自己的人格道德修养，遇到问题的时候要平心静气，为人处世追求仁义、礼貌、信誉，这会有助于胎宝宝形成良好的人格。

胎宝宝长到7个月以后开始意识到自我，感觉会更加强烈和明确。这时，孕妈妈一定要注意自己的情绪，因为这是胎宝宝性格形成的重要时期。胎宝宝会不断地接收来自孕妈妈的信息，最初他只能接收极简单的信息，但是随着记忆和体验的加深，接收信息的能力也越来越强。所以，孕妈妈如果想生一个情绪稳定、性格开朗的宝宝，一定要先注意自己的情绪。

孕妈妈在孕育新生命的同时，可能会为胎宝宝和自己的未来担心而焦虑，比如，为宝宝的生育费用担心，为因怀孕可能丢失工作而担心，为自己的体形日益臃肿而烦恼等，这些不良情绪很容易使孕妈妈陷入无休无止的焦虑中。如果孕妈妈一直有这样的心理，久而久之就会让腹中的胎宝宝以后的心理也产生变化。容易使孩子形成担心怕事的性格，同时心理承受能力也降低，做事容易情绪化，可能会经常莫名其妙地吵闹。最好的方法自然是孕妈妈随时调整自己的情绪，一旦发现自己正在陷入忧郁焦虑的泥潭，应立刻想办法自我疏导或转移注意力，可以通过看书和电视来缓解紧张的情绪，让自己开朗起来；也可以参加孕妈妈教室，多认识一些朋友，互相交换“情报”是一种很不错的方法。如“我觉得胎宝宝今天一直都在动，不知道他在里面出了什么问题”“我的分泌物很多，会不会是胎宝宝要告诉我什么”“胎宝宝一动也不动是怎么回事”，等等。能够和有相同状态的人谈一谈这些症状，相信你就会觉得不只是自己有这种情况，不安和焦虑也会减轻许多，情绪也会因此而好转。

第26周 第2天

情绪胎教：与生俱来的母爱

母爱对于胎宝宝来说是至关重要的。是妈妈以极大的爱，用自己的身体孕育了胎宝宝。在几百天的等待过程中，妈妈倾听着胎宝宝的蠕动，关注着胎宝宝的成长，祈求着胎宝宝的平安，并积极地把爱付诸行动，日日精心周到地疼爱、照料着腹中的生命：增加营养，锻炼身体，避免有害因素的刺激，创造良好的孕育环境，施行胎教，最后又在痛苦中把胎宝宝降生到了人世间。

在整个孕育过程中，妈妈的情感逐步得到爱的升华，产生出一种对胎宝宝健康成长极为重要的爱子亲情。正是这种感情使意识萌发中的胎宝宝捕捉到爱的信息，为形成热爱生活，乐观向上的优良性格打下基础。可以说，母爱是最美也是最有效的胎教。

孕妈妈应注意丰富自己的精神生活，例如听音乐、看书、读诗、旅游或欣赏美术作品等，这些美好的情趣都有利于孕妈妈调节情绪、增进母子的健康、陶冶孕妈妈的情操。研究发现，广泛的情趣还能改善大脑的功能。有人认为乐队指挥、画家、书法家等生活情趣较丰富的人之所以具有创造力，与他们经常交替使用大脑左、右半球，促进左右脑的平衡有关。如果孕妈妈的生活情趣很丰富，可以促进胎宝宝左右脑的发育。

除了要注意培养生活情趣外，孕妈妈还应该经常到空气清新的树林中散步。在树林中一边呼吸新鲜空气一边休憩，可以使胎宝宝和孕妈妈变得更加健康。走在绿色的树林中，人顿时就会感到神清气爽，这是人体内堆积的代谢废气被排到体外，血液变得更清洁的缘故。此外，树木所释放的芬多精成分可以促进孕妈妈机体的新陈代谢，预防和治疗头痛、感冒、高血压等症状。散步的时间以1小时为宜，不要太长也不要太短，切忌使身体过于疲惫。

情绪胎教：现在流行冷笑话

第26周第3天

没听说过桂宝吗？那你太out了！风靡网络、影视、图书市场的桂宝一定会让你笑口常开。

桂宝代表着一种生活态度，一种不人云亦云、埋没个性的态度。其实，人人都是独一无二的天才，每个人心中都会有一个特立独行的疯狂桂宝。只有那些发现自己心中桂宝的人，才会成为快乐的天才。呵呵，正如桂宝所说：“疯了，其实是一种很高级的放松。”让我们在这个充满压力的时代里一起疯狂、一起放松，一起做快乐的天才吧。你可以捧起一本《疯了，桂宝》傻傻地大笑，也可以登录相关网站和桂宝一起疯狂！

其实，只要留心，生活中随处都可以发现幽默开心的事情。下面是一位妈妈记录的孩子稚气可爱的小笑话：

1.庞然大雾

北京春天的早晨，窗外灰蒙蒙的，好像沙尘暴就要来，宝宝起床后看着窗外，若有所思地说：“妈妈，你看，庞然大雾耶！”我们愣了一下，才明白，宝宝是活学活用呢。原来，前几天妈妈刚给宝宝讲了《黔驴技穷》的故事，里面说到“庞然大物”。没想到，宝宝记住了，今天就用上了！

2.造句

“一面……一面”造句：我今天看见了一面大镜子，还看见了一面小镜子。

3.我教老师

头一天去上学的儿子放学回来。妈妈问：“孩子，今天老师都教你些什么？”

儿子说：“他什么也没有教给我，反倒问我一加一是几？”

我就教他说：“是三。”

第26周 第4天

语言胎教：一边数胎动一边与胎宝宝对话

进入孕中期以后，孕妈妈有一件每天都做的事情，那就是数胎动。其实，孕妈妈在数胎动的时候，可以和胎宝宝说话，比如：“宝宝现在动的是小胳膊还是小腿呢？你是不是很想告诉妈妈？”在这个过程中对宝宝的美好祝福与愿望都可以说出来，因为胎动时也是胎宝宝比较活跃的时刻，这是对他进行语言胎教的最佳时机。

由于胎宝宝对男性低沉的声音较为敏感，所以在语言胎教中准爸爸起着举足轻重的作用。因此准爸爸可以一边帮孕妈妈数胎动，一边和胎宝宝说说话，让未来的宝宝也熟悉一下爸爸的声音。孕妈妈可以先对胎宝宝说：“乖孩子，爸爸就在旁边，你想听他对你说什么吗？”这时，准爸爸应该坐在距离孕妈妈50厘米的位置上，用平静的语调开始和胎宝宝说话。开场白可以设计成：“宝贝，我是你爸爸，我会天天和你讲话，我会告诉你外界的一切。”话题最好事先构思好，可以是一段小故事、一首浅显的古诗，也可以谈自己的工作及对周围事物的认识。随着对话内容的展开逐渐提高声音，对话结束时，要对胎宝宝给予鼓励：“宝贝学习很专心，真聪明！好吧，今天就学习到这儿，再见!”

孕妈妈还可以一边听音乐一边数胎动；或是找些短小、有趣的童话，请孕妈妈富有感情地朗读给小家伙听；也可以买一盘婴儿故事磁带，每天听一段。最好是反复地讲或听同样的音乐或是固定的几个小故事，这样才会加深小宝贝对这段声音的记忆。也许在小家伙出生后，那段声音会使他吃奶时胃口大开，或是能很快从哭闹中平静下来。

小贴士

进行音乐胎教或语言胎教时一定要选用合格的产品，最好是经过专业人士或机构审定的。胎教音乐的节奏要平缓、流畅，音乐频率应为500~1500赫兹。

语言胎教：
教胎儿学拼音和数字

第26周第5天

字母的学习

用彩笔在白纸上写字母，首先从汉语拼音a 、 o、e 、i、 u 开始，每天学4~5个，如教 a这个汉语拼音时，一边反复地发好这个音，一边用手指写它的笔画。通过视觉将“a”的形状和颜色深深地印在脑海里。因为这样一来你发出的“a”这一字母信息，就会以最佳状态传递给胎儿，从而有利于胎儿用脑去理解并记住它。

数字的学习

教“1”这个数字时，先把它视觉化，再由“1”联想起来各种事物。如“竖起来的铅笔”“一根电线杆”等，让“1”这个数字变得具体又形象；在教“2”这个数字时，你可以想象“浮在水面上的天鹅的倩影”，在教“8”的时候，告诉胎儿“8”的形状看上去像两个圆黏在一起，上面的圆比下面的圆要稍微小一点。再从1数到8，扳着手指出声数数。当然，读音一定要清楚。

胎教成功的诀窍就是将三维要素，即具体的、有立体感的形象而不是平面的形象导入胎教中去。

第26周第6天

语言胎教：欣赏诗集《繁星》

你读过篇幅非常短小的诗吗？那是一种被称作为“小诗”的文学形式，五四运动后曾盛行一时。在众多小诗中，最引人注目的还是冰心的《繁星》和《春水》。这两部诗集是冰心在大诗人泰戈尔《飞鸟集》的影响下写成的，用她自己的话说，是将一些“零碎的思想”收集在一个集子里。虽说是杂乱的思绪，但也有规律可循：这两本诗集大致包括3方面内容，一是对母爱的歌颂；二是对童真的歌颂；三是对大自然的歌颂。

孕妈妈如果能经常欣赏一些以爱为题材的文学作品，对提升爱子之情、培养爱心有着非常积极的作用，对提高个人修养、培养胎宝宝的良好性格也有着非常深远的意义。

万千的天使，
要起来歌颂小孩子；
小孩子！
他那细小的身躯里，
含着伟大的灵魂。

充满纯真童趣的世界才是人间最美的世界，这是诗人对童真的真实歌颂。

母亲啊，
天上的风雨来了；
鸟儿躲在它的巢里；
我心中的风雨来了，
我躲在母亲的怀里。

这首诗诗人以生动的比喻表达母爱之情，写得情真意切、感人肺腑，这与她颂歌母爱的思想十分相投。

造物者，
倘若在永久的生命中，
只容有一次极乐的应许，
我要至诚地求着：
“我在母亲怀里，
母亲在小舟里，
小舟在月明的大海里。”

这首诗把对母爱的歌颂、对童真的呼唤、对自然的咏叹完美地融合在一起，营造出一个温馨的、充满着母爱的、至善至美的世界，趣味优雅的语言，让人回味无穷。

语言胎教：诵读经典，感受美好

第26周第7天

《春日》

作者：朱熹

胜日寻芳泗水滨，无边光景一时新。

等闲识得东风面，万紫千红总是春。

诗人在泗水边观赏春景，感受春光无限。后两句采用虚实结合的手法，把春天的景色描绘得生机勃勃、欣欣向荣。风和日丽来到泗水边赏景，一望无际的风光焕然一新，处处可以领略到春天的面容，万紫千红都呈现出春的意境。

自然赋予我们生命，也赋予我们孕育生命的过程，享受这一过程就是享受幸福。因为有了孩子，一切都有了改变。孩子会给你的生活带来更多的动力、更多的希望，如同诗人见到春来之时的感受，一切都是那么清新，无与伦比。

孕育生命就好像渴望春天，渴望那种温暖、细腻、体贴的感觉。当和煦的阳光沐浴着你的身体，当风儿带着春的味道拂过你的面颊，掠过发梢和指尖，心一下子便温暖柔软起来，并且无限柔情地设想，在这样的日子里应该发生一些快乐的事，或者牵着爱人的手散步。那么，我们就把思绪带进一个春天的情景，体会那种悠闲的生活情趣吧！

《春夜喜雨》

作者：杜甫

好雨知时节，当春乃发生。

随风潜入夜，润物细无声。

野径云俱黑，江船火独明。

晓看红湿处，花重锦官城。

初春时节，残枝微透嫩绿，一场小雨过后，你会发现春天的小雨把所有尘埃都荡涤无存。那些新绿像婴儿般娇嫩，就连太阳也宛如羞涩的少女出现在眼前。在这样雨后初晴的日子里，到室外走走，让清新的空气沁入心肺，让所有的不适和烦恼都融入自然，让心情也融入其中，体会生命的精髓，体会诗词的幽远古雅。在孕期，每一场雨都会给你带来不一样的心情，每一番值得回味的心得都是雨带给你的舒畅。让淅淅小雨伴你入眠，让你忘却所有的烦恼。春天的雨，滋润万物，使万物新生，也会带给你新的希望。

第27周第1天

语言胎教：给宝宝读泰戈尔的《家》

这是泰戈尔诗集《新月集》中的一首小诗，这个“孩子的天使”怀着初探世界的神秘和期待，以纯粹的儿童眼光，为我们串起了一个更为浪漫、理想的诗之世界。大声朗读出来，你的宝宝会与你一同高唱的。

我独自在田野间的小路上走着，
夕阳像吝啬的财主，
正收藏起它最后一点金黄。
日光渐渐地沉入深深的黑暗之中，
那收割后的田地孤寂沉默地躺着。
突然，一个男孩尖锐的声音划破了天际，
穿越了黑暗，留下他的歌声在静谧的黄昏里回荡。
他的家就在荒地边缘的村落里，
穿过甘蔗园，隐约在香蕉和直直的槟榔树，
以及椰子树和深绿色榴莲的浓荫里。
星光下我在独自行走的途中停留片刻，
看着在我面前展开的幽暗大地，
正用双臂拥抱着无数的家庭，
那里有摇篮和床铺，有妈妈们的心和夜晚的灯光，
还有那年幼的生命自然而愉悦，
全然不知这样的欢愉对于世界的价值。

——选自《新月集》

语言胎教：为胎宝宝诵读《三字经》

第27周第2天

《三字经》是中国古代历史文化的宝贵遗产，是学习中华传统文化不可多得的启蒙读物。它短小精悍、朗朗上口，千百年来家喻户晓，其内容涵盖了历史、天文、地理、道德以及一些民间传说，所以熟读《三字经》可知天下事。

人之初，性本善。性相近，习相远。

【译文】人生下来的时候都是好的，只是由于成长过程中，后天的学习环境不一样，性情也就有了好与坏的差别。

苟不教，性乃迁，教之道，贵以专。

【译文】如果不从小好好教育，善良的本性就会变坏。为了使人不变坏，最重要的方法就是要专心一致地去教育孩子。

昔孟母，择邻处，子不学，断机杼。

【译文】战国时，孟子的妈妈曾3次搬家，是为了使孟子有个好的学习环境。一次孟子逃学，孟母就割断织机的布来教子。

窦燕山，有义方，教五子，名俱扬。

【译文】五代时，燕山人窦禹钧教育儿子很有方法，他教育的五个儿子都很有成就，同时科举成名。

养不教，父之过，教不严，师之惰。

【译文】仅仅是供养儿女吃穿，而不好好教育，是父亲的过错。只是教育，但不严格要求就是做老师的懒惰了。

子不学，非所宜，幼不学，老何为。

【译文】小孩子不肯好好学习，是很不应该的。一个人倘若小时候不好好学习，到老的时候既不懂做人的道理，又无知识，能有什么用呢？

玉不琢，不成器。人不学，不知义。

【译文】玉不打磨雕刻，不会成为精美的器物；人若是不学习，就不懂得礼仪，不能成才。

为人子，方少时。亲师友，习礼仪。

【译文】做儿女的，从小时候就要亲近良师益友，以便从他们那里学习到许多为人处世的礼节和知识。

香九龄，能温席。孝于亲，所当执。

【译文】东汉人黄香，九岁时就知道孝敬父亲，替父亲暖被窝。这是每个孝顺父母的人都应该实行和效仿的。

融四岁，能让梨。弟于长，宜先知。

【译文】汉代人孔融四岁时，就知道把大的梨让给哥哥吃，这种尊敬和友爱兄长的道理，是每个人从小就应该知道的。

第27周第3天

语言胎教：给胎宝宝讲《小蝌蚪找妈妈》

今天孕妈妈可以讲一个童话故事——《小蝌蚪找妈妈》。愉快优美的童话故事，可以让胎宝宝静静地聆听，感到安全、舒适，同时也使胎宝宝感受妈妈的浓浓爱意。

暖和的春天来了，池塘里的冰融化了。青蛙妈妈睡了一个冬天，也醒来了。它从泥洞里爬出来，扑通一声跳进池塘里，在水草上生下了很多黑黑的圆圆的卵。春风轻轻地吹过，阳光照着大地，池塘里的水越来越暖和了。青蛙妈妈生的卵慢慢地都活动起来，变成一群大脑袋长尾巴的蝌蚪。它们在水里游来游去，非常快乐。有一天，鸭妈妈带着它的孩子到池塘中来游水。小蝌蚪看见小鸭子跟着妈妈在水里划来划去，就想起自己的妈妈来了。小蝌蚪你问我，我问你，可是谁也不知道。“我们的妈妈在哪里呢?”

故事在这里达到了高潮，孕妈妈可以发挥自己的语言技巧，再加上童话书中的情节，绘声绘色地给胎宝宝讲小蝌蚪经过怎样的努力，最后终于找到妈妈的美好结局。孕妈妈在最后还可以对胎宝宝说：“宝宝不用到处去找妈妈，我就是你的妈妈，在等着宝宝的到来呢!”

音乐胎教：欣赏民歌《茉莉花》

第27周第4天

本阶段，孕妈妈处在相对舒适的孕中期，常听一些优雅、动听、抒情的音乐对孕育非常有益。比如，给胎宝宝听这首悠扬的民歌《茉莉花》，曲调缠绵，寓意含蓄。茉莉花之美代表了爱情和幸福，东西方人都从茉莉花的芬芳中得到愉悦和快乐，下面我们来欣赏著名二胡演奏家朱昌耀先生改编创作的二胡曲《好一朵茉莉花》：

好一朵美丽的茉莉花，
好一朵美丽的茉莉花，
芬芳美丽满枝桠，
又香又白人人夸。
让我来将你摘下，
送给情郎家。
茉莉花呀茉莉花。

乐曲采用复三部曲式结构，由引子、中板、快板和中板再现组成。引子：由伴奏乐器奏出。笛子高亢、明亮，变奏出民歌《茉莉花》的末句音乐；接着，乐队在低八度奏出末句音乐。

第一段：中板。二胡奏出主题音乐，其旋律是民歌《茉莉花》的音调，如歌的旋律、二胡类似人声的发音，仿佛多情的姑娘在咏唱《茉莉花》。接下来，二胡和乐队交叉变奏出《茉莉花》的主旋律和伴奏旋律。这段音乐扩展、延伸了《茉莉花》的基本音调，在保持原风格的前提下，使音乐更丰富、韵味更浓郁。

第二段：快板。乐曲由G调转为D调；速度慢起渐快，由中板转为小快板；情绪由抒情转为欢快。本段落分三个层次：第一层次由二胡用连弓和分弓分别奏出快速的八分音符和十六分音符，其旋律是民歌《茉莉花》原曲的变奏旋律；第二层次是一个歌唱性的音乐层次，其曲调是曲作者创编的，优美动听，进一步扩展和丰富了《茉莉花》的音乐内涵；第三层次是第一层次的变化再现，但全部由快弓奏出，更具律动感和舞蹈性，使欢快的情绪达到高潮。

第三段：再现部。音乐又回到G调，速度回复到中速，其奏法与第一段相似，但在情绪上与第一段含情脉脉的害羞感不同，而是显得从容和自信。音乐在奏完《茉莉花》主旋律后由又复奏一次，最后在民歌拖腔尾音的基础上，音调上扬八度，在虚幻缥缈中将人们引向悠远的遐思。

第27周 第5天

音乐胎教：
倾听《仲夏夜之梦》

今天，为孕妈妈隆重推荐门德尔松的《仲夏夜之梦》。这首曲子是门德尔松为莎士比亚的喜剧《仲夏夜之梦》谱写的，其特点是曲调明快、欢乐，是作者幸福生活、开朗情绪的真实写照。曲中展现了神话般的幻想、大自然的神秘色彩和诗情画意。全曲充满了一个17岁的年轻人流露出的青春活力和清新气息，又体现了同龄人难以掌握的技巧和卓越的音乐表现力，充分表现出作曲家的创作风格及独特才华，本曲是门德尔松创作历程中的一个里程碑。如果孕妈妈将此作为胎教音乐，相信不仅你会被这首动听的音乐所打动，就连胎宝宝也会沉浸在柔美、欢快的音乐当中，这对胎宝宝的健康成长是非常有益的。

音乐胎教：让胎宝宝学会聆听

第27周第6天

节奏与生命的关系最近，自然世界中的节奏无处不在，比如，脉搏和心跳是按照一定的节奏进行的，等等；世界万物都有着不同的生长和消亡的节奏，就连季节都是按照一年四季的节奏更替的。我们在不知不觉中，过着与音乐节奏交叠、息息相关的日子。

音乐是自然赋予人的一种本能、一种语言，它使人与自然更加和谐。透过音乐，我们能看见高山、大海、阳光、小溪，我们更能够看到自己——来自自然的生命。透过它我们能交流爱的信息，破解天才们的密码。我们还能通过它找寻心灵的圣地，找回我们自己。自然世界中的声音简直是太丰富了，这些声响就是胎宝宝对外界最初的感知，孕妈妈也应该充分享受这种生活，打开身体和心灵，去拥抱大自然。

Listen，Listen，哗啦啦，哗啦啦；
大雨，大雨，哗啦啦，哗啦啦。
Listen，Listen，滴滴答，滴滴答；
小雨，小雨，滴滴答，滴滴答。
Listen，Listen，呼呼呼，呼呼呼；
大风，大风，呼呼呼，呼呼呼。
Listen，Listen，沙沙沙，沙沙沙；
什么？什么？原来那是树叶，沙沙沙。

方法：

☆请你注意倾听各种声音，并对胎宝宝轻声描述这些自然界的声响。

☆按节奏朗读歌谣，象声词要读得有感情，讲出大雨、小雨、风、树叶要说的话。

☆给胎宝宝读一读描写自然世界的童谣吧，要有节奏地读，配合律动，并留给胎宝宝复读的时间，也就是出声读一遍，然后心里默念一遍。

☆散步时要让胎宝宝和阳光对话，和各种声音对话。

第27周第7天

音乐胎教：欣赏圆舞曲《蓝色多瑙河》

圆舞曲《蓝色多瑙河》全名为《在美丽的蓝色的多瑙河畔》，是约翰·施特劳斯所作170首圆舞曲中最具代表性的一首。

1866年，奥地利在普奥战争中惨败，维也纳陷入了深深的消沉之中。为振奋人心，作者受维也纳男声合唱协会领导人赫贝克的委托，写作象征维也纳生命活力的圆舞曲。曲名和创作动机源自德国诗人卡尔·贝克题献给维也纳城的诗句，“在多瑙河旁，美丽的蓝色的多瑙河旁”。半年后，作者把它改编成为管弦乐曲，在巴黎万国博览会上公演，获得了极大的成功，并很快被介绍到英国、美国及其他国家，被誉为奥地利的第二国歌。而后合唱曲也开始流行，歌词由诗人格尔纳特重新创作。

这支著名的圆舞曲旋律优美动人，节奏富于动感，适合孕妈妈在怀孕中、晚期听。孕妈妈在欣赏这首作品时，通过想象能感受鲜明的音乐形象，从而进一步理解奥地利人民热爱生活、热爱故乡的深厚感情。

美育胎教：

看宫崎骏的《悬崖上的金鱼姬》

第28周第1天

5岁的宗介捡到一个被海浪冲上岸的废玻璃瓶，里面有条受困的小金鱼。小金鱼名叫波妞，是人鱼女王的女儿。宗介把波妞带回了自己的家，养在塑料盆里，他们相处得很愉快……

《悬崖上的金鱼姬》是一部能让人回到纯真童年的动画片，是小金鱼波妞为了和喜欢的人在一起而发生的故事，没有悬念，没有好人、坏人……只有简单，简单的开心，简单的难过，简单的勇敢。看一看简单的《悬崖上的金鱼姬》吧，和胎宝宝一起回忆那些简单而快乐的童年岁月。

第28周 第2天

美育胎教：
让胎宝宝心灵手巧

这个月，孕妈妈可以为胎宝宝编织一些小毛衣、小毛裤、小毛袜或小线衣、小线裤、小线袜。实践证明，孕妈妈在编织的时候频繁地活动手指，而且精神也会高度集中，大脑思维活跃，这样可以促进胎宝宝大脑发育和手指的精细运动，让胎宝宝心灵手巧。

美育胎教：
欣赏大师绘画，提升美学修养

第28周 第3天

齐白石——现代著名画家、书法家、篆刻家，曾任中国美术家协会主席，被誉为“人民艺术家”。在齐白石的众多作品中，虾占据了很重要的地位，堪称为画坛一绝。齐白石所作的虾具有非常显著的特点：灵动活泼、栩栩如生、神韵充盈。用淡墨掷笔，绘成躯体，浸润之色，更显虾体晶莹剔透；以浓墨竖点为睛，横写为脑，落墨成金，笔笔传神，细笔写须、爪，刚柔并济、凝练传神，显示了画家高妙的书法功力。

齐白石所绘的虾，灵感大多来自于日常生活，但又超越生活，其大胆的想象，简约的绘制，更显传神妙笔。相信这些栩栩如生的虾定能激发孕妈妈热爱生活的情怀，从而疏解孕期不适，这对胎宝宝的健康成长非常有益。另外，孕妈妈经常欣赏名画，还能提升个人的审美能力，并将自身的审美意识传递给胎宝宝，由此激发胎宝宝的审美潜能。

第28周第4天

运动胎教：练习拉梅兹放松法

1.手腕放松方法

孕妈妈找一个舒服的坐姿。准爸爸在一旁用右手轻轻地握住孕妈妈的左手腕，用左手活动孕妈妈的手腕，使其上下活动。此项运动能增加腕关节的灵活性，预防及缓解手部麻木。

2.头部放松方法

孕妈妈躺在床上，全身放松。准爸爸用双手轻轻地托起孕妈妈的头部，帮助孕妈妈放松颈部。此项运动能有效缓解头、颈部疲劳，需要注意的是孕妈妈和准爸爸的用力方向要一致。

3.脚踝放松的方法

孕妈妈采取舒服的坐姿，右脚向前伸。准爸爸用右手轻轻地托住妻子的脚踝，用左手推动孕妈妈的脚趾使其前后运动。此项运动能疏通下肢经络，缓解脚部压力和水肿。需要注意的是，爸爸用力程度以孕妈妈感到舒服为准。

4. 膝盖放松的方法

准爸爸用左手握住孕妈妈的膝盖，右手握住孕妈妈的脚踝，将孕妈妈的膝盖反复弯曲、伸直。准爸爸还可以适时按摩孕妈妈的小腿。此项运动能改善下肢动脉曲张和水肿带来的不适。

运动胎教：腿部运动方案

第28周第5天

孕妈妈坐在椅子上，全身自然放松，腰背挺直，小腿与地面保持垂直；避免坐得太深而影响下肢的摆动。然后左脚抬起，脚踝上下摆动30秒。也可以将抬起的脚踝按顺时针或逆时针方向转动，再换脚做相同动作。这套运动能活化踝关节，让孕妈妈走路更平稳。孕妈妈做此动作时应避免使用到腹部肌肉的力量。

第28周 第6天

运动胎教：
练习腹式呼吸

练习腹式呼吸的方法是：孕妈妈盘腿而坐，腰背部挺直，全身放松，双手自然地放在两个膝盖上，想象胎宝宝正居住在一个宽广的空间；然后用鼻子吸气，直到腹部鼓起为止。吐气时稍微将嘴巴撅起，慢慢地用力将体内空气全部吐出，吐气时要比吸气更为缓慢而用力。每天可练习3次以上，早上、中午、晚上各做1次，练习时尽量放松身体。此项练习能够缓解身体压力，为分娩做准备。需要注意的是，孕妈妈需注意呼吸的频率，才能体会出腹式呼吸带来的舒适感。

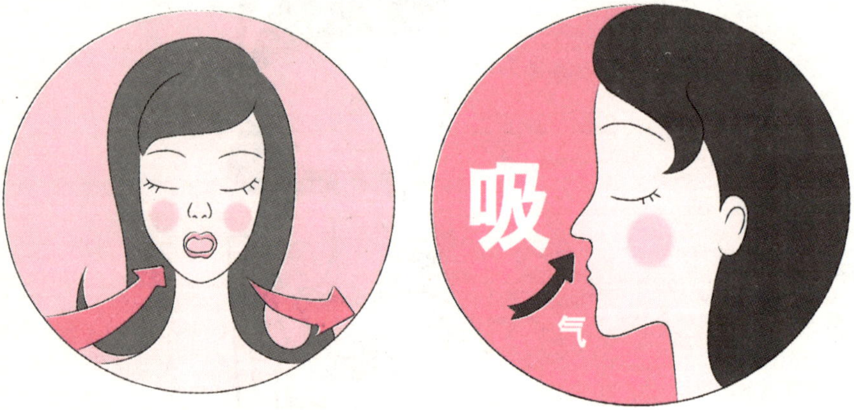

小贴士

本周孕妈妈最适宜进行腹式呼吸，因为现在孕妈妈子宫内的空间对胎宝宝而言已经有些小了，氧气也会减少。倘若孕妈妈经常练习腹式呼吸，就能给胎宝宝提供更加充足的氧气。

抚摸胎教：帮助胎宝宝做体操

第28周第7天

现在胎宝宝已经7个月大了，头会继续增大，大脑发育也会非常迅速。这个时期胎宝宝的活动更加丰富了，他可以在孕妈妈的肚子里吞咽羊水、眯眼、吮拇指、握拳头、伸展四肢、转身，还能翻跟斗。此时，孕妈妈更要频繁地与胎宝宝进行互动。孕妈妈可以通过前面介绍的抚摸方法把关爱传递给胎宝宝，还可以用手在腹部帮助宝宝做体操。

可按从上到下、从左到右的顺序，轻轻反复在腹部做抚摸动作。一开始，先用中指和食指轻轻并反复触压胎宝宝，然后双手稍握拳，轻轻叩击腹部。胎宝宝会立即有轻微胎动表示反应，不过有时则要过一阵子，甚至一连好几天都没有反应。此时，孕妈妈不要着急，这属于正常现象，但如果以前做过抚摸胎教，且胎宝宝每次都能做出反应，到了本月胎宝宝连续多次对抚摸没有反应，就要联系医生，检查究竟发生了什么问题。

到了本周，胎宝宝已经发育到足够大了，妈妈的腹壁也越来越薄，所以抚摸胎教的时间不宜过长，每天2~3次，每次5分钟左右。而且，抚摸及触压胎宝宝的身体时，动作一定要轻柔，不可用力。

实践证明，经过此项胎教的胎宝宝，出生后大动作的发育要比未经过该项胎教的宝宝早，特别是小肌肉的发育更加明显。另外，孕妈妈用手帮胎宝宝做体操，还能促进胎宝宝的大脑发育。

孕妈妈每月记事

产前体检情况

宫高

腹围

体重

胎儿大小

胎动

目前体重

心情

准爸爸的表现

下月产检日期

孕8月（第29~32周）：体重开始迅速增加

从这个月开始，胎宝宝的体重迅速增加，孕妈妈的腹部明显变大，行动越来越吃力，并且可能会有心口胀闷的感觉。胎宝宝开始固定下来，各器官继续发育完善，已具备呼吸能力。

孕妈妈的变化

★ 身体越发沉重

现在胎宝宝的生长发育相当快，这个月孕妈妈的体重可增加1300~1800克。最后这个时期，体重每周增加500克是很正常的，因为胎宝宝正在为出生做最后的冲刺。孕妈妈的肚子大得看不到自己的脚，行动越来越吃力，如果长时间走动会感到下腹部或脚跟疼痛。

★ 心口胀闷

随着胎宝宝的生长，子宫位置上移压迫腹部和心脏，会产生胸闷，也会有类似于因食物堵噎而引起的心口胀闷。

★ 排尿次数增多

由于子宫压迫血管，会伴有腰痛、浮肿、痔疮等现象。阴道分泌物增多，排尿次数也增多了。子宫每天收缩4~5次，超过5次则有早产的危险，这个时期要保持绝对的安定，一旦发生不规则宫缩应立刻停下来休息，最好中午睡个午觉。

胎宝宝的成长

★ 身长增长减慢而体重增加迅速

到这个月的月末时，胎宝宝的体重可达1700克。皮下脂肪更加丰富，皱纹减少，看起来更像一个婴儿了。他的身体和四肢还在继续长大，最终要长得与头部比例协调。到这个月的月末时，身长约40厘米。

★ 胎位开始固定下来

有的孕妈妈因胎宝宝现在还是头朝上而担心临产时胎位不正，其实，这时的胎宝宝可以自己在妈妈的肚子里变换体位，有时头朝上，有时头朝下，还没有固定下来。大多数胎宝宝最后都会因头部较重，而自然头朝下就位的。如果需要纠正的话，产前体检时医生会给予适当指导。

★ 大脑发育非常迅速

此时大多数胎宝宝对声音都有了反应。胎宝宝的眼睛时开时闭，他大概已经能够看到子宫里的景象，也能辨别明暗，甚至能跟踪光源。除了听觉和视觉，胎宝宝还具有味觉、嗅觉和触觉。

★ 各个器官继续发育完善

肺和胃肠功能已接近成熟，已具备呼吸能力，能分泌消化液。胎宝宝喝进的羊水经膀胱排泄在羊水中，这是在为他出生以后的小便功能进行锻炼呢。

本月孕期检查

孕28~36周期间，每两周做一次检查，检查项目主要包括：体重、血压、宫高、腹围、浮肿检查、胎心监测、尿常规和血常规检查。

第29周第1天

营养胎教：补充维生素有讲究

维生素是人体不可或缺的营养，可维持生理机能的健康，特别是在怀胎10月的过程中，为了给胎宝宝提供良好的生长条件，孕妈妈更应该重视各种维生素的摄取。摄取时要掌握适量、均衡的原则，才能达到最理想的效果。

1.了解维生素的分类

维生素可以分为水溶性与脂溶性两类，两者的不同在于是否能溶于水。脂溶性的维生素包括维生素A、维生素D、维生素E、维生素K；水溶性的维生素则有B族维生素（维生素B_1、维生素B_2、维生素B_6、维生素B_{12}等）、维生素C等。

2.有效摄取维生素的方法

由于水溶性维生素会溶于水，较容易流失，建议在吃含水溶性维生素的食物时，可采取生食的方式，或掌握快洗、快切、快煮的原则，尽量缩短烹调时间。脂溶性维生素则一定要配合油脂食用，吸收效果才会较好。

3.B族维生素的作用及食物来源

维生素B_1——促进成长，可帮助胎宝宝发育。其主要来源包括动物内脏、糙米、豆类、芝麻等。

维生素B_2——促进胎宝宝成长与细胞再生。维生素B_2最好的来源就是牛奶，其他食物来源如动物内脏、花生、芝麻、蛋黄等。

维生素B_6——有造血功能，改善早起妊娠呕吐症状。主要来源是红肉，如牛肉，还有五谷杂粮、动物肝脏、蛋黄等。

维生素$_{12}$——有促进红细胞再生、维护神经系统健康、代谢脂肪酸等功能。常见含维生素B_{12}的食物有牛奶、蛋、海藻等。

营养胎教：孕晚期不要暴饮暴食

第29周第2天

在怀孕的最后3个月，宝宝发育非常迅速，孕妈妈常常会有一种肠胃被肚子里的宝宝挤压得所剩无几了的感觉。矛盾的是，营养师特别强调宝宝在这个阶段所需要的营养需直线增加。因此，我们采取的对策是少食多餐。

每日可以安排6餐到8餐，这是非常有必要的。虽然进食步骤变得很琐碎，但是各种营养素却都不能缺，除增加一定的蛋白质、碳水化合物和必要的脂肪摄入外，还应在食谱中补充各类维生素和矿物质等营养成分，以及富含强健宝宝骨骼的钙和促进宝宝智力发展的多种营养食物。

在菜单中加入足够避免贫血发生的血红素铁成分，是这个阶段的营养调理的重点，如肝、蛋、蔬菜等。其实每一个孕妈妈在这个阶段都会有一定的铁质缺乏问题，所以，足够营养摄入是非常重要的。当然适量饮食也非常必要，无节制的进食会给自己和宝宝的健康带来极大伤害。

此外，一定要在这个时候控制糖分、盐分和饱和脂肪的摄入。调味要尽量清淡，少吃盐和酱油。如果味道太淡实在难以下咽，可用果酱、醋来调味。

☆黄豆海带棒骨汤

材料：棒骨1根，黄豆50克，海带20克，葱、姜各适量，醋适量、盐1小匙。

做法：（1）黄豆和海带洗净后提前泡发，海带泡发后切片；（2）棒骨用清水洗净后，焯水洗去浮沫；（3）棒骨和葱、姜先入沙锅，添加清水，大火煮开后，加几滴醋，转小火煲2小时左右；（4）再加入黄豆和海带煲至软烂，最后加盐调味即可。

☆莲子百合煨瘦肉

材料：莲子50克，百合50克，瘦猪肉250克，葱、姜、盐适量。

做法：（1）将莲子用温水泡开，去心洗净；百合用温水泡开，择洗干净。（2）将猪肉洗净，切成长条。（3）锅内放水煮开，将莲子、百合、瘦猪肉放入，用旺火煮开，再用文火煨1小时，待熟烂后加盐即成。

第29周第3天

营养胎教：注意补充不饱和脂肪酸

我们知道，脂肪是由甘油和脂肪酸组成的，脂肪的性质和特点主要取决于脂肪酸，脂肪酸又可分为饱和脂肪酸和不饱和脂肪酸。自然界中比较常见的不饱和脂肪酸主要分为三大类：以橄榄油所含油酸为代表的ω-9系列不饱和脂肪酸，以其他植物油中所含的亚油酸为代表的ω-6系列不饱和脂肪酸，以及以鱼油所含的二十碳五烯酸（EPA）和二十二碳六烯酸（DHA）为代表的ω-3系列不饱和脂肪酸。

EPA和DHA有助于胎宝宝视觉、大脑、血液和神经系统的发育，整个孕期都需要这些营养素，尤其是怀孕的最后3个月，孩子大脑迅速发育的时候。

不饱和脂肪酸的食物来源主要是各种食用油，豆油、玉米油、葵花子油中ω-6系列不饱和脂肪酸较高，而亚麻油、苏紫油中ω-3系列不饱和脂肪酸含量较高。由于不饱和脂肪酸极易氧化，食用它们时应适量增加维生素E的摄入量。一般ω-6系列与ω-3系列的摄入比应在4~10：1，摄入量为摄入脂肪总量的50%~60%。

孕晚期补充DHA还可以提高产后乳汁质量，新生宝宝喝DHA含量高的乳汁，可以改善脂肪酸营养状况、视觉功能及学习能力等，对其发育也有更加明显的促进作用。市场上常见的DHA营养品多是从深海鱼油中提取的，其实DHA也可以从藻类中提取。从深海鱼油中提取的DHA营养品中含有较多的EPA，它能稀释血液的黏度，增加血流量，孕妈妈一旦过量摄入容易失血。相对而言，藻类DHA则几乎不含有EPA，对孕妈妈没有任何伤害，而且DHA的含量也远远高于鱼类DHA，且有不易被氧化、易吸收等优点，不会产生副作用。相对于鱼油中的DHA，藻类DHA更适合孕妈妈食用，可降低娩出早产儿的风险，能延长具有早产风险的女性的妊娠期，能有效改善女性产后抑郁情绪，有利于胎宝宝智力及视力发育。

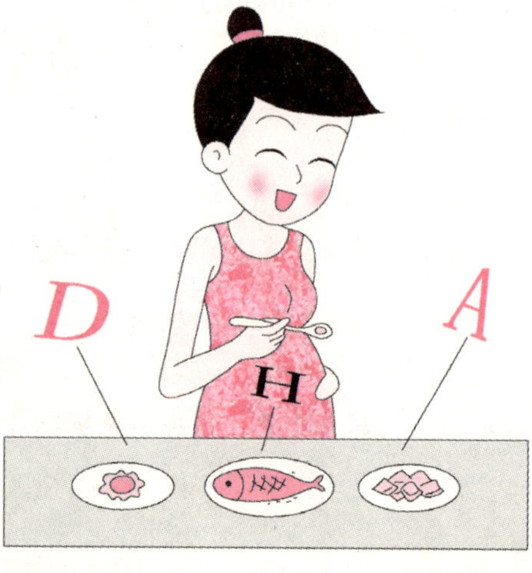

行为胎教：孕8月准爸爸应该怎么做

第29周 第4天

准爸爸要主动承担家务，还要注意保护孕妈妈的安全，避免孕妈妈遭受外伤。要做好家庭中的妊娠监护，以防早产。

到了本阶段，离分娩的日子越来越近了，一定要避免性生活。因为此时孕妈妈的子宫变得非常脆弱，极易受伤或感染，再加上性兴奋会使子宫收缩，造成早期破水。此时进行性生活很可能会令细菌潜藏在阴道中，为分娩埋下祸根。因为，在分娩过程中，产道会有损伤，同时子宫里胎盘剥离后有一个较大的创面，再加上分娩后产妇抵抗力降低，发生感染的可能性就会增大。调查研究发现，在分娩前3天内行过房的，发生感染的概率高达20%。在发生了产褥感染的产妇中，有近一半是在产前1个月内行过房的。另外，此时行房会给胎宝宝造成伤害，除了可能造成早产外，还会增大新生儿的死亡概率。所以，为了胎宝宝和孕妈妈的健康，准爸爸要体谅孕妈妈，严格控制性生活。

准爸爸一定要和孕妈妈一起对胎宝宝进行教育。在婴儿的感觉器官基本形成的时候，与婴儿进行对话越多越好，最好每天进行至少3次对话。

准爸爸要为孕妈妈分娩做好经济上、物质上、环境上、知识上的充分准备，要和孕妈妈一起学习哺育、抚养婴儿的知识，检查孩子出生后用具是否准备齐全，不够的要主动补充上。

第29周第5天

行为胎教：注意生活细节，预防早产

一般而言，在妊娠满28周且不足30周之前分娩即为早产。为了预防早产，孕妈妈一定要留意生活细节，预防病毒感染，将安全放在首位。

1.要定期产检

定期产检可了解怀孕期间的各种状况，且医生会根据孕妈妈的怀孕情况给予最适当的建议和处理。所以定期产检有助于孕妈妈了解自身和胎宝宝的情况，可以有效预防早产。

2.饮食要均衡

饮食均衡对预防早产很重要。进入怀孕中后期，胎宝宝的生长速度开始加快，孕妈妈每天需增加足够的热量，并且需要多补充蛋白质、铁质和钙质。均衡的饮食有助于胎宝宝稳定成长，也可以维持孕妈妈的体力。

3.一定要控制体重

适度的体重增加也是稳定孕期情况的重要因素之一。医生认为过轻或过重的体重都容易导致早产，孕妈妈应在孕前就将体重控制在标准范围内，怀孕后应尽量将增加的体重控制在12~15千克内。

4.要充分休息

孕妈妈要注意保有充足的睡眠和规律的生活作息。这个时期，胎宝宝基本上是个完整的小人了，孕妈妈的一些生活习惯会潜移默化地影响胎宝宝。如果孕妈妈在孕期能够遵守健康的生活规律，婴儿出生后生活就会非常有规律。

研究发现，早起型孕妈妈所生的孩子，一生下来就有早起的习惯，而晚睡型孕妈妈所生的孩子也有晚睡的习惯。这说明新生儿的睡眠类型是怀胎时由妈妈决定的，即胎宝宝在出生前就与妈妈存在着感应。

行为胎教：胎盘前置不要怕

第29周第6天

胎盘前置出血大多发生于孕晚期，对胎宝宝也会有影响，主要是容易引起早产，也可能因产妇休克发生胎宝宝窘迫、胎宝宝严重缺氧以致胎死宫内。或可因早产儿生存能力差而死亡，因此前置胎盘的围产儿死亡率较高。

1.警惕胎盘前置

孕妈妈可以定期观察胎盘的位置变化，注意不要剧烈活动。禁止性生活，如果孕28周后检查仍为前置就要警惕了，一旦出现阴道流血，要立即送医院。此外，如果胎盘边缘前置不要太担心，如出血少，而胎宝宝尚未足月，可以卧床休息。性交或性高潮均可刺激宫缩，也会对宫颈造成损伤，所以必须禁止。

2.胎盘前置应首选剖宫产

因为胎盘前置到妊娠后期可引起孕妈妈阴道出血，为保证孕妈妈生命安全，终止妊娠以剖宫产为首选。但如果是边缘性胎盘前置或低置胎盘，则可经阴道分娩，因为胎头下降可压迫胎盘，有效止血。

3.胎盘前置的种类及原因

胎盘前置一般可以分为3类，即完全性胎盘前置，此时宫颈内口全部为胎盘组织所覆盖；部分性胎盘前置，宫颈内口部分为胎盘组织所覆盖；边缘性胎盘前置，胎盘边缘附着于子宫下段，不超越宫颈内口。造成胎盘前置的原因很多，主要由于多次人工流产等因素造成的，当受精卵植入受损的子宫内膜时，由于内膜过厚血液供应不足，胚胎为了摄取足够的营养，会逐渐下移，形成前置胎盘。

第29周第7天

行为胎教：要注意预防便秘

1.增加蔬果、杂粮、白开水的摄取量

过于精细的饮食会造成排便困难，所以孕妈妈要适当吃些富含膳食纤维的蔬菜、水果和粗杂粮，如芹菜、萝卜、苹果、香蕉、梨、燕麦、豆类、糙米等。孕妈妈的饮食要有规律，切勿暴饮暴食。平时要多喝水，每天清晨坚持喝一杯温开水。这样能刺激肠道蠕动，使大便变软易于排出。

2.定时排便

坚持定时排便，并在每天晨起或早餐后如厕。因为早餐后结肠推进动作较为活跃，易于启动排便，故早餐后一小时左右为最佳排便时间。不要忽视便意。不能强忍着不排便，如厕时间也不能过长，否则不仅会使腹压升高，还会给下肢血液回流带来困难。

3.保持身心愉快

职场孕妈妈要合理安排工作生活，保证充分的休息和睡眠，保持良好的精神状态和乐观的生活态度，这样可以有效防止便秘。另外，在家待产的孕妈妈因为运动少容易便秘，更要保持最佳的精神状态，降低发生便秘的可能性。

4.水是最好的液体饮料

研究表明，白开水对人体有“内洗涤”的作用。孕妈妈早晨起床后应喝一杯新鲜的温开水。早晨空腹饮水能很快被胃肠道吸收进入血液，使血液稀释，血管扩张，从而加快血液循环，补充细胞夜间丢失的水分。

营养胎教：铁的需求量达到高峰

第30周 第1天

健康专家指出，铁是人体生成红细胞的主要原料之一，孕期缺铁性贫血不但可以导致孕妈妈出现心慌气短、头晕、乏力，还可导致胎宝宝宫内缺氧、生长发育迟缓、低出生体重、早产、生后智力发育障碍，生后6个月之内易患营养性缺铁性贫血等。此外，还会影响到胎宝宝免疫系统的发育。孕30~34周对铁的需求量达到高峰，每日应保证摄入35毫克的铁。动物肝脏、动物血、瘦肉是铁的良好来源，含量丰富、吸收好。此外，蛋黄、豆类、某些蔬菜，如油菜、芥菜、雪里红、菠菜、莴笋叶等也提供部分铁。水果和蔬菜不仅能够补铁，所含的维生素C还可以促进铁在肠道的吸收。因此，在吃富铁食物的同时，最好一同多吃一些水果和蔬菜，也有很好的补铁作用。例如，鸡蛋和肉同时食用，可提高鸡蛋中铁的利用率；或者鸡蛋和番茄同时食用，番茄中的维生素C可以提高铁的吸收率。

☆胡萝卜牛腩饭

制作方法：（1）胡萝卜洗净，切块；（2）南瓜洗净，去皮，切块待用；（3）将牛肉洗净，切块，焯水；（4）倒入高汤，加入牛肉，烧至牛肉八分熟时，下胡萝卜块和南瓜块，调味，至南瓜和胡萝卜酥烂即可；（5）饭装盆打底，浇上炒好的牛肉即可。

营养分析：牛肉含铁丰富，是孕妈妈补铁的良好选择。

☆木耳枣豆羹

营养分析：木耳中铁的含量极为丰富，故常吃木耳能养血驻颜，令人肌肤红润，容光焕发，并可防治缺铁性贫血。枣中富含钙和铁，它们对防治贫血有重要作用，其效果通常是药物不能比拟的。此食谱可提供铁21毫克。

制作方法：将黑木耳、黄豆、红枣分别洗净，加水泡涨，然后一同置于锅内，加水适量，小火炖至熟烂，加精盐调味即成。

注意：做菜时尽量使用铁锅、铁铲，这些传统的炊具在烹制食物时会产生一些小碎铁屑溶解于食物中，形成可溶性铁盐，容易让肠道吸收铁。

第30周 第2天

行为胎教：开始布置婴儿房

小宝宝的房间也是要放很多东西的，从现在开始孕妈妈就可以开始准备了。首先要准备的就是宝宝的小睡床，要买床垫、棉被、小睡袋、蚊帐等。另外还要准备小衣柜、储藏盒、漂亮的窗帘、好看的画框。不要忘了准备玩具。

在为宝宝选购房内物品时，一定要选择那些无毒无味的纯天然环保材料，如原木、彩棉等都是很好的选择，而且要选择透气性能好的材料。如果材料不安全会直接影响宝宝的健康。

避免使用那些含有化学物质的物品，首先要注意的就是油漆。可以选购那些用水溶性油漆涂刷的用品，这种油漆甲醇溶剂的含量比较低。

宝宝的小家具要选择那些耐用、承受破坏能力强、边角处为小圆弧形的，以免利角碰伤宝宝。宝宝的小床不能放在靠窗和靠门的地方，也不要靠近家具，更不能靠近电源。

不要使用图案夸张的壁纸，或把房间一概漆成淡蓝色或粉色，而应使用孩子不易厌倦的颜色，比如，女孩子的房间可以用黄色、橙色、绿色、淡紫色；男孩子的房间可以用深蓝色、浅灰色。

选择家具要考虑能拆装重组的。能拆装重组的家具在孩子变成大男孩或大女孩时，仍然能用，比如，可以将婴儿床重新拼装成幼儿睡的床，使用可以改装成课桌的桌子。

柜子和桌子一定要固定好。成长中的宝宝喜欢爬上爬下，因此不要在婴儿房里放高的书架，并且将柜子推靠至墙边，以保证孩子爬上去后不会翻倒。

家具、玩具的摆放要合理安全。将家具和玩具放在合理的位置上，以便父母在夜里进入房间时不会被绊倒。屋内摆放的小地毯要有防滑的背面，或用双面胶固定，并保证边缘没有翘起。

不要忘记天花板。婴儿会花大量的时间望着天花板，因此可将天花板涂上鲜艳的颜色，并将它设计得独特一些。

光照胎教：对胎宝宝进行光感训练

第30周 第3天

这时，由于孕妈妈的腹壁、子宫壁已变得较薄，光线易于透过但很微弱。如果有强光照射腹部，胎宝宝就会闭上眼睛或转动眼球。不刺眼的柔和光线可增加胎宝宝对于明暗和节奏的感觉，对促进胎宝宝大脑发育和成熟有利。准爸爸可用手电筒光经常照射孕妈妈的腹部，提高胎宝宝对光的敏感性，促进其机体出生后建立生物钟。不过要注意光线的强度和光照的时间，不可过强或过长。

不要在胎宝宝睡眠的时候进行光感训练，这样会打乱胎宝宝正常的生理周期。此外，光照胎教如果配合对话语言抬脚一起进行，效果更好。

第30周第4天

行为胎教：坚持记录胎动

感受胎动是孕程中最令孕妈妈高兴的事情，那么你有没有想过把每次胎动都记录下来呢？在孕晚期，记录下胎动的详细情况非常重要，因为这关系到胎宝宝在母体内是否健康。每次在做胎教时，孕妈妈可以把胎宝宝的反应详细记录下来，胎动的变化是怎么样的？增加还是减少了？胎宝宝是怎么动的？经过一段时间的记录和持之以恒的胎教训练，孕妈妈就可以知道胎教是否对胎宝宝有效，即胎宝宝是否对固定的胎教内容建立起了有规律的反应。

选择一段适合观察胎动的时间。对大多数孕妈妈来说，最好的时间是晚饭后或睡前。左侧躺下，然后放松。用从1数到10的方法，算一算数到10次胎动需要花多少时间（只算大的动作，小的、轻的都不能算）。像这样数一星期左右，你就可以得到宝宝的平均活动值。研究显示，感觉到10次胎动平均需要20分钟左右。

一般的原则是：如果在胎宝宝一天之中最喜欢活动的时间内，你连续1~2个小时没有感觉到任何胎动，你就该问问医生了。

根据医生指示的方法和次数，记录宝宝的胎动。你的记录应该大致和下面这张表的数据相仿：

日期/时间	胎动次数
5月21日20：00	10次/20分钟
5月22日20：15	10次/22分钟
5月23日19：45	10次/28分钟
5月24日20：00	10次/18分钟

环境胎教：
用温馨的颜色布置居室

第30周 第5天

到了孕8月，孕妈妈几乎每时每刻都能感觉到胎宝宝的存在，而胎宝宝也在告诉孕妈妈自己就要来到人世了。此时，孕妈妈可以用不同的颜色布置居室，色彩对人的心理起着较强的暗示作用。

房间应该用淡黄色和白色为基调布置，它可以使处于嘈杂、纷乱工作环境的孕妈妈回家后，很快恢复体力和精力，神经得以松弛。如果孕妈妈在紧张、安静、技术性高的环境中工作，家中不妨用绿色或粉红色为基调来布置，可使孕妈妈从单调的色彩环境、紧张的工作状态中回到生机盎然、轻松悦目的环境中，让紧张的神经得到放松，使孕妈妈从物质到精神的生活都处于平和的氛围中，既利于孕妈妈的心境，也利于胎宝宝的发育。

到了孕晚期，随着母体腹壁逐渐变薄，胎宝宝更容易感知外界的光线。在这个时期，若是突然有强光进行照射，胎宝宝的心跳频率会急剧加快，1分钟至少增加15次以上。因此孕妈妈应避免接触强光照射。

在日常生活中，孕妈妈还要对照明情况格外留心。例如，与其在夜幕完全降临后打开室内灯，不如在傍晚时分开始就有意识地打开起居室的照明灯。另外，夫妻二人定期进行30分钟的胎教时，最好选择在明亮的灯光下进行，而且只用同一种灯。

第30周第6天

情绪胎教：孕妈妈要避免情绪波动

在孕后期，孕妈妈的情绪对胎宝宝的影响更大。孕妈妈不良的精神状态给婴儿所造成的刺激常易引起婴儿行为性格异常。特别是妊娠后期孕妈妈精神状态的突然改变会会使血内去甲肾上腺素浓度增到原来100倍，心率增快，使每次心搏出血量减少，胎盘供血量亦因此减少而使胎宝宝缺氧，阻碍胎宝宝大脑发育。因此胎教的重要目的是必须使孕妈妈精神始终处于放松、愉快的状态之中。

孕妈妈情绪不安时，胎宝宝的身体运动增加，胎动次数可比平常多3~10倍。如胎宝宝长期不安，体力消耗过度，出生时的体重往往比一般婴儿轻0.5~1千克。

望云是一种解压的好办法，孕妈妈情绪不安的时候可以坐在窗口或是坐在公园的长椅上，抬起头来，看看天空中的云，看看它们像什么？像一只船？还是像只小熊？有资料说，这种形象的思维对开发右脑还大有帮助呢，将来等宝宝大一些的时候，照样可以和他经常做这种简单的游戏。

做一些脑筋急转弯也有助于平复心情：

1. 少了100元

两个父亲给两个儿子一些钱。一个父亲给他的儿子150元；另一个父亲给他的儿子100元。然而，当两个儿子把他们的钱合在一起时，却只有150元，那另外的100元钱哪儿去了？你能说得清是怎么回事吗？

2.迷路的人

9个人在山中迷了路，他们所有的粮食只够吃5天，第二天，这9人又遇到另一队迷路的人，大家便合在一起。再算一下粮食，两队合吃，只够吃3天了。请问第二队迷路的人有多少？

3.猎手的子弹

一次有3名老猎手带了同样多的子弹出猎，他们每人打死了两只狐狸、一只狼、一只兔子，而且枪法很准，每发子弹打死一只。回来时，3人还剩下子弹的总和，恰巧等于他们出去时一个人所带的子弹数目。想想看，这3人出发时各带了多少发子弹？

情绪胎教：胎教也是一种自我教育

第30周第7天

古人说，教学相长，这个道理在胎教中同样行得通。相信，已经进入孕8月的孕妈妈对这一点深有体会。现在距离宝宝的出生只有两个多月的时间了，孕妈妈要珍惜胎教最后的两个月，在与胎宝宝共同进步的同时，去体会更多的幸福和快乐。

从受孕的那一刻起，那个即将长大成人的受精卵就受到孕妈妈的生理和心理变化的影响。下面我们介绍5种胎教小方法，通过这些胎教音乐来启发胎宝宝智力，现在就开始母子共同学习吧！

1.母唱胎听法

不时哼唱一些自己喜爱的歌曲，把自己愉快的信息，通过歌声传给宝宝，让宝宝与你一起分享喜悦。不要在意你的嗓音，在哼唱时要凝神于腹内的宝宝，使自己在抒发情感与内心寄托的同时，让宝宝能享受到美妙的音乐。这是不可忽视的一种良好的音乐启智方式，适宜于每一个孕妈妈采用。

2.母教胎唱法

宝宝还没见面，就已经开始接受“老师”的音乐培训了，孕妈妈也可以在和宝宝的互动中教学相长。当孕妈妈选好了一支曲子后，自己唱一句，随即凝思宝宝在自己的腹内学唱。因为宝宝不具备歌唱的能力，所以孕妈妈只好充分发挥自己的想象力，利用“感通”途径来教育宝宝了。本方法由于更加充分利用了母胎之间的“感通”途径，其教育效果是比较好的。

3.器物灌输法

这种音乐启智的方法是英国心理学家奥尔基发明的。可准备一架微型扩音器，将扬声器放置于孕妈妈的腹部，当乐声响起时不断轻轻地移动扬声器，将优美的乐曲通过母腹的隔层源源不断地灌输给胎宝宝。

小贴士

在使用当中需要注意，扬声器在腹部移动时要轻柔缓慢，并不宜播放时间过长，以免宝宝过于疲乏。一般每次以5~10分钟为宜。

第31周第1天

语言胎教：为胎宝宝朗诵儿歌

胎宝宝发育到了这个阶段，听觉能力已经基本发育成熟。此时，胎宝宝能够听到来自腹壁之外的各种声音，不仅能够对声音做出反应，还能够分辨出高音和低音。孕妈妈及准爸爸在这个时候应增加与宝宝的对话，通过语言胎教促进胎宝宝智力和听觉能力的增长。

《我家有几口》

我家有几口？让我扳指头。爸爸，妈妈，还有我。再加一个布娃娃。哟！有四口。

我家有几口？让我扳指头。爸爸，妈妈，还有我。再加一个布娃娃。哟！有四口。

《宝宝睡着了》

摇啊摇，宝宝快睡觉。摇啊摇，宝宝快睡觉。我来亲亲你，乖乖睡睡好。闭上小眼睛，长呀长得高。嗯……嗯……宝宝睡着了。摇啊摇，宝宝快睡觉。摇啊摇，宝宝快睡觉。我来亲亲你，乖乖睡睡好。闭上小眼睛，长呀长得高。嗯……嗯……宝宝睡着了。

语言胎教：
欣赏朱自清的《歌声》

第31周第2天

朱自清认为“作文便是以文字作画”。他笔下的音乐也是一幅画，是他独有的“缜密漂亮”的“白话美术文”，而通过《歌声》这篇散文，人们便可深深体会到朱自清以文作画的理念。他别具一格的表现方式，为人们描绘了一幅优美的画卷，其引人入胜的美景，令人久久不能忘怀。另外，《歌声》这篇散文以不苟同于别人的风格，强调了亲身体味，充分体现了朱自清的行文风格——别出心裁。

所以，今天，我们就与孕妈妈们一起来欣赏朱自清的这篇散文——《歌声》，希望孕妈妈能从这篇散文中得到一片宁静，犹如身临其境般感受文中的优美环境，并将这股浓浓的文学气息传递给胎宝宝，使其深深感染。建议孕妈妈用愉快、享受的心情大声朗读。

昨晚中西音乐歌舞大会里中西丝竹和唱的三曲清歌，真令我神迷心醉了。仿佛一个暮春的早晨，霏霏的毛雨默然洒在我脸上，引起润泽，轻松的感觉。新鲜的微风吹动我的衣袂，像爱人的鼻息吹着我的手一样。我立的一条白矾石的甬道上，经了那细雨，正如涂了一层薄薄的乳油；踏着只觉越发滑腻可爱了。

这是在花园里。群花都还做她们的清梦。那微雨偷偷洗去她们的尘垢，她们的甜软的光泽便自焕发了。在那被洗去的浮艳下，我能看到她们在有日光时所深藏着的恬静的红，冷落的紫，和苦笑的白与绿。以前锦绣般在我眼前的，现有都带了黯淡的颜色。——是愁着芳春的销歇吗？是感着芳春的困倦吗？大约也因那凋凋的雨，园里没了浓郁的香气。涓涓的东风只吹来一缕缕饿了似的花香；夹带着些潮湿的草丛的气息和泥土的滋味。园外田亩和沼泽里，又时时送过些新插的秧，少壮的麦，和成荫的柳树的清新的蒸气。这些虽非甜美，却能强烈地刺激我的鼻观，使我有愉快的倦怠之感。

看啊，那都是歌中所有的：我用耳，也用眼，鼻，舌，身，听着；也用心唱着。我终于被一种健康的麻痹袭取了。于是为歌所有。此后只由歌独自唱着，听着；世界上便只有歌声了。

第31周第3天

语言胎教：给胎宝宝讲《小猴尿床》

小猴正在树上摘果子，忽然看见树下的小溪上漂来一只小纸船。“多好玩的小纸船，快把它捞上来。”小猴说着从树上往下一跳。哎哟，一屁股坐到了水里。

不好了，不好了，裤子湿啦。“没羞，没羞，小猴尿床啦！”午睡起床时，睡在小猴旁边的小狗喊起来。

小猴不好意思地说：“我想把纸船捞上来，没想到就坐在水里了。”

袋鼠阿姨走过来，说：“大家别笑小猴子，告诉你们吧，阿姨小时候也尿过床呢。”

“啊，阿姨也尿过床？”小动物们都瞪大了眼睛。

“是呀，阿姨小的时候也梦见过小河，河里漂着一个大红苹果。阿姨高兴地下河去捞苹果，弄得浑身湿淋淋。醒来一看，原来是尿床了。”

“我也尿过床。我梦见大灰狼追我，我一着急就尿床了。”小白兔说。

“我也尿过，我梦见拿着水龙头去救火，结果……”小狐狸说。

“我梦见想小便，到处找厕所，后来就尿床了。”最后，连嘲笑人的小狗也承认说。

袋鼠阿姨微笑着拍拍小猴说：“好啦！下次再遇见要下水的时候就揪揪耳朵，要是做梦一揪耳朵就醒啦。”

小猴在海边玩耍，一艘轮船向他开来。啊，轮船！这不是做梦吧。小猴赶紧揪揪耳朵。好大的轮船呀，船上挂满彩色的旗帜，甲板上有人在向小猴挥手，响亮的汽笛声仿佛在召唤小猴说：“来和我们一起去旅行。”

“我要到大海上去旅行!”小猴不顾一切地迎着轮船向大海里跑去。结果呢？小猴又尿床了吗？

语言胎教：
给胎宝宝讲《小马过河》

第31周第4天

宝宝就要出生了，孕妈妈千万不要偷懒啊，每天的小故事不能停下来呀。今天就让我们介绍一个经典小故事《小马过河》，宝宝出生以后也可以为他讲述这个故事。

马棚里住着一匹老马和一匹小马。

有一天，老马对小马说：“你已经长大了，能帮妈妈做点事吗？”小马连蹦带跳地说：“怎么不能？我很愿意帮您做事。”老马高兴地说：“那好啊，你把这半口袋麦子驮到磨坊去吧。”

小马驮起口袋，飞快地往磨坊跑去。跑着跑着，一条小河挡住了去路，河水哗哗地流着。小马为难了，心想：我能不能过去呢？小马向四周望望，看见一头老牛在河边吃草，小马“嗒嗒嗒”跑过去，问道：“牛伯伯，请您告诉我，这条河我能趟过去吗？”老牛说：“水很浅，刚没小腿，能趟过去。”

小马听了老牛的话，立刻跑到河边，准备过去。突然，从树上跳下一只松鼠，拦住他大叫：“小马！别过河，别过河，你会淹死的！”小马吃惊地问：“水很深吗？”松鼠认真地说：“深得很哩！昨天，我的一个伙伴就是掉在这条河里淹死的！”小马连忙收住脚步，不知道怎么办才好。他叹了口气说：“唉！还是回家问问妈妈吧！”

小马甩甩尾巴，跑回家去。妈妈问他：“怎么回来啦？”小马难为情地说：“一条河挡住了去路，我……我过不去。”妈妈说：“那条河不是很浅吗？”小马说：“是呀！牛伯伯也这么说。可是松鼠说河水很深，还淹死过他的伙伴呢！”妈妈说：“那么河水到底是深还是浅呢？你仔细想过他们的话吗？”小马低下了头，说：“没……没想过。”妈妈亲切地对小马说：“孩子，光听别人说，自己不动脑筋，不去试试，是不行的，河水是深是浅，你去试一试，就知道了。”

小马跑到河边，刚刚抬起前蹄，松鼠又大叫起来：“怎么？你不要命啦！？”小马说：“让我试试吧！”他下了河，小心地趟到了对岸。

原来河水既不像老牛说的那样浅，也不像松鼠说的那样深。

作者　彭文席

第31周第5天

语言胎教：品读苏轼的《水调歌头》

苏轼，字子瞻，又字和仲，号“东坡居士”，世人称其为“苏东坡”。汉族，眉州（今四川眉山，北宋时为眉山城）人，祖籍栾城。北宋著名文学家、书画家、词人、诗人，美食家，唐宋八大家之一，豪放派词人代表。其诗、词、赋、散文，均成就极高，且善书法和绘画，是中国文学艺术史上罕见的全才，也是中国数千年历史上被公认文学艺术造诣最杰出的大家之一。其散文与欧阳修并称“欧苏”；诗与黄庭坚并称“苏黄”；词与辛弃疾并称“苏辛”；书法名列“苏、黄、米、蔡”北宋四大书法家之一；其画则开创了湖州画派。

《水调歌头》

丙辰中秋，欢饮达旦，大醉，作此篇。兼怀子由。

——苏轼

明月几时有？
把酒问青天。
不知天上宫阙，
今夕是何年。
我欲乘风归去，
又恐琼楼玉宇，
高处不胜寒。
起舞弄清影，
何似在人间！

转朱阁，低绮户，
照无眠。
不应有恨，
何事长向别时圆？
人有悲欢离合，
月有阴晴圆缺，
此事古难全。
但愿人长久，
千里共婵娟。

全词运用形象的描绘和浪漫主义的想象，紧紧围绕中秋之月展开描写、抒情和议论，从天上与人间、月与人、空间与时间这些相联系的范畴进行思考，把自己对兄弟的感情，升华到探索人生乐观与不幸的哲理高度，表达了作者乐观旷达的人生态度和对生活的美好祝愿、无限热爱。

语言胎教：
给胎宝宝读泰戈尔的《新月集》

第31周第6天

泰戈尔是印度诗人、哲学家和印度民族主义者，1913年获得诺贝尔文学奖，是第一位获得诺贝尔文学奖的亚洲人。在他的诗中含有深刻的宗教和哲学的见解。他的诗在印度享有史诗的地位。代表作有《吉檀迦利》《飞鸟集》。

泰戈尔的诗集《新月集》以其轻灵的诗句，描绘了一个和谐的世界，谱写了一曲爱的颂歌。这一曲爱的颂歌，表现了诗人对于和谐生活、祖国和民族的热爱，体现了诗人渴望世界和平和人类幸福的强烈愿望。泰戈尔《新月集》的主题是爱，集中体现在对大自然，对母亲与孩童，以及对存在于自然与人中的神的爱三个方面上。

《孩子的世界》

我愿我能在我孩子自己的世界的中心，占一角清净地。
我知道有星星同他说话，天空也在他面前垂下，
用它呆呆的云朵和彩虹来愉悦他。
那些大家以为他是哑的人，那些看去像是永不会走动的人，
都带了他们的故事，捧了满装着五颜六色的玩具的盘子，匍匐地来到他的窗前。
我愿我能在横过孩子心中的道路上游行，解脱了一切的束缚；
在那儿，使者奉了无所谓的使命奔走于无史的诸王的王国间；
在那儿，理智以它的法律造为纸鸢而飞放，真理也使事实从桎梏中自由了。

第31周 第7天

音乐胎教：名曲欣赏《小狗圆舞曲》

《小狗圆舞曲》也叫《一分钟圆舞曲》，是肖邦在1846年创作的。当时肖邦在巴黎与女友乔治·桑住在诺罕庄园。乔治·桑有一只小狗，特别喜欢飞快地转着圆圈追逐自己的尾巴。小狗这种有趣的动作使主人非常愉悦，于是，在女友的要求下，肖邦创作了这首圆舞曲。

乐曲以快速度进行，在很短的瞬间终了。因此，演奏本曲时，应使用平滑流畅的指尖技巧，才能感觉出此曲的趣味来。乐曲是三段式，4小节引子过后，出现快速的反复回转型，描写小狗飞快旋转追逐自己尾巴的样子。这段曲调健康活泼、诙谐有趣，把小狗的神态呈现在听众面前。第二段是优美抒情的圆舞曲主题，好像小狗奔跑了一段时间，躺下来休息片刻，悠然自得，懒散舒适。第三段又是快速的音型，就像小狗休息之后又开始追逐尾巴的游戏，一直到乐曲结束。

音乐胎教：倾听海顿的《小夜曲》

第32周第1天

《小夜曲》又名《如歌的行板》，弦乐四重奏曲，大约作于1762年。这首小夜曲色彩明朗，轻快的漫步节奏和娓娓动听的旋律，具有一种典雅质朴的情调，表现了无忧无虑的意境。在展开过程中的旋律，时而出现极其自然的大跳音程，使曲调更富于生气。

海顿，J.Joseph Haydn（1732－1809）奥地利作曲家。1732年3月31日生于奥匈边境下奥地利的一个村镇罗劳，1809年5月31日卒于维也纳。喜爱音乐的父母使海顿自幼受到民间音乐和教堂音乐的熏陶，从孩提时代就显示了出众的才华。海顿一生创作了104首交响曲。

音乐胎教：欣赏《土耳其进行曲》

在莫扎特的钢琴奏鸣曲中，《A大调钢琴奏鸣曲》最为著名，虽然名为奏鸣曲，但它并不具有正规的乐章结构。比如第一乐章属于优雅行板的主题与变奏，以及第二乐章属于附有中间部的小步舞曲等，固然有些与众不同，但在终乐章的小快板里，明记有“土耳其风”的记号，很明显的具有当时盛行的东方风味， 这更是促成这一乐曲大众化的原因。

《土耳其进行曲》是莫扎特《 A大调钢琴奏鸣曲》中的第三乐章，A小调，2/4拍子，它是典型的回旋曲式。首先是著名的主题以a小调出现， 整部作品中以这个主题最为脍炙人口。 这一异国情调十足的乐章，在极为华丽而热烈的气氛中结束。这首曲子经常被单独演奏，并被改编为管弦乐曲和轻音乐。

《土耳其进行曲》是莫扎特1778年在巴黎写成的，当时他才22岁。当时一些欧洲作曲家对异国风味的音乐发生了兴趣，而莫扎特在他的《A大调钢琴奏鸣曲》里，也写了一段异国风味的曲调作为第三乐章。他在这段曲子前面，标有“土耳其风”几个字，《土耳其进行曲》因此而得名。

如果你熟悉土耳其音乐，你会感到这支曲子土耳其民族风味并不浓。但是，在当时来讲，它的风格已经破除了俗套，乐曲显得独特而别致，又由于这支曲子的曲调流畅动听，技巧又不难，因而受到人们的喜爱。初学钢琴的人，有兴趣弹奏它；著名钢琴家们，也把它作为经常演奏的曲目之一。可以说，它是一首雅俗共赏的乐曲。

《土耳其进行曲》采用回旋曲式，因此也有人称为《土耳其回旋曲》。但在一般的回旋曲里，主部主题在乐曲一开始，或开始不久就呈现出来，而在这乐曲里，主部出现在插部之后，那它为什么称为“进行曲”呢？这是由于贯穿全曲的这个主题，模仿了土耳其军乐明朗、雄壮的特点。他在大调上以进行曲节奏三次出现，这就决定了乐曲进行曲的性质。

音乐胎教：
和家人一起合唱

第32周 第3天

俄罗斯一家名为“新医学”的产科医院发明了一种胎宝宝保健新方法，即定期组织孕妈妈进行大合唱。实践证明，这一做法有益于胎宝宝的机体和智力发育。而且，孕晚期，孕妈妈常常为分娩烦忧，合唱也有利于舒缓压力。大合唱对孕妈妈和胎宝宝均有益。在唱歌和朗诵诗词时，腹中的胎宝宝也会学着“歌唱”和“咏诗”，这能改善母体与胎宝宝机体的血液循环，从而降低胎内感染，并可预防胎宝宝窒息及缺氧症的发生。据对已降生的近50名新生儿进行的测验表明，他们的身体健康程度和智力水平等许多方面的指数，均超过在出生前未曾接受音乐熏陶的同样大小的新生儿。

第32周第4天

音乐胎教
欣赏民乐《百鸟朝凤》

这是一首特别适合于孕妈妈在怀孕中、晚期放给胎宝宝听的乐曲，因为它不仅描绘了大自然中百鸟和鸣的景象，有助于为孕妈妈舒畅心情，还模拟了林中各种禽鸟的叫声，把人仿佛带入了大自然中。这种原声的模拟给胎宝宝听，能直接刺激胎宝宝的听觉，有助于胎宝宝的智力发展。孕妈妈在与胎宝宝共同欣赏这首乐曲时，若能一边听一边给胎宝宝描述林中百禽的叫声和欢快的场面，对胎宝宝智力发展会更有利。

《百鸟朝凤》是唢呐曲，它以热情欢快的旋律，生动描绘了百鸟和鸣、气象万千的自然景象，表现出人们对大自然的赞美和热爱之情。全曲共分8段，是一首循环体结构的乐曲：

1. 山雀啼晓。在唢呐奏出清新、悠扬的乐句之后，随即模仿鸟叫声，笛子与之相对答呼应，互相竞赛，展现出山雀啼晓的意境。

2. 春回大地。这是一段具有浓郁乡土气息和北方民间音乐粗犷、爽朗风格的曲调，优美而流畅。

3. 莺歌燕舞。唢呐自由地模拟各种鸟叫声。

4. 林间嬉戏。音乐开始显得活跃起来，展示了人们在山林中嬉戏的欢快情景。

5. 百鸟朝凤。模拟各种禽鸟的叫声，惟妙惟肖地表现了百鸟争鸣的情景。

6. 欢乐歌舞。当乐队戛然停止之后，唢呐出人意料地用花舌音发出蝉鸣声，非常真切喜人。特别有趣的是模拟蝉被捉住时，发出的阵阵挣扎声和最后长鸣一声远飞而去的一段，绘声绘色，充满了欢快热烈的气氛。

7. 凤凰展翅。音乐进入高潮，之后出现唢呐的华彩段，它使得欢腾的情绪达到极点。

8. 并翅凌空。音乐情绪越加热烈，再次出现百鸟齐鸣的场面。

美育胎教：
欣赏名画《日出·印象》

第32周第5天

莫奈(1840－1926)，法国画家，印象画派的创始人之一，印象派的名称即由他的《日出·印象》一画而来。他生于巴黎，初从布丹学习，并受容金和柯罗的影响，后转向外光的描写，马奈和透纳的作品给了他很大的启发。莫奈的创作目的主要是探索表现大自然的方法，记录下瞬间的感觉印象和他所看到的充满生命力和运动着的东西。

《日出·印象》是印象派绘画的代表作之一，描绘勒阿弗尔港口一个多雾的早晨的景象。在晨曦的笼罩下，海水呈现出橙黄或淡紫色，天空被各种色块所渲染，水的波浪也由厚薄、长短不一的笔触组成，三只小船在色点组成的雾气中显得模糊不清，远处的工厂烟囱、大船上的吊车……一切都依稀在模糊的色点中。

《日出·印象》展出后受到社会的公开攻击，那位以“印象”来讽刺这幅画的《喧燥》周刊的记者路易·勒鲁瓦，本来是经此指责莫奈“对美和真实的否定”，可是谁知这个名称却从此彪炳画史，变成了一代画风的最具号召力的符号。

欣赏这样一幅具象不明的画面，需要体会的是画面中透露出的柔美和恬静，它有助于调整心情，使躁动的心灵回归宁静。

第32周 第6天

运动胎教
有助于分娩的小动作

1.跪坐，两膝尽量分开，双脚并拢，臀部尽量不要离开足跟，向前弯曲身体至前额触地，伸展腰背及髋关节（图1），保持15秒。

图1

2.身体保持直立，一足置于椅面，一手扶着椅背，尽量向后拉伸、伸展髋关节以及大腿内侧肌肉（图2），保持30秒，左右交替。

图2

3.趴在床上，两手与肩同宽，深深低着头，腰背部向上拱起呈圆形；然后抬头挺腰，腰背伸直，重心前移。做时可配合呼吸，每天早晚做5~10次。这个动作可以使产道出口的肌肉弹性增加，同时增强腹部肌肉和背部的灵活性。

4.坐式屈腿。坐下后双手贴床，双脚伸直；一边吸气一边把左脚向左大腿外侧弯曲，然后边呼气边把脚伸直（图3）。双腿左右交换，重复做10次。这套动作可以疏通下肢经络及气血，缓解静脉曲张。

图3

5.坐式合臂。挺直上半身，手臂在身体两侧平举，手肘弯曲，大臂与小臂垂直，吸气；一边吸气，一边让手肘保持向上，两手肘在脸的前方会合（图4）。此动作重复30次。这套动作可强化腋下至胸部的肌肉，预防乳房向两侧松弛扩散。若在温水里练习效果更佳。

图4

运动胎教：散步是调节身心的一味良药

第32周 第7天

散步对孕妈妈来说是一项非常好的运动项目，尤其在孕晚期， 它不仅安全可靠，还可以提高孕妈妈和胎宝宝的健康状态。这是因为，散步的时候，孕妈妈的神经系统和心肺功能得到提升，有利于呼吸新鲜空气和排出废气。散步还可以加强孕妈妈肌肉的活动，使孕妈妈体内的氧气足够满足胎宝宝的需要。散步还可以加大血管的容量，促使肝和脾储存的血液流进血管，加速血液循环，促进营养在血液中的流传，对心肌有良好的营养作用。胎宝宝也可从孕妈妈的血液中获取生长所需的各种营养，促进成长和发育。

散步的正确方法：

1.慢走法

散步的时候，节奏不宜过快，步伐不宜太大，自我感觉轻松舒适就好。双臂自然摆动，幅度不要太大。

2.快慢交替法

先慢走热身，10分钟左右即可；然后步伐稍微加快，1~2分钟即可；最后快步行走2分钟即可，反复4~5次。

小贴士

注意脚下安全

到了孕8月，大腹便便的孕妈妈不容易看清脚下的路。为了保持平衡，必须注意脚下的安全，不要走起伏不平的路，最好穿跟较平稳的鞋子，以防身体重心不稳而摔倒。

孕妈妈每月记事

产前体检情况

宫高

腹围

体重

胎儿大小

胎动

目前体重

心情

准爸爸的表现

下月产检日期

孕9月（第33~36周）：为出生做最后的冲刺

预产期越来越近，孕妈妈不免会感到焦虑和紧张。这个时期的胎教，准爸爸的角色特别重要，应加强对妻子的呵护，注意妻子的情绪，和她一起学习分娩知识，以平常之心来迎接分娩。这是胎教的巩固时期，和前几个月相比，胎教内容可适当增加，胎教时间可适当延长。

孕妈妈的变化

★ 体重增长迅速

体重大约以每周250克的速度增长，主要是因为胎宝宝在出生前的最后几周内主要长脂肪与肉，体重会猛增，这段时间胎宝宝增长的体重大约是此前共增体重的一半还要多。

★ 身体已相当沉重

你会发现自己的肚脐变得又大又突出，躺着时变换姿势会很困难，睡觉时翻身也会不便。变大的子宫压迫膀胱，会出现尿频，打喷嚏、咳嗽时会有小便漏出。

★ 胸闷现象加重

子宫上升至心口附近，压迫胃、心脏、肺，胸口疼痛、呼吸困难现象加重。但是光明即将出现，情况很快会有所缓解。大约34周左右时，胎宝宝的头部将开始下降，进入骨盆，到达子宫颈，这是在为即将到来的分娩做准备。那时你会觉得呼吸和进食舒畅多了。

★ 胎宝宝在逐渐下降

由于胎宝宝增大，并且逐渐下降，相当多的孕妈妈此时会觉得腹坠腰酸，骨盆后部附近的肌肉和韧带变得麻木，甚至有一种牵拉式的疼痛，使行动变得更为艰难。你还会感到骨盆和耻骨联合处酸疼不适，不规则宫缩的次数增多，这些都标志着胎宝宝在逐渐下降。

胎宝宝的成长

★ 体重继续增加

从这个月开始一直到宝宝出生，体重的增长特别明显，宝宝出生时的体重有近半数都是在这两个月增加的。到这个月的月末，胎宝宝的体重大约已有2500克了，身长约为45厘米。

★ 骨骼已经变得结实起来

胎宝宝的头骨现在还很柔软，而且每块头骨之间还留有空间，这是为了在分娩时使胎宝宝的头部能够顺利通过狭窄的产道。但是现在身体其他部分的骨骼已经变得结实起来，皮肤也不再那么又红又皱了，皮下脂肪明显增加，身体开始变得圆润。有的胎宝宝已长出了一头胎发，也有的头发稀少，前者并不意味着将来宝宝头发就一定浓密，后者也不意味着将来宝宝头发就一定稀疏，所以不必太在意。胎宝宝的指甲已长到指尖，但一般不会超过指尖。

★ 为出生做好了准备

呼吸系统、消化系统发育基本成熟。大多数胎宝宝已将身体转为头位，即头朝下的姿势，有的胎宝宝头部已经进入骨盆，为分娩做好了准备。

如果是个男孩，他的睾丸很可能已经从腹腔降入了阴囊，但是也有的胎宝宝的一个或两个睾丸在出生后当天才降入阴囊。别担心，绝大多数的男孩都会是正常的。如果是个女孩，她的大阴唇已明显隆起，左右紧贴。这说明胎宝宝的生殖器官发育也已近成熟。

★ 逐步建立起自己的活动周期

子宫里的空间已显得很拥挤，胎宝宝的活动余地更小了。这时每当胎宝宝在你腹中活动时，他的手肘、小脚丫和头部可能会清楚地在你的腹部突现出来，这是因为此时的子宫壁和腹壁已变得很薄了。会有更多的光亮透射进子宫，这会使胎宝宝逐步建立起自己每日的活动周期。

本月孕期检查

这个月除了常规检查外，还增加了心电图检查。孕期心脏的负担会经历两个高峰时期，第一个高峰是妊娠32~34周，第二个高峰是分娩时，所以第一个高峰时要做一次心电图，主要是了解一下孕妈妈的心脏功能，排除心脏疾病，以确认孕妈妈是否能承受分娩，有问题的话要及时治疗。

营养胎教

第33周第1天 了解孕晚期饮食特点

进入孕9月，孕妈妈的身体状况、营养需求都出现了较大变化，所以一定要根据孕晚期的特点和自己的情况安排饮食。

1.保证蛋白质的摄入量

禽类、鱼类蛋白质中含有丰富的蛋氨酸和牛磺酸，它们可调节血压的高低；大豆中的蛋白质能降低胆固醇而保护心脏和血管，同时可以保证胎宝宝的发育，但肾脏功能异常的妊高症孕妈妈必须控制蛋白质摄入量，以减轻肾脏负担。其次，还要补充必需的DHA。DHA是胎宝宝大脑、眼睛发育和维持正常功能所需的营养素，人体内不能合成，必须从食物中获得。

2.多吃含有丰富维生素、无机盐和膳食纤维的食物

如菠菜和白菜等，有助于预防便秘。

3.多吃含铁、含钙丰富的食物

含铁丰富的食物有动物肝脏、菠菜和蛋黄等。动物的肝脏中含有血红素铁、叶酸和维生素等，是孕晚期补充铁的较好选择。含钙丰富的食物有海鱼、海米等。

4.不要忽视碳水化合物的作用

孕后期，胎宝宝开始在肝脏和皮下储存糖原及脂肪，孕妈妈要根据胎宝宝此时的需求补充碳水化合物。如果孕妈妈不能摄入足量的碳水化合物满足胎宝宝的生长需求，将造成碳水化合物缺乏或酮症酸中毒，出现宝宝出生后身体瘦弱、抵抗力低下等情况。所以，此时孕妈妈应保证碳水化合物的供给，增加大米、面粉等主粮的摄入。

一般情况下，孕妈妈一天食用400克的谷类食物，就可以保证热量供给，能为胎宝宝提供足量的碳水化合物。除此之外，孕妈妈还可以吃麦片、粗粮饼干来补充碳水化合物。

5.素食孕妈妈更要注意营养均衡

在蛋白质需求量很高的孕晚期，如果单以一种不完全的植物性蛋白质作为蛋白质的来源，必定会缺乏某几种氨基酸，严重影响胎宝宝的生长发育。所以，饮食中包含多种不同的植物性蛋白质，可以使氨基酸的组成更趋于完全。

营养胎教：制作营养丰富的玉米餐

第33周 第2天

玉米是全世界公认的“黄金作物”，营养丰富，含有丰富的维生素A和维生素E，能增强孕妈妈的记忆力。到了孕晚期，孕妈妈会有便秘的烦恼，经常吃一些玉米，能有效缓解便秘症状，还能增加营养。

☆玉米面摊鸡蛋饼

材料：玉米面100克，面粉50克，鸡蛋1个，葱花少许，植物油、盐各适量。

做法：（1）玉米面、面粉放入容器，调匀，打入鸡蛋，放入葱花，加水调成糊状；（2）将平底锅烧热，放少量油，再把和好的玉米面糊用勺摊在平底锅上，两面翻烤，待呈金黄色即熟。

☆玉米沙拉

材料：玉米粒200克，猕猴桃1个，杏仁、菠萝、小西红柿、山楂适量，沙拉酱适量。

做法：（1）将玉米粒煮熟，捞出沥干，凉凉后放入盘中；（2）猕猴桃、去核山楂、菠萝、小西红柿等新鲜水果分别去皮，洗净，切块，然后与玉米粒一同放入盘中；（3）杏仁打碎后撒在水果表面，再浇上一层沙拉酱，拌匀后即可食用。

☆咸蛋黄烘玉米

材料：咸鸭蛋100克，玉米（鲜）250克，火腿50克，胡萝卜50克，玉米淀粉5克，盐2克，植物油30克。

做法：（1）玉米粒放入沸水中煮至八成熟，捞出沥干水分，加少许干淀粉，搅拌均匀，将多余的淀粉倒出；（2）胡萝卜洗净，切丁，入沸水中焯至变色捞出控水；（3）火腿切丁待用；（4）锅上火倒油，烧至五成热后放入玉米粒，炸成金黄色捞出沥油；（5）锅内留底油，加入咸蛋黄炒至起泡，倒入炸好的玉米粒翻炒至均匀地滚满蛋黄，再放入胡萝卜丁、火腿丁及盐翻炒均匀即可。

第33周 第3天

环境胎教
阴道出血要及时就医

孕晚期阴道出血有两种情况最多见，即前置胎盘或胎盘早剥。

1.前置胎盘

不伴有腹痛的阴道出血。一般是在休息状态下出现，主要是胎盘位置附着在子宫下段所致。由于胎盘附着在子宫口附近，子宫的下段在整个孕期都在逐渐拉长、变薄，而在这个变化中胎盘并不随着拉长，这就出现胎盘与其附着的部位发生错位从而导致血管破裂出血。因为这种出血是在无外界因素影响下发生的，所以出血往往不伴腹痛。这种出血的时间越早，说明胎盘的位置越低、越接近子宫口、危险性越大。胎盘位置虽在子宫的下段，但距离子宫口较远，出血常发生较晚或要到临产时才出血。

由于前置胎盘的诊断率很高，B超可诊断出95%，所以出现阴道出血时要立即到医院就诊，听从医生的安排。切忌在阴道出血少时不在乎，以为没有肚子疼就不在意，或不愿住院，因为如果最终发生大出血，母亲及胎宝宝的生命都会受到很大的威胁。

2.胎盘早剥

伴有腹痛的阴道出血。这种情况主要是由于胎盘后部的血管破裂，血液不能及时流出，在胎盘后形成血肿，当增大的血肿在胎盘后不能容纳时，便会冲开胎盘边缘，沿着子宫壁流出子宫口。由于胎盘后增大的血肿使子宫内的压力增高，孕妈妈会感到明显的腹痛，并且是无法缓解的。当胎盘与子宫完全分离后，母亲与胎宝宝的血液供应关系就断开了，胎宝宝在子宫内就会出现缺氧甚至死亡。

这种情况发生时，医生会决定马上终止妊娠，因为不及时将胎宝宝及胎盘娩出，剥离的胎盘会使母体的凝血系统发生变化，使其出现大出血，由于这种出血是凝不住的，所以对产妇的生命有直接的威胁。这种情况多发生在母亲患有高血压、妊高征及糖尿病等病症时，所以积极治疗妊娠期的疾病，避免腹部的外伤，妊娠晚期禁止性生活是非常重要的。在妊娠晚期一旦出现腹痛，无论有无阴道出血，都要立即到医院就诊，以防延误病情。

营养胎教：
饮食宜荤素搭配

第33周第4天

到了孕9月，有些孕妈妈已经发现自己的体重增长过快，于是就拒绝吃荤菜。实际上，这种控制体重的方法并不科学，对胎宝宝的生长发育也是不利的。

1.吃荤菜有助于维生素的摄入

荤菜中油脂含量丰富，依赖它才能被有效摄取的维生素A、维生素D、维生素E、维生素K等才能真正发挥作用，以维持孕妈妈体内的营养平衡。如果孕妈妈只吃素食，将影响人体对脂溶性维生素的吸收，造成人体维生素的缺乏，对健康十分不利。

2.食用荤菜可以补充牛磺酸

如果孕妈妈牛磺酸的摄入量过低，也会严重影响胎宝宝的视力发育。荤食中大多含有一定量的牛磺酸，再加上人体自身也能合成少量的牛磺酸，因此正常饮食的人不会缺乏牛磺酸的。但对于那些只吃素食不吃肉食的孕妈妈来说，由于需要牛磺酸的量比常人多，人体本身合成牛磺酸的能力又有限，加上全吃素食，极有可能缺乏牛磺酸。这就要求孕妈妈适量吃些荤食，以补充机体对牛磺酸的需求量。当然，我们提倡孕妈妈多吃素食，但是要注意荤素搭配，这样对胎宝宝的健康发育才能起到促进作用。

小贴士

孕妈妈应尽可能地多咀嚼，做到细嚼慢咽，使唾液与食物充分混合。这样做能有效地刺激消化器官，促使其吸收更多的营养素，为孕妈妈和胎宝宝提供充足的营养成分。胎宝宝牙齿的质量与孕妈妈咀嚼节奏和咀嚼练习关系很大。因此，为了自己和胎宝宝的健康，为了让胎宝宝摄取更多营养，从现在开始就要改一改这个习惯，养成细嚼慢咽的好习惯。

第33周第5天

营养胎教

吃对食物，为分娩加分

孕晚期，胎宝宝体内营养素储存速度加快，这要求孕妈妈饮食更加科学化，让胎宝宝通过每日三餐摄取更多的营养。

1.蒸制的食物更健康

研究结果表明，人常吃蒸菜有利于健康。通常，食物在制作加热的过程中，需要热的介质来传导热量。如果热介质的传导效果不好，就会造成受热不均匀，轻则导致营养流失，重则改变食物结构，产生大量的有毒有害物质。

另外，为了达到均匀受热的目的，烹饪的过程中还会放入大量的油脂来优化传热过程，给身体带来大量的热量负担，严重危害健康。而煮的食品往往造成水溶性营养物质的大量流失，长时间食用后会造成严重的累积性伤害。

2.蒸制保留的营养成分多

蒸制的食物，尽可能多地保留了食物本身的营养，并且制作的过程中，温度相对较低，避免了油炸等高温造成的成分变化。并且，在蒸制食物时，如果食物原料中富含油脂，还会随着蒸汽的温润逐渐把过剩的油脂释放出来，降低油腻度。

专家认为，大米、面粉、玉米面用蒸的方法，其营养成分可保存95%以上。鸡蛋是人们常吃的营养比较丰富的食物，由于烹调方法不同，其营养的吸收和消化率也不同。煮蛋的营养和消化率为100%，蒸蛋的营养和消化率为98.5%，而煎蛋，它的消化率为81%，所以，吃鸡蛋以蒸、煮为最好，既有营养又易消化。再以花生为例，花生只有煮着吃才能保持其营养成分及功效，如果是炸着吃，营养成分将损失近半。

3.积蓄分娩需要的能量

此时的孕妈妈一定要注意饮食的安排，以储存足够的能量，为分娩做准备。食用栗子、豆类和海藻类食物，可以补充足够多的能量。海藻类是富含无机质的低热量食物，代表性的食物有海苔、海带、裙带菜和羊栖菜。咸草和盐蓬堪称无机质的宝库，而且富含铁、铜、镁等元素，可以促进胎宝宝的发育，促进雌激素的分泌，预防孕期疾病，帮助顺产。

行为胎教：
暂时和性爱说再见

第33周第6天

孕8个月以后，孕妈妈的肚子突然膨胀起来，会有腰痛，身体懒得动弹，性欲减退。此阶段胎宝宝生长迅速，子宫增大很明显，对任何外来刺激都非常敏感。夫妻间应尽可能停止性生活，以免发生意外。若一定要有性生活，必须节制，并注意体位，还要控制性生活的频率及时间，动作不宜粗暴。这个时期最好采用丈夫从背后抱住孕妈妈的后侧位。这样不会压迫腹部，也可使孕妈妈的运动量减少。

尤其是临产前1个月或者3星期时必须禁止性交。因为这个时期胎宝宝已经成熟。为了迎接胎宝宝的出世，子宫已经下降，子宫口逐渐张开。如果这时性交，子宫感染的可能性更大。有人经调查后证实，在产褥期发生感染的妇女，50%在妊娠的最后1个月夫妻性交过。如果在分娩前3天性交，20%的妇女可能发生严重感染。感染不但威胁着即将分娩的产妇安全，也影响着胎宝宝的安全，可使胎宝宝早产。而早产儿的抵抗力差，容易感染疾病。即使不早产，胎宝宝在子宫内也可以受到母亲感染疾病的影响，使身心发育受到障碍。

小贴士

如果孕妈妈长时间用同一个姿势站或坐，会感到腹部一阵阵地变硬，这就是假宫缩。假宫缩也叫迁延宫缩，没规律，每次持续的时间也不尽相同，几分钟到十多分钟都有可能。尤其在孕妈妈感觉疲劳或兴奋时，更易出现这种现象，在产前2~3周内会时常出现。而在临产前，由于子宫下段受胎头下降的牵拉刺激，假宫缩的情况会越来越频繁。如果上述症状仅是偶尔出现，并且持续时间也不长，也没有阴道流血的现象，就不必紧张，多为正常。如果上述现象频繁发生，间隔时间较短，并且 出现明显的腹痛、阴道流血等现象，就要及时到医院就诊，以免发生意外。

第33周第7天

行为胎教
坚持每周体检一次

越到临产，检查越频繁，大约一周一次。这时孕妈妈的心要细致再细致，密切观察，随时注意自己的身体有什么“风吹草动”。

从怀孕第37周开始，孕妈妈每周要做一次胎心监护，借助仪器记录下瞬间的胎宝宝心率的变化，这是了解胎动、宫缩时胎心反应的依据，同时可以推测出宫内胎宝宝有无缺氧。仪器的屏幕上有胎心和宫缩的相应图形显示，孕妈妈可以清楚地看到自己宝宝的心率。另外还有一个按钮，当孕妈妈感觉到胎动时可以按压此按钮，机器会自动将胎动记录下来。如果孕妈妈有合并症或并发症，最好从怀孕第28~30周开始做胎心监护。

通常情况，孕妈妈需要选取一个让自己最舒服的姿势，比如半卧位或是坐位进行胎心监测，胎心监护进行20分钟，如果20分钟内胎动次数超过3次，每次胎动时胎心加速超过15次/分，并且没有太过频繁的宫缩出现，表明胎宝宝很健康。胎心过快或过慢都是有问题的表现，但是一般性的伴随胎动的胎心过快不能说明胎宝宝出现了什么问题，往往是胎心过慢的风险更大，提示胎宝宝在宫内的储备减少，可能面临缺血缺氧的危险，需要医生及时予以处理。

在提供了静脉血、指血之后，孕妈妈还得贡献出一点耳血，以检测其体内激素水平是否在正常范围内，从而间接地了解胎盘功能是否正常。

确认胎位是临产前很重要的一项检查，医生会告诉你胎宝宝是头位(头先露)、臀位(臀先露)，或属于其他异常胎位。这是确定孕妈妈自然分娩还是手术助产的重要依据。

在38周以前，阴道有流水现象、哪怕是一点点的水也不正常，这说明羊膜破裂羊水流出，就是俗称的“早破水”。通常，“早破水”后胎宝宝在12~24小时左右就会出生。如果阴道断断续续地有少量的水流出，持续几天或更长时间，胎宝宝在失去了完整的羊膜保护的状态下，受感染机会较多，脐带也容易脱垂，死亡率较高。所以，一旦出现这种情况，要平躺并立即上医院。

行为胎教：准爸爸给孕妈妈心理支持

第34周第1天

准爸爸要知道，孕9月距预产期越来越近，孕妈妈既有宝宝即将出世时的兴奋和愉快，又有即将面对分娩时的紧张。准爸爸如果发觉孕妈妈在情绪上有这方面的倾向，就要帮助孕妈妈，让她始终保持一种平和、欢乐的心态。下面介绍一下准爸爸在帮助孕妈妈调整情绪和心理的时候。应该注意的两个方面问题。

1.准爸爸要调整好自己的心态

分娩不只是孕妈妈一个人的事情，也和准爸爸息息相关。有些准爸爸没有做好自己即将成为新爸爸的心理准备，结果在孕妈妈临产前和分娩的时候，显得手忙脚乱，不但不能给孕妈妈有效的心理支持和安慰，反而加大了孕妈妈的心理压力，让孕妈妈烦恼、担心不已。所以，准爸爸一定要学习有关临产的知识，让自己对孕妈妈即将临产时会出现哪些状况，及应对办法有个基本的了解，以便在孕妈妈真正临产的时候冷静地处理各种可能出现的问题，给孕妈妈最大的心理支持。

2.让孕妈妈了解产痛的意义

准爸爸要利用自己掌握的有关分娩的知识，让孕妈妈了解产痛的意义，消除产痛对孕妈妈的负面影响。

小贴士

女性怀孕时，由于体内激素和内分泌的变化，会使脸上长出斑点或色素加深。此时，孕妈妈不宜使用祛斑产品。因为有些祛斑产品中含有汞，对皮肤的伤害较大，长期使用对神经、消化等系统有严重危害。汞还可以通过胎盘，对胎宝宝的健康产生危害，导致胎宝宝中枢神经系统发育异常。这些斑点分娩后大部分可以自行消退。因此，建议等生完孩子，体内激素分泌正常以后再用祛斑产品也不迟。

第34周第2天

行为胎教
提前为宝宝出生做好准备

1.衣服

宝宝衣物应选择质地柔软、透气性好、吸湿性强的面料，如纯棉、针织质地的，一定不要使用化纤面料。内衣要样式宽松、穿脱方便、便于活动。目前多以“和尚服”为主，以布带系扣，其他样式也可，但切忌使用纽扣和拉链，以避免新生儿皮肤受伤或吞食异物。目前很多妇产医院已为每个孩子准备了两套衣服，如果自己准备分娩的医院有这种服务的话，自己可以不用准备或少准备衣服了。

2.纸尿裤及尿布

一定要到超市或母婴用品店购买一次性纸尿裤，品牌很多，要买NB或S号的。如打算使用布尿布，应使用质地柔软、透气性好、吸水量大的棉布，颜色以白色为宜。这样既有利于保护婴儿娇嫩的臀部，避免发生臀红，又有利于观察新生儿大便的颜色。尿布一定要多准备一些，以方便更换。

3.被褥

应以棉花制作的被褥为宜，被褥的面儿应以纯棉布制作。被褥不宜太厚、太软，以避免发生新生儿窒息或中暑。被子应轻薄，保暖性强，应比褥子稍宽、稍长，以避免着凉。

4.澡盆及沐浴用品

澡盆以椭圆形的为宜，质地宜厚实，以70厘米×40厘米大小最佳。沐浴用品包括婴儿专用的浴液、洗发水、爽身粉、痱子粉、润肤露、护肤油、发梳、棉球、毛巾、浴巾等。

5.婴儿床

以木质为最佳，金属也可，但应注意床的边角应圆滑，最好以棉布或海绵缠绕，以避免新生儿头部及四肢的磕伤及皮损。

6.喂奶及消毒器具

虽然目前提倡母乳喂养，但仍有一部分产妇因为疾病等原因不能喂奶。因此，还应准备奶瓶、奶嘴、奶刷、消毒锅等物品。

行为胎教：
端正姿势，轻松孕育

第34周第3天

到了孕9月，孕妈妈的身体更加笨拙了，很容易出现腰酸背痛的情况。此时，孕妈妈在日常生活中的坐、卧、行、走等姿势应保持正确，这对改善腰酸背痛很有用。

1.站姿

孕妈妈的正确站立姿势应该是；双腿平行叉开，站直，重心置于足部，肩稍往后，两臂放松。当然，孕妈妈是不适合长时间站立的，如果需要长时间站立，可以在前面放一个小脚凳，让双脚轮流置于脚凳上，或将双脚前后叉开，重心放在后脚，隔一段时间再换脚，不时用手掌支撑腰部。

2.坐姿

专家提醒孕妈妈，坐时应选择有扶手、靠背的椅子，坐时臀部和背部要紧贴椅背，也就是要把臀部尽量往后坐“进”去（臀部与背部应成90°），膝盖与脚跟也要成90°。如果需要长时间坐着，可在腰后加个小枕头帮助支撑腰椎；如果椅子太高，要加个小脚凳避免双脚悬空；肩、颈、头部保持直立与平衡，肩部自然放松下垂，身体靠近工作平台，上臂自然垂放在身体两侧，背部保持正常的曲度，大腿与上半身的夹角略大于90°，臀部及大腿两侧的受力相等，双脚平放在地面上。

3.卧姿

到了孕8月，建议孕妈妈左侧卧，侧卧时两腿间夹个枕头，肚子下面也垫个枕头，以帮助腹部支撑胎宝宝。

4.由卧而坐

孕妈妈如果以仰卧起坐的方式起床，对腰部的伤害很大。正确方式是，先要保持上半身与下半身在同一平面上，然后同时侧向翻身，转身之后，先用手将上半身撑起，同时将双腿沿床边放下，再坐直上半身。

5.由坐而站

孕妈妈由坐姿改变成站姿时，要注意动作不宜过猛，应以手力、腿力代替腰力，用双手握住椅子的扶手，慢慢地将身体撑起，才能避免腰椎受伤。

第34周第4天

美育胎教：欣赏名画《摇篮》

《摇篮》是法国女画家摩里索（1841－1895）的优秀作品。

母亲轻晃着摇篮伴孩子入眠，她充满温情地注视着恬静地熟睡着的孩子。我们仿佛听到了孩子均匀的呼吸。画家从母亲的守护与孩子的酣睡中，极具诗意地表现了温馨而博大的母爱。

台湾散文家简帧这样描述这幅画：挂在摇篮顶的白色纱帐轻柔地泻下，因母亲脸上专注神情的牵引使纱帐宛如世间最柔美的光芒，具有金色阳光的暖度与微风细雨的质感，全心全意拥抱着婴儿。母亲凝睇的眼神是那么纯洁、坚定且忠贞。是的，忠贞。人们常钻入爱情国度寻找这两个字，看了这幅画，我更相信“忠贞”藏在摇篮里。

行为胎教：亲手为宝宝做件肚兜

第34周第5天

小孩肚兜的外面用料多为红布，肚兜的布料以丝品居多。

肚兜的面上常有图案，有印花，有绣花。印花流行的多是蓝印花布，图案多为“连生贵子”“麒麟送子”“凤穿牡丹”“连年有余”等吉祥图案。绣花肚兜较为常见，刺绣的主题纹样多是中国民间传说或一些民俗讲究。如刘海戏金蟾、喜鹊登梅、鸳鸯戏水、莲花以及其他花卉草虫，大多是趋吉避凶、吉祥幸福的主题。

☆利用家里废弃的T恤衫或者是旧衬衫，最好是纯棉的质地，这样宝宝穿上之后不会不舒服。拆下衣服的后半片。把它剪成一个正方形（图①），边长大约等于宝宝肩膀到膝盖的距离。如果宝宝比较胖，可以剪得再大一点儿。

☆把其中的一个角折下来，让这个角的顶点恰好落在布片的中心点。然后在新折出的边上两端的位置缝上两根丝带（图②）。

☆在与缝有带子的一边相邻的两条边的中点再分别缝上两条带子（图③）。

☆用剪刀从与刚刚折过的角相对的一个角的中间剪开，剪到正方形中心的位置。再把剪开的这个角的两部分分别与它们相邻的两个角相对起来缝上（图④）。

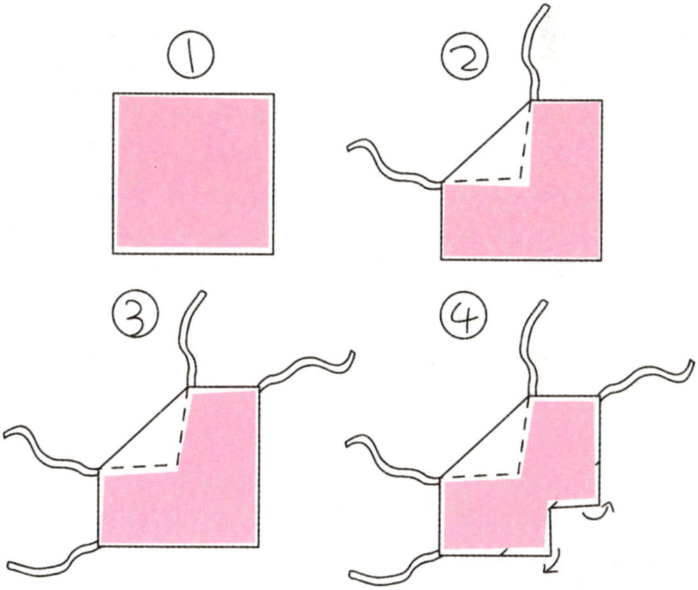

第34周6天

行为胎教：让胎宝宝摆脱噩梦

不仅大人会做梦，在孕妈妈肚子里的胎宝宝也会做梦。在孕9月时，有科学家对胎宝宝进行脑电波测试，结果发现胎宝宝的大脑电波会发生交叉并引起做梦。尽管目前科学家尚不能了解胎宝宝到底梦到了什么，却证明了胎宝宝会做梦这一事实。

胎宝宝做噩梦的原因和大人差不多，有可能在白天被巨大的响声吓到了，也有可能是被孕妈妈波动的情绪影响的。那么孕妈妈怎样做才能帮助胎宝宝摆脱噩梦的困扰呢？

1.远离过激的言行

胎宝宝经历的所有事情，都是孕妈妈做过的、接触过的。为了能让日益成熟的胎宝宝感受到外界的平和氛围，孕妈妈首先不能出现过激的言行。一旦出现就会立刻通过神经传导的途径被胎宝宝感知，成为胎宝宝噩梦的根源之一。

2.在休息之前想象美好的事物

如果孕妈妈情绪波动幅度很大，那么，为了弥补错误的行为，睡眠或小憩之前，孕妈妈就要想象美好的人、物或景色，通过意念把美好情绪传递给胎宝宝。这样，胎宝宝在休息的时候就能减少做噩梦的概率。

3.打鼾会影响胎宝宝的发育

孕妈妈打鼾会影响胎宝宝，应引起重视。孕妈妈打鼾容易使胎宝宝比正常的胎宝宝体重低，体重过重的孕妈妈在这方面的危险尤其大。专家认为有打鼾习惯的女性在怀孕前会增加体重，在怀孕期间体重增加更快。

这个月，孕妈妈打鼾的时候可能会感到呼吸困难，甚至频繁地出现呼吸暂停。孕妈妈一旦出现呼吸问题，吸入体内的氧气不足，供给胎宝宝的氧气也会随之减少，严重时会导致胎宝宝缺氧。伴随着呼吸困难同时出现的，往往是体内产生的二氧化碳不能及时排出体外。这些滞留在孕妈妈体内的二氧化碳能条件反射性地引起儿茶酚胺分泌过多，导致心、脑、肺等全身血管急剧收缩，时间一长就会影响母子的健康。

情绪胎教：小故事大道理

第34周第7天

从前有个国王，整日郁郁寡欢。于是他派大臣去寻找一个快乐的人，并把快乐的人带回王宫。大臣四处寻找了好几年，终于有一天，当他走进一个贫穷的村落时，听到一个快乐的人在放声歌唱。循着歌声，他找到了那个正在田间犁地的农夫。

大臣问农夫：“你快乐吗？”

“我没有一天不快乐！”农夫回答。

大臣喜出望外地把自己的使命和意图告诉了农夫。

农夫不禁大笑起来。为了感谢大臣对自己的信任，农夫又说道：“我曾因没有鞋子而沮丧，直到有一天在街上遇到一个没脚的人。”

小哲理：快乐是什么？快乐就是珍惜你已拥有的一切。像那贫穷而快乐的农夫，大声说：“我没有一天不快乐！”快乐是一种心态，是一种境界，并不遥远，就在我们身边，就在我们身上，就在我们心中。

第35周第1天

情绪胎教：做好分娩的心理准备

分娩前是否具有充分的、正确的心理准备，是关系到能否顺利地分娩、生育健康的新生儿、避免分娩危险的大事，应做好以下几点：

1.参加产前学习班，掌握分娩常识

如果条件允许，夫妇双方应共同参加医院举办的孕妈妈学校。一起学习分娩的相关知识，了解临产的征兆、分娩的全过程、分娩的不同方式、缓解疼痛的方法、分娩中紧急情况的处理、新生儿的特点及护理等知识。这对于缓解分娩前的紧张和恐惧是很有帮助的。

学习班中还会讲授实用的分娩中的呼吸运动、体位调整以及减轻疼痛的方法。并且，现今的孕妈妈学校，已有别于老式的单纯讲课的模式，有些孕妈妈学校可以让孕妈妈及其家属参观住院病房、待产室、产房、新生儿沐浴室等，使得孕妈妈能更早地熟悉医院的环境，尽快适应，以消除紧张情绪。

2.充分相信医生、医院，树立分娩信心

有些孕妈妈担心分娩时疼痛，也害怕宝宝不能顺利出生，就盲目要求剖宫产，这是不必要的，应该认识到阴道分娩是一个正常的生理过程，而剖宫产仅仅是应付难产的补救措施。如果孕妈妈骨盆大小正常、胎宝宝大小适中、胎位正常、无产科并发症和其他疾病，阴道分娩是完全可行的。应当消除不必要的顾虑，放下年龄的包袱，坦然地面对分娩的考验，树立必胜的信心。

3.积极调整心态，主动配合分娩

分娩是一个艰难而又痛苦的历程，只有抱有积极、乐观的心态，主动与医生、助产士、儿科医生配合，才能顺利度过漫长的产程。在产程刚开始的时候，要注意休息，努力进食，避免喊叫，为接下来的产程积蓄能量，保存体力。在第二产程中，要主动屏气用力，配合宫缩，顺利娩出胎宝宝，避免产道损伤。在第三产程中，配合宫缩，娩出胎盘，避免产后出血。

情绪胎教：树立自然分娩的信心

第35周第2天

分娩是人类繁衍过程中的一种正常生理过程，是人类的一种本能行为，母亲和胎宝宝都具有天生的能力主动参与并顺利完成分娩过程。从受精卵开始胎宝宝在母体内经历280天的生长发育逐渐成熟，而孕妈妈的身体结构也逐渐地发生变化，变得更有利于分娩，尤其是生殖系统的变化更为突出，为胎宝宝的降生做好充分的准备，比如骨盆各骨的关节活动度增大，韧带松弛，各骨会有轻度的移位，骨盆的容积增加，临产后子宫下段逐渐拉长、变薄，子宫颈管逐渐消失，宫颈口逐渐扩张，阴道变薄，阴道黏膜皱襞增多，极富伸展性。胎宝宝在分娩过程中也会主动参与，比如胎宝宝在通过产道时，为适应骨盆各个平面不同的形状会作出一系列适应性的转动，以最小的径线通过产道。

分娩过程中子宫有规律的收缩能使胎宝宝肺脏得到锻炼，使胎宝宝肺泡得到扩张，促进胎宝宝肺成熟，出生后很少发生肺透明膜病；胎头受宫缩和产道挤压，头部充血，可提高脑部呼吸中枢的兴奋性，有利于新生儿娩出后迅速建立正常呼吸；受宫缩和产道的挤压，胎宝宝呼吸道内的羊水和黏液被排挤出来，使新生儿患吸入性肺炎的机会大大减少。此外，母体内免疫球蛋白在自然分娩过程中可传给胎宝宝，剖宫产的胎宝宝缺乏这一获取抗体的过程，因而自然分娩的新生儿具有更强的抵抗力。而对妈妈来说，自然产后子宫复原更快，并且减少了产后出血。

下面是已做妈妈的人向孕妈妈介绍怎样增强信心、战胜恐惧，保持轻松的好心情：

☆临近分娩的日子，可能会由恐惧变得烦躁不安起来，要意识到这样对腹中的胎宝宝没有好处，可通过听音乐，看美丽、可爱的东西，使情绪稳定。

☆通过自我暗示坚信：大多数女人都要走这样的路，自己也能走过去，采取顺其自然的态度。

☆无论宫缩是否疼痛，想到宝宝在和自己一起努力，身上就充满了力量。总之，你应该相信自然的力量和自己的潜力，坚定自然分娩的信心，去体验一个女人，一个母亲的完整经历，当你走过这段路程后，就会为自己的坚强和勇敢感到骄傲。

第35周 第3天

语言胎教：为胎宝宝读儿歌

此时，胎宝宝的听觉已经发育得很好了，对外界的声音也能做出反应。所以，此时孕妈妈给胎宝宝讲一些有意思的儿歌，对胎宝宝的语言发育非常有益，还能促进胎宝宝形象思维的发展。下面就为孕妈妈推荐几首简单易学，又对胎教有益的儿歌。

一二三四五，
上山打老虎，
老虎没打到，
打到小松鼠，
松鼠有几只，
我来数一数，
数来又数去，
一二三四五。

孕妈妈念这首儿歌，既能培养胎宝宝对数字的记忆能力，还能激发胎宝宝的语言潜能，为今后学习数学奠定基础。

排排坐、吃果果，
你一个、我一个，
宝宝不在留一个。

这首儿歌合辙押韵，还讲述了做人的道理，既可以刺激胎宝宝语言的发育，又蕴涵着品德教育。孕妈妈可一边给胎宝宝读儿歌，一边问胎宝宝“为什么给宝宝留一个”。然后再耐心地告诉胎宝宝：“每个人都能分到苹果，但宝宝不在就要留一个，等宝宝出生长大后再吃。”

天上雪花飘，
我把雪来扫。
堆个大雪人，
头戴小红帽。
安上嘴和眼，
雪人对我笑。

这首儿歌可在下雪的时候给胎宝宝讲。孕妈妈在讲的时候要将为什么会下雪、雪花是什么样子的等一系列信息对胎宝宝解释清楚。孕妈妈还可以对胎宝宝说：“宝宝快快长，等你长大后，妈妈也陪你一起堆雪人。”

行为胎教：安排好坐月子的家居环境

第35周第4天

对孕妈妈来说，除了安全的分娩外，产后的“月子”也是非常重要的。“坐月子”在中国历来被重视，如果在“月子”中落下病，一辈子都好不了。虽然这样的说法过于夸张，但足以说明产后恢复与新生儿护理的重要性，而这其中，环境是非常重要的因素。因此应注意以下几点：

1.“坐月子”的房间朝向很重要，最好朝南，应避免朝北

因为南向的房屋一般阳光充足，温暖而不潮湿，这对于产后母亲的伤口恢复、身体的调养、钙质的吸收、防止产后抑郁，避免新生儿佝偻病，都很有好处。产后妇女体质一般比较虚弱，并且由于分娩后体内激素水平的突然降低，使得情绪非常不稳定，甚至可能患产后抑郁症；而阳光充足、温暖、舒适的房间会使妇女产后心情愉快，加快体力的恢复和伤口的愈合。此外阳光中的紫外线还可使皮肤中的脱氢胆固醇转化为维生素D，促进钙、磷的吸收和利用，有预防产后骨质疏松和新生儿佝偻病的作用。

2.“坐月子”的房间以楼房为宜，应避免平房

一般来说，楼房相对条件较好，比较清洁、干燥，卫生条件较好，有很好的空气流通。这对产后母亲的身体恢复、伤口的护理、避免母儿感染和交叉感染很有益处。此外，楼房多有独立的淋浴间，可提供产后母亲和新生儿沐浴的条件。孕妈妈生产后因要排出体内于孕期潴留的水分，加之产后体质虚弱、哺乳时的体力消耗，出汗非常多。而且，产后恶露要延续很长时间，因此经常的淋浴是必不可少的。对于新生儿来说，脱离了母体熟悉的环境以及为了表达他的生理需求，会经常哭闹，并且，新生儿新陈代谢旺盛，因此会有很多的汗液、呕吐物、代谢物混积在身上，如不及时清洗，会刺激婴儿娇嫩的皮肤，甚至有可能造成严重的感染。因此，新生儿更应每日洗澡。

环境的布置应温馨舒适。产妇分娩后精神和身体都已经很疲惫，而温馨舒适的环境，会使产妇心情愉快，对新生儿也有安定的作用。

第35周 第5天

语言胎教：给胎宝宝讲《龟兔赛跑》

今天可以给胎宝宝读《龟兔赛跑》的故事，故事里小白兔和小乌龟活泼可爱的形象，与童趣十足的对话，一定会让胎宝宝感到有趣极了。这里提醒孕妈妈，千万不要只将故事的表面内容讲给胎宝宝听，还要透过现象看本质，将故事中小白兔和小乌龟各自的性格分析一下，告诉胎宝宝一些做人的道理，这对胎宝宝性格的培养与长大后的为人处世都有着非常好的教育意义。

从前，乌龟与兔子之间发生了争论，它们都说自己跑得比对方快。于是它们决定通过比赛来一决雌雄。确定了路线之后它们就开始跑了起来。

兔子一个箭步冲到了前面，并且一路领先。看到乌龟被远远抛在了后面，兔子得意地想，自己应该先在树下休息一会儿，然后再继续比赛。

于是，它在树下坐了下来，并且很快睡着了。乌龟慢慢地超过了它，并且完成了整个赛程，无可争辩地当上了冠军。兔子醒过来时，发现自己已经输了。

兔子因为输掉了比赛而感到失望，它做了一些失利原因的分析。兔子发现，自己失败只是因为过于自信而导致粗心大意、疏于防范。如果它不那么自以为是，乌龟根本没有获胜的可能。于是兔子向乌龟提出挑战：再比一次。乌龟同意了。

于是在这一次比赛中，兔子全力以赴，毫不停歇地从起点跑到了终点。它把乌龟甩在几公里之后。

语言胎教：

给胎宝宝讲《蚂蚁和蟋蟀》

第35周第6天

在炎热的夏天，蚂蚁们仍在辛勤地工作着，每天一大早便起床，紧接着一个劲儿地工作。蟋蟀呢？天天“叽里叽里、叽叽、叽叽”地唱着歌，游手好闲，养尊处优地过日子。每一个地方都有吃的东西，漫山遍野正是花朵盛开的时候，真是个快乐的夏天啊！

蟋蟀对蚂蚁的辛勤工作感到非常不解。“喂！喂！蚂蚁先生，为什么要那么努力工作呢？稍微休息一下，像我这样唱唱歌不是很好吗？”可是，蚂蚁仍然继续工作着，一点儿也不休息地说：“在夏天里积存食物，才能为严寒的冬天做准备啊！”“我们实在没有多余的时间唱歌、玩耍！”蟋蟀听蚂蚁这么说，就不再理蚂蚁。“啊！真是笨蛋，干嘛老想那么久以后的事呢！”

快乐的夏天结束了，秋天也过去了，冬天终于来了，北风呼呼地吹着，天空中下起了绵绵的雪花。蟋蟀消瘦得不成样子，因为到处都是雪，一点儿食物都找不到。“我若像蚂蚁先生，在夏天里储存食物该多好啊！”蟋蟀蹒跚地走在雪地上，眼看就要倒下来似的。一直劳动着的蚂蚁，冬天来了一点也不担忧，因为它积存了好多食物，并且建了温暖的家。

当蟋蟀找到蚂蚁的家时，蚂蚁们正快乐地吃着东西呢！“蚂蚁先生，请给我点东西好吗？我饿得快要死了！”蚂蚁们吓了一跳。“咦！你不是在夏天里见过面的蟋蟀先生吗？你在夏天里一直唱着歌，我们还以为你到了冬天会是在跳舞呢！来吧！吃点东西，等恢复健康，再唱快乐的歌给我们听好吗？”面对着善良亲切的蚂蚁们，蟋蟀忍不住流下了欣喜的眼泪。

第35周 第7天

音乐胎教：欣赏《水上音乐》

《水上音乐》由著名作曲家亨德尔所作，以优美的旋律、轻巧的节奏而流传于世。音乐中既有碧波荡漾的泰晤士河的韵味，又朴实优美，富有个性。音乐虚实相辉，意境深远，明快的节奏和清晰的旋律线条，具有豪爽自信的气质；中间部分柔美抒情，木管和弦乐主奏，弦乐器清淡的音色与前后形成鲜明的对比。而在曲目的最后，又给人一种坦然自若、逍遥自在的感觉。

这首乐曲特别适合孕妈妈在疲劳时听，它虚实相辉的音乐和意境深远的画面能使疲劳了一天的孕妈妈尽快消除疲乏，充分体验轻松柔美的音乐境界。

音乐胎教：赏析《小夜曲》

第36周第1天

《小夜曲》节选自海顿所作《F大调第十七弦乐四重奏》的第2乐章，作于1771年。海顿在一生中共写有80余首弦乐四重奏，大多是欢乐、热情的抒发。

这首《小夜曲》色彩明朗，节奏轻快，旋律娓娓动听，具有一种典雅质朴的情调，表现了无忧无虑的意境。这首乐曲极富有抒情性，能使孕妈妈镇静、舒心，听后能怡情养性。

乐曲开始时，先由第一小提琴带上弱音器奏出柔美、亲切的第一主题，充满欢快的情绪。其他三个声部由第二小提琴、中提琴、大提琴用拨弦模仿吉他的音响为之伴奏。这一主题略加装饰反复了一次。在短小的连接部之后，出现一个由装饰音和附点音符构成的第二主题，它在调性、音区、旋律等方面与第一主题形成对比。展开部只有8小节，它的旋律进行时出现大跳音程，显得活泼而富于生气。在再现部中，第一主题出现后立即进入连接部，它由第一主题结尾的音调加以变奏、演进而成，继而完整再现了第二主题。最后，乐曲在欢快的气氛中结束。

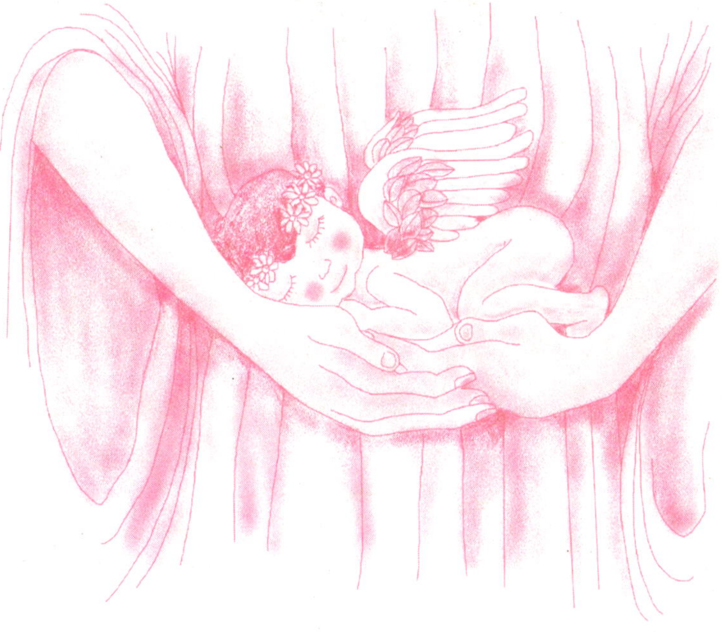

第36周第2天

音乐胎教：欣赏风格多样的轻音乐

音乐胎教的主要作用是通过悦耳怡人的音响效果对孕妈妈和胎宝宝听觉神经器官进行刺激，促使母体分泌出一些有益于健康的物质。而在孕9月，胎宝宝听觉器官发育得很完善了，音乐胎教除了能较好地增强胎宝宝大脑皮层及神经系统的功能，还能促使母体和胎宝宝产生共鸣，对胎宝宝全身各器官的活动产生有益的影响。

这一周不妨听些轻音乐。轻音乐是一种赏心悦耳的音乐种类，让人轻松、舒服是它的主旨。它的曲目包罗万象：著名电影的主题曲和主题音乐、欧美各国的流行音乐、拉丁美洲和西班牙的爱情歌曲、法国歌曲、俄罗斯名曲、夏威夷的吉他曲、肖邦的音乐、日本风情的乐曲、圣诞乐曲乃至甲壳虫乐队的歌曲等。

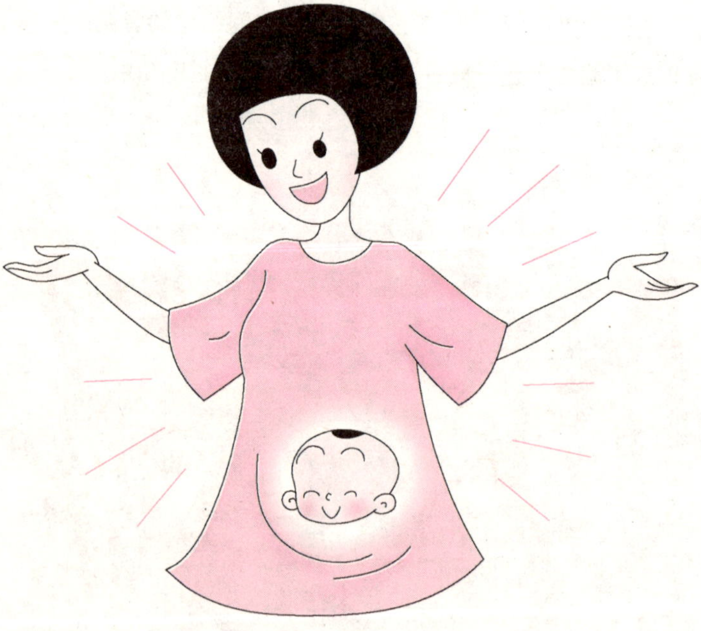

音乐胎教：学唱儿歌《打花巴掌》

第36周第3天

《打花巴掌》是一首说唱风格的北京儿歌。歌曲为2/4 拍，一段体，五声商调式，旋律欢快、流畅，有着浓郁的河北民歌的音调。

打花巴掌的，一月一，我们从小爱学习。提着篮子去采花，茉莉花呀海棠花，江西腊那个野菊花，采朵玫瑰花呀，采朵牡丹花牡丹花。

打花巴掌的，二月二，我们从小爱画画。提着篮子去采花，茉莉花呀海棠花，江西腊那个野菊花，采朵玫瑰花呀，采朵牡丹花牡丹花。

打花巴掌的，三月三，我们从小爱爬山。提着篮子去采花，茉莉花呀海棠花，江西腊那个野菊花，采朵玫瑰花呀，采朵牡丹花牡丹花。

打花巴掌的，四月四，我们从小爱写字。提着篮子去采花，茉莉花呀海棠花，江西腊那个野菊花，采朵玫瑰花呀，采朵牡丹花牡丹花。

……

孕妈妈可以和准爸爸一起边唱边做这个游戏，歌词可以随机编唱，为宝宝营造一个愉快欢乐的气氛。

第36周 第4天

音乐胎教：欣赏《F小调音乐瞬间》

《F小调音乐瞬间》，是舒伯特1828年出版的《音乐瞬间》6首乐曲中的第三首，于1827年在格拉茨之旅归来后创作的。

关于《F小调音乐瞬间》，流传着这样一个传说：有一天，舒伯特去一个朋友家做客。他看到了钢琴旁有一份乐谱，就顺手拿了起来。弹奏之后，对乐曲赞叹不已。后来他才知道，他弹奏的乐曲正是朋友记下的他本人即兴弹奏过的作品。

《F小调音乐瞬间》是一首天真纯洁、令人欣喜的曲子，曲风中带着民间舞曲的轻快活泼。总共有54小节，音乐形象比较单一。但在舒伯特巧夺天工的处理下，整首乐曲透露出宛若天成的自然美，可以称得上是玲珑剔透，精致小巧。

小贴士

写下你的期待

胎宝宝就要出世了。今天，孕妈妈可以写下自己对胎宝宝的期待。内容越详细越好，如做事认真负责、长得活泼可爱、懂得关心别人、怀着一颗感恩的心等。做这样一个计划表，准备在胎宝宝出生后，把你的期待融入你对宝宝的教育计划当中去，让他能够在各方面都有优异表现。在写下这些期待时，一定要怀着美好的情绪，想象着孩子正如你期待的那样，这种潜意识里的期待就一定会让胎宝宝感受到，从而对他的大脑起到很好的促进作用。

美育胎教：观赏不朽的经典《天鹅湖》

第36周 第5天

美丽的公主奥杰塔和一群女伴在森林湖畔嬉戏，一只怪鸟变成的魔王罗特巴尔特，施展魔法将公主奥杰塔和她的女伴们变成了一只只天鹅。王子齐格弗里德的成年之日，母后要为王子举行选妃舞会，王子闷闷不乐，忽见一群白天鹅掠过天空，王子随即持弓尾随来到湖畔。他正要向一只头戴皇冠的白天鹅举弓射击时，奥杰塔缓缓地站起掸理着羽翼向王子哀诉委屈。在小提琴与大提琴交替重奏的抒情乐曲中，奥杰塔与王子跳起了大段慢板的双人舞，王子对公主深表同情并产生了爱情。

王子向公主起誓，要以纯真的爱情战胜魔法，让公主恢复人形。在选妃的舞会上，来宾相继跳起了民族舞蹈。魔王为了破坏王子与奥杰塔的誓约，将自己的女儿变成黑天鹅，假冒公主闯进宫来，以妖媚的舞蹈诱惑王子，两人跳起了著名的黑天鹅双人舞。魔王以为王子已经中计，一阵狞笑。霎时间天昏地暗，奥杰塔绝望地从窗外天空飞过，王子方知受骗，不顾一切与魔王展开了殊死的搏斗。最终，纯真的爱情战胜了邪恶，魔王被诛，公主和其他那些变成白天鹅的姑娘都恢复了人形，与王子欢欣起舞，迎着晨曦庆幸新生。

第36周第6天

抚摸胎教：从头到脚抚摸胎宝宝

每当感觉胎宝宝在踢脚时，你可以尽可能温柔而爱怜地抚摸你的腹部。以舒适的姿势坐下或躺下，并确定你至少有约10分钟的时间来做这个练习。然后在你腰带下缘到胸部下缘的部位以缓慢、悠长的节奏抚摸，或是用手掌在相同的部位以画圆的方式抚摸。在这个月份中，你将能真正感觉出胎宝宝头和脚的位置，因此，你可以反复从头到脚抚摸他。这种按摸方法不仅可以安抚并刺激你的胎宝宝，还能为你以前曾用过的触觉语言增加一些深度和活力。

像你以前用的方法一样，你可以涂抹一些天然的护肤液在腹部上，以增加这种特殊沟通方法的效果。当按摸胎宝宝时，你也可以一面播放柔和的音乐，一面轻声说话或唱歌。本书中推荐的任何歌曲或音乐都可以。要切记的是，每一个声音和动作都应该表达出你的爱，你的手和声音所制造出的温柔和持续的节奏，都将使你的胎宝宝充满自信和安全。

运动胎教：提前学习分娩呼吸法

第36周第7天

学会呼吸安产法，能缓解孕妈妈的紧张感，减轻分娩带给孕妈妈的疼痛感。当阵痛来临，孕妈妈把自己的注意力集中在呼吸上，就能减轻疼痛带来的痛苦。

1.用力呼吸法

仰卧，屈膝双脚贴地，双手自然地放在大腿上；憋气，下巴向前缩抵住锁骨，眼睛看向肚脐，用力将肺部的空气压向下腹部。注意在需要换气的时候，马上把气呼出。此项练习有助于缩短产程。

2.伸展呼吸法

身体保持正直，跪在垫子上。保持大腿、手臂与地面垂直，小腿前侧及脚背贴地，手掌、脚背压向地面，同时背部放松，眼睛看着地面；吸气，慢慢抬起头，挺起胸部，向上提升尾椎，然后呼气。呼吸进行3~5次再回复到步骤1的姿势；吸气，缓慢放低尾椎骨并向上拱起脊柱，将背弓起来，尽量低头，下巴缩向肚脐的方向，呼气。保持此姿势呼吸3~5次。孕妈妈可以根据自身的情况来选择动作，如果做不了不必勉强自己。此项练习能够帮助胎宝宝顺利娩出。

3.坐式呼吸法

坐在床上，双脚掌相对，双膝尽量下压，双手自然握住脚踝。闭上眼睛，将两肩向背部拉伸；在伸展背部肌肉的同时，吸气；慢慢呼气，回复到步骤1的姿势。可反复练习5~10分钟。如果孕妈妈双脚不能相对，不必勉强，可以将两脚交叉放在一起即可。此项练习能锻炼背部肌肉，拉伸骨盆，减轻分娩的焦虑感。

孕妈妈每月记事

产前体检情况

宫高

腹围

体重

胎儿大小

胎动

目前体重

心情

准爸爸的表现

下月产检日期

孕10月（第37~40周）：就要和宝宝见面了

马上就要和宝宝见面了，孕妈妈现在可能既紧张又焦急，既盼望宝宝早日降生，又对分娩的痛苦有些恐惧。这个月应该适当活动、充分休息，密切关注自己身体的变化，随时做好入院准备。

孕妈妈的变化

★ 接近预产期，子宫下移，胃肠感到舒适，但膀胱会受到压迫，要经常去厕所。

★ 胎宝宝进入骨盆中央，孕妈妈的脚踝或耻骨会有疼痛感。

★ 孕妈妈的身体整体进入分娩准备状态，产道变软，分泌物增多，经常有腹坠现象。阵痛每间隔10分钟1次，最后开始产前阵痛，初产妇在规则的阵痛后约12小时就会分娩。

胎宝宝的成长

到这个月月末时，胎宝宝身长约50厘米，体重约3400克，已发育成熟。皮肤呈粉红色，皮下脂肪多，体形丰满。男宝宝睾丸已降入阴囊内，女宝宝大小阴唇发育良好。

本月孕期检查

36周后每周检查一次。在妊娠36周后要做一次B超检查，看有没有脐带绕颈、脐脑动脉的血流好不好，确定胎位。快到预产期的时候要做一次内诊，也叫阴道检查，主要是对宫颈、阴道、外阴进行检查。从外而内，先是看外阴，然后检查阴道和宫颈。阴道内的检查主要看是否有湿疣、血管扩张、阴道畸形、阴道横膈、阴道纵膈、双阴道等与分娩相关的异常情况。

第37周第1天

营养胎教：注意补充钙和维生素K

足月胎宝宝体内约含钙25克，其中大部分是在妊娠期的最后一个月从母体获得的。这一时期，胎宝宝骨、牙齿的钙化速度明显加快，至出生时，全部乳牙均在牙床内形成，第一恒磨牙也已钙化，胎宝宝时期钙、磷的摄入量对其一生牙齿的整齐、坚固起着很大的决定作用。如果孕晚期钙、磷供给不足，胎宝宝就会从母体的骨、牙齿中争夺大量的钙、磷以满足自身的需要，很可能导致孕妈妈产生骨质软化症，同时，胎宝宝也可能产生先天性佝偻病或缺钙抽搐。中国营养学会建议孕晚期孕妈妈每日应该摄入钙1500毫克。

在妊娠后期，孕妈妈应注意食用富含维生素K的食物，以预防产后新生宝宝因维生素缺乏而引起颅内出血、消化道出血等症状。维生素K有“止血功臣”的美称，经肠道吸收，在肝脏能产生凝血酶原及一些凝血因子。若维生素K吸收不足，血液中凝血酶原减少，易引起凝血障碍，发生出血症。预产期前1个月左右的孕妈妈，尤其应注意每天多摄入些富含维生素K的食物，如菜花、白菜等，必要时可每天口服维生素K。

行为胎教：不要拒绝骨盆检查

第37周第2天

为了防止由于骨盆过于狭窄引起的难产，在孕晚期，医生会对孕妈妈进行骨盆测量（在孕32~34周或者等待至37周后进行），主要是测量孕妈妈骨盆的大小。如果骨盆入口过小，胎宝宝的头部无法正常入盆，一般都会建议进行剖宫产；如果骨盆出口过小，胎宝宝虽然能够进行衔接、内旋转、俯屈等一系列分娩动作，但到达骨盆底部后，胎头无法顺利娩出，胎头变形受压，不仅会使分娩时间过长，还会导致胎宝宝颅内出血、胎宝宝窘迫等危险，孕妈妈则会因频繁宫缩发生先兆子宫破裂，严重影响母儿安全。

千万不要因为害怕妇科检查的疼痛不适而拒绝进行骨盆测量。在配合医生检查时可以做深呼吸运动，同时放松腹部肌肉。因为，在检查时往往都是孕妈妈越紧张，医生的操作越困难，孕妈妈的痛苦也越大，需要的时间也会更长。

检查时要测量下列各径：

1.髂棘间径（IS）：

仰卧，用骨盆测量尺测两髂前上棘外缘间的距离，正常值约23~25厘米。

2.髂嵴间径（IC）：

仰卧，测两髂嵴外缘间的最宽距离，正常值约25~28厘米。

3.髂棘间径测量法　骶耻外径（EC）：

侧卧，上腿伸直，下腿弯曲，测耻骨联合上缘中点到第五腰椎棘突下的距离，正常值18~20厘米。此径线可间接推测骨盆入口前后径的大小。

4.仰卧屈腿，双手抱膝，测量两坐骨结节间距离，正常值8.5~9.5厘米，代表骨盆出口的横径。

第37周第3天

行为胎教：
了解发生难产的原因

1.造成难产的原因

严重的全身性疾病。如果产妇患有心脏病、糖尿病、贫血、肾炎、重度妊娠中毒症等疾病，很容易导致出现难产。

身高过低。如果产妇的身高 < 1.4米，骨盆各经线短小，造成骨盆比普通产妇小许多，易出现难产。

高龄产妇。一般情况下，高龄产妇虽然骨盆正常，但是身体素质降低，骨关节伸缩性减小，也容易出现难产。

生殖器官的异常。如果产妇有会阴瘢痕、息肉、肿瘤、双子宫，双角子宫畸形或子宫肌瘤等，也会造成难产。

产力不足。因为产妇身体虚弱或在分娩过程中精神过于紧张，使大脑皮层过度兴奋，从而影响了子宫的正常收缩，降低了产力，易导致难产。

不配合医护人员。如果产妇不配合医护人员，也会致使产力不足而造成难产。

胎宝宝出现异常。胎宝宝巨大、畸形，或胎位异常，也是造成难产的主要因素。

2.应对难产的方法

针对造成难产的原因，有关专家总结出了以下3个方法应对难产，希望对正在待产的孕妈妈有所帮助。

保持积极乐观的心态，消除紧张的情绪。

按时去医院接受产检，及早发现问题及早解决。如果发现胎宝宝巨大或者其他不可逆转的问题，就需要以剖宫产娩出胎宝宝。

小贴士

提前学习临产注意事项

保持饱满的精神。在孕10月，孕妈妈要注意休息好，保持充足的睡眠。

保存体力。孕妈妈临产前一定要吃饱、吃好，为分娩积蓄足够的体力。

不远行。一般在接近预产期的前两周，孕妈妈就不能再出去游玩了。尤其是不适合乘车、船远行。

行为胎教：高危妊娠的孕妈妈要做好自我监护

第37周第4天

高危妊娠是指高度危及母婴健康和安全的妊娠，包括高龄初产妇、胎位不正、母婴血型不合、胎宝宝在宫内发育迟缓、妊娠高血压综合征、胎膜早破、羊水过少和过期妊娠等。高危妊娠孕妈妈要做的：首先是不要紧张，因为紧张有弊无益。只有有了良好的心境，才有利于母婴的身心健康。其次，要学会计数胎动。每日计数胎动三次，每次数1小时，时间分别在上午7~8点钟，中午12~1点钟，晚上9~10点钟。三次胎动次数相加乘4，便是12小时的胎动次数。正常胎动次数每小时3~5次，12小时不能少于10次。胎动过频或过少，均提示胎宝宝缺氧；胎动消失，则是求救信号。

最后，睡姿应取左侧卧位。这种睡姿有三大优点：（1）避免子宫压迫下腔静脉，增加血液排出量，减少浮肿，增加子宫、胎盘和绒毛的血流量；（2）使右旋子宫转向直位，有利于胎宝宝发育，减少胎宝宝窘迫和发育迟缓的发生率；（3）避免子宫对肾脏的压迫，使肾脏保持充足的血流量，有利于预防和治疗妊娠高血压综合征。

高危孕妈妈只有做好自我监护，密切配合医生的观察、处理，才能顺利度过怀孕期，迎接“小天使”的降临。

第37周 第5天

音乐胎教：欣赏《春之歌》

《春之歌》选自门德尔松的钢琴独奏曲集《无词歌集》。门德尔松是德国作曲家，与舒曼同为德国浪漫主义音乐的杰出代表。这支曲子是门德尔松创作的所有无词歌中最为著名的曲子，不仅用于钢琴独奏，还被改编成管弦乐曲以及小提琴和其他乐器的独奏曲而广为流传，深受世界人民喜爱。

这首被冠以《春之歌》标题的无词歌具有流水般轻柔的浪漫旋律，使听众沉醉于快乐的气氛中。曲式虽单纯，但十分巧妙地运用了装饰音，从而利用钢琴创下了前所未有的漂亮效果，由此我们不得不对门德尔松的天才发出赞叹。在伴奏与踏板的关系中，也显示出浪漫主义时代的钢琴音乐特色。

它们与传统奏鸣曲完全不同，都是即兴式的、无拘无束的短曲，最短的不到一分钟，最长的也不过4分钟。它们集中体现了门德尔松的浪漫主义气质，首首精致典雅、隽永含蓄，旋律清新优美，手法简洁精练，充满诗情画意，像是一朵朵月光下盛开的小花，清香怡人，完全可以当做小品听。

语言胎教：给胎宝宝讲《3只小猪盖房子》

第37周第6天

猪妈妈有3个孩子，一个叫小黑猪，一个叫小白猪，还有一个叫小花猪。

有一天，猪妈妈让小猪们各自去盖一间房子。3只小猪高兴地接受了任务走了。走着，走着，看见前面一堆稻草。小黑猪忙说：“我就用这稻草盖草房吧。”小白猪和小花猪一起向前走去，走着，走着，看见前面有一堆木头。小白猪连忙说：“我就用这木头盖间木房吧。”小花猪还是向前走去，走着，走着，看见前面有一堆砖头。小花猪高兴地说：“我就用这砖盖间砖房吧。”于是，小花猪一块砖一块砖地盖起来。不一会儿，汗出来了，胳膊也酸了，小花猪还不肯歇一下。砖房盖好啦！小花猪乐得直笑。

山后边的大灰狼听说来了3只小猪，便来到草房前，叫小黑猪开门。小黑猪不肯开，大灰狼用力撞一下，草房就倒了。小黑猪急忙逃向木房，木房里的小白猪听见呼救，连忙打开门，让小黑猪进来，又把门紧紧地关上。大灰狼来到木房前，叫小白猪开门。小白猪不肯开。大灰狼用力撞一下，小木房摇一摇。大灰狼又用力撞了一下，木房就倒了，小黑猪、小白猪急忙逃向砖房，砖房里的小花猪听了，连忙打开门，让小黑猪和小白猪进来，又紧紧地把门关上。

大灰狼来到砖房前，叫小花猪开门。小花猪不肯开。大灰狼用力撞一下，砖房一动也不动，又撞一下，砖房还是一动也不动。大灰狼用尽全身力气，对砖房重重地撞了一下，砖房还是一动也不动。大灰狼头上却撞出了3个疙瘩，四脚朝天地跌倒在地上。大灰狼看到房顶上有一个大烟囱，就爬上房顶，想从烟囱里钻进去。3只小猪忙在炉膛里添了许多柴，把炉火烧得旺旺的。大灰狼从烟囱里钻进去后跌进了大炉膛，被炉火烧死了。

第37周第7天

语言胎教：通过儿歌提高宝宝的认知能力

儿歌旋律优美、节奏和谐、情感真挚，可以给孕妈妈美的享受，从而使胎宝宝得到熏陶。另外，儿歌中有大量的作品，都是以某方面的知识为题材，可以形象有趣地帮助胎宝宝认识自然界，认识生活，启迪引发胎宝宝的思维和想象能力，待胎宝宝出生及长大后，适应能力、语言表达能力、思考能力都可能比未进行过此项胎教的孩子要好。下面这两首儿歌，孕妈妈不妨常读给胎宝宝听。

风不吹，树不摇，
鸟儿也不叫，
好宝宝要睡觉，
眼睛闭闭好。

这首儿歌适用于晚上即将睡觉时为胎宝宝讲，这样一方面能让胎宝宝了解黑夜与白天的不同，另一方面有节奏变化的韵律能让胎宝宝安静快速地入睡。

小白兔，白又白，
两只耳朵竖起来，
爱吃萝卜和青菜，
蹦蹦跳跳真可爱。

小松鼠，尾巴大，
轻轻跳上又跳下，
我帮你，你帮他，
采到松果送回家。

这些关于动物的儿歌简短、形象，十几个字，就将动物的特征说出来了。当你给胎宝宝讲述这些儿歌时，不妨拿着相应的画册，一边讲述儿歌，一边指着画册上的儿歌对胎宝宝说："宝宝你看到了吗，公鸡就是这个样子。"或者"宝宝，你看，小白兔和小松鼠的生活习性不一样，小白兔爱吃萝卜，小松鼠爱吃松果。"

胎宝宝虽然不能看到小白兔、小松鼠究竟长的什么样，但对此也会存在一定的记忆，出生后当妈妈再次说起这些儿歌时，宝宝会做出令你意想不到的反应。

情绪胎教：笑一笑

第38周第1天

把碎片收拾起来

父亲下班回到家里，他的几个女儿围过来，依次汇报自己今天在家里干了些什么活。“我把所有的碗碟都洗干净了。”大女儿说。“我把它们都抹干净了。”二女儿说。“我把它们放到碗柜里去了。”三女儿说。最后，轮到年纪最小的姑娘，她怯生生地小声说：“我……我把碎片都收拾起来了。”

哪儿景色好

爸爸带着儿子气喘吁吁地爬到山顶。爸爸说：“快看哪，我们脚下的一片平原景色多好！”“既然下面的景色好，我们干吗要花三个小时爬到上面来呢？爸爸！”

所以他们都死了

两个男孩在交谈：——听说，我们的祖先没有电，没有收音机，也没有电视，我不明白，他们是怎么生活的？——所以，他们都已经死了。

有来有往

有位教授，很有艺术家风度。一天，他在去大学的途中遇见一位擦皮鞋的男孩，男孩问他是否擦皮鞋。教授看了看小孩，和蔼地说：“孩子，如果你能把脸洗洗干净，我就赏你六个便士，”说罢，那孩子就去喷水池旁洗净了脸，那教授果然给了他六个便士，但那孩子又把钱还给他，说：“先生，这六个便士我送给你，请你去理发店把头发修剪一下。”

正当时候

浴室中的水管已经爆裂了。屋主人在管道匠来到以前，用他的手去阻塞流水。忽然他小儿子冲进浴室，狂喊着：“爹爹，现在你可以让水管放水了。”

“谢天谢地，”父亲说，“管道匠来了？”

儿子的回答是：“不是，房屋着火了。”

第38周第2天

行为胎教：了解“导乐”，享受顺利分娩

“导乐”一词来源于西方，西方医学界习惯把有生育经历和接生经验的女性称为“导乐”。她们乐意照顾产妇，并在整个产程中给产妇以持续的心理、生理及感情上的支持，以此帮助产妇顺利渡过生产难关。

1.“导乐”的作用

在临产时，为产妇配备一位“导乐”，能为产妇和医生提供非常大的帮助。她能给产妇热情的支持，及时发现问题予以纠正，还能解释产程中出现的问题及每一阶段的进展，鼓励产妇努力生产。“导乐”的具体作用如下。

缩短产程时间。

“导乐”可以有条不紊地指导产妇，使产程缩短25%左右。

降低剖宫产的概率。

剖宫产率可下降50%左右，经阴道分娩的难产率也会明显降低。

减少失血量。

由于“导乐”的陪伴，产妇产程缩短，产后出血量也明显减少。同时还增加了母乳喂养的概率。

降低产钳使用率。

产钳助产率减少40%，降低了新生儿损伤率和窒息率。

2.“导乐”的工作内容

向产妇传授分娩经验：随时提供分娩指导，给予产妇精神支持；随时提供生活上的帮助；成为产妇与家属沟通的桥梁；进行产后护理指导。

行为胎教：了解快速、顺利住院的方法

第38周第3天

1.找好去医院的路线

准爸爸一家要做好路线勘探工作：家离医院有多远；乘什么交通工具去医院；在上下班时间交通拥挤时，从家大约需多长时间到达医院……另外，准爸爸最好寻找到一条备用的路线，以便当第一条路堵塞时能有另外一条路可供选择，能尽快送孕妈妈到达医院。

2.抵达医院后需要做的事情

办理住院手续。向医生出示身份证、保健卡等相关证件，按照流程办理入院手续。

接受医生的问诊。孕妈妈回答医生提出的问题，如果恰巧出现阵痛，孕妈妈可以把阵痛的强度、间隔或其他的疑问提出来，向医生进行咨询。

内诊。通过内诊，医生可以了解子宫口张开及胎宝宝下降的程度。另外，有的医院也会让孕妈妈做超音波检查，以确定胎宝宝的大小。

进入病房。处理好上述几件事后，孕妈妈就可以放心地住进待产室，耐心地等待胎宝宝的降临了。

进入分娩室。在子宫口全开，阵痛间隔已变成1分钟后，产妇就会被推进分娩室，在医生的帮助下娩出胎宝宝。

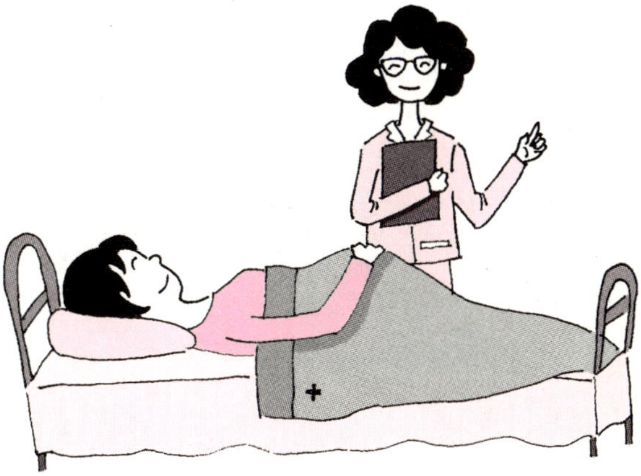

第38周第4天

情绪胎教：品读古诗，缓解紧张情绪

《饮湖上初晴后雨》

作者：苏轼

水光潋滟晴方好，山色空蒙雨亦奇。

欲把西湖比西子，浓妆淡抹总相宜。

欣赏美景也是一种胎教，你可以让梦想插上翅膀，让宝宝也能欣赏到美景。这是一首描写西湖美景的诗。西湖的美，无人不知，犹如一位娇羞的美女，总怕别人把她的容颜看真切了。大多人来西湖游赏都盼望有一个晴好的天气，可偏偏总是下雨，所以诗人描述的西湖，总是蒙上了雨雾的。不过，它的烟雨朦胧的雨中之景更是惹人喜爱，放眼望去，一片迷蒙，对面的苏堤、断桥、湖中小岛上的亭台楼榭，湖面上飘荡的小船……这一切，宛如一幅秀美的中国山水画卷，令人迷醉。

你可以任凭思绪飞舞，把想象到的美景对腹中的胎宝宝诉说，让这些美的元素透过你的思维传入胎宝宝的大脑中，让他感受到舒适与怡然。

语言胎教：欣赏文学作品，转移注意力

第38周第5天

在孕晚期，文学胎教是沟通母子感情的一种重要方式。孕妈妈的心情不同，选择的书也不一样。而文学和音乐一样，容易对人的情绪产生影响。孕妈妈心情好，就会选择优雅的文学作品，然后以柔和的语言传达给胎宝宝。相反地，优雅的文学作品也能影响孕妈妈的心境。优秀的文学作品能激发孕妈妈的爱子之情，也能提高其修养，让她同时体会到优美的意境和宁静的情韵。

读书能优化胎内环境，让胎宝宝出生后性格良好，情绪稳定。今天，我们就为孕妈妈们推荐大诗人泰戈尔的作品欣赏《飞鸟集》中的几首小诗，希望孕妈妈在诗中能得到一些启发，缓解分娩造成的紧张、恐惧情绪。

（一）

夏天的飞鸟，飞到我的窗前唱歌，又飞去了。

秋天的黄叶，它们没有什么可唱，只叹息一声，飞落在那里。

（二）

世界对着它的爱人，把它浩瀚的面具揭下了。

它变小了，小如一首歌，小如一回永恒的接吻。

（三）

有一次，我们梦见大家都是不相识的。

我们醒了，却知道我们原是相亲相爱的。

（四）

有些看不见的手，如懒懒的微飙的，正在我的心上奏着潺潺的乐声。

——泰戈尔·《飞鸟集》节选

第38周第6天

美育胎教：欣赏《飞不走的蝴蝶》

妈妈，蝴蝶是飞不走的，你的斜条纹的衣裙，没有洒上我们伊里亚那人梦中的香水，但是，妈妈，蝴蝶是不会飞走的。

你的慈爱是圣那安露一片低缓的谷地上，静默开放着的天竺花，当风吹来又逝去的时候，你就只有沉默了；当一群黄莺匆匆忙忙地摇振翅翼，你就只有孤独了；而当一只有油画颜色的蝴蝶飞进你的柔情，妈妈，你的眼睛像风岛上明亮的灯光。

你曾对父亲说，要给所有的人以爱，他纠正说：不，是慈爱。那以后不久，你就拥有一位带着克朗镇风味的女儿。

记得你叫过我猫咪，我叫一声就跑开了；你还叫过我法绒犬，后来，我真的像犬一样地独自在家园外遥远的路途上逡巡。

妈妈，那一次的外出好险呵，我刚刚读完一篇《为爱喝彩》，结果，在傍晚，你和父亲几乎和夕阳一道找遍整个地球。

深夜，你又重新唱起了歌，“飞走的蝴蝶呵，留下一片花园在悲怆。”

妈妈，想起因年轻而萌发的草率，即使你不是温馨的花园，我却已经是一只懂事的蝴蝶，一只再也飞不走的蝴蝶。直到你枯萎，直到我变成空气中一粒微不足道的尘埃，我也是伊里亚那那一座叫做安妮的花园里一只飞不走的蝴蝶。

——玛丽·格丽娜（美国）

营养胎教：宫缩期进食技巧

一般情况下，初产妇因宫颈口较紧，扩张较慢，仅第一产程就需12~16小时之多。而产妇摄取的营养，既要满足自身呼吸、心跳、排泄等基础生命活动的消耗，又要为胎宝宝生存提供必需的养分，还要为子宫收缩所需提供大量的能量。所以，产妇在分娩过程中必须进些高能量、易消化的食物。但由于临产时阵发性的宫缩疼痛，常常会影响产妇的食欲，因此，产妇要学会宫缩期进食的技巧。比如，可以根据自己的喜好，选择进食如蛋糕、面汤、稀饭、牛奶、藕粉、巧克力、水果、饮料等。注意不要过于饥渴，也不能暴饮暴食；千万不可在临产前一次就吃好几个鸡蛋，这样会增加胃肠负担，引起腹胀、呕吐等后果。

分娩时能较好补充能量的食物，很多营养学家和医生都推崇巧克力，认为它可以充当“助产大力士”，并将它誉为“分娩佳食”。原因有二：

其一，巧克力营养丰富，含有大量的优质碳水化合物，而且能在短时间内被消化吸收和利用，产生出大量的热能以供消耗。

其二，巧克力体积小，发热多，而且香甜可口，吃起来也方便，只要在临产前吃一两块，就能补充分娩过程中损失的热量。

因此，在临产前如果适当吃些巧克力，将对分娩十分有益，孕妈妈不妨备些巧克力，以备关键时刻助自己一臂之力。

不过巧克力也不能吃太多，不然会觉得腻，甚至恶心，对分娩反而会造成不好的影响。

第39周第1天

行为胎教：了解聘请月嫂的相关事宜

快要分娩了，孕妈妈要考虑很多问题，聘请月嫂是其中很重要的一项。一般情况下，孕妈妈生完宝宝以后都需要休息1~3个月，以恢复调养身体。另外，宝宝也需要有专人护理。请个专业水准高，具备专业产妇护理知识的月嫂是一种很好的选择。

因为月嫂的护理水平良莠不齐，孕妈妈需要提前了解请月嫂的相关事宜，并做好选择。一般情况下，月嫂的主要工作内容有以下几个方面：

指导母乳喂养，给产妇准备月子餐。

帮助产妇搞好个人卫生，并保证休养环境的干净整洁。

指导产妇的活动，协助产妇恢复形体。

指导产妇喂养新生儿。

对新生儿进行日常护理，包括脐部、眼部、臀部等部位的护理。

保护新生儿健康，使其免受细菌、疾病的感染。

小贴士 选择月嫂的流程

1. 选择口碑好的月嫂公司。孕妈妈可以从家人、朋友推荐的月嫂公司中选择几家。

2. 面试月嫂。月嫂的人品和性格都很重要，这些都需要面试才能确定。

3. 与月嫂公司签订合同。认真了解合同条款，明确服务价格和工作项目、时间。

4. 填写“月嫂服务评价表”。一般情况下，正规的月嫂公司会要求客户对月嫂的服务进行考核。这样，客户不满意的时候，就可以向月嫂公司提出更换月嫂的要求。

运动胎教：帮助顺利分娩的拉梅兹呼吸法

拉梅兹呼吸法指的是以胸式呼吸为基础的拉梅兹分娩法，顾名思义，就是可以帮助孕妈妈顺利分娩的一种方法。进入孕晚期后，孕妈妈可以在准爸爸的帮助下进行拉梅兹呼吸法的训练，效果会很好。

拉梅兹呼吸法根据分娩的流程分为4步，以下将逐一进行介绍。

1.阵痛开始时

操作步骤：当分娩的前兆——阵痛开始后，孕妈妈要先做一次深呼吸，接着以胸式呼吸为基础，呼气和吸气保持相同的频率，每分钟各进行12次左右即可。

注意事项：孕妈妈要学习随着子宫收缩就开始吸气、呼气，反复进行。

2.宫口张开打到6~8厘米

操作步骤：孕妈妈取仰卧位，双手自然平放于身体两侧，吸气、呼气频率相同。呼气和吸气要采用短促的胸式呼吸，频率最好控制在每隔2秒钟呼吸1次，即用鼻子吸气1秒钟，用嘴呼气1秒钟即可。

注意事项：孕妈妈要让自己的身体完全放松，同时眼睛注视着一个点不动。

3.宫口全开

操作步骤：孕妈妈将两腿张开，双手放在同侧膝窝下。深深吸口气然后憋住呼吸，模仿排便的动作往下用力协助胎宝宝娩出。过15~20秒钟后，在憋不住呼吸时用力呼气。

注意事项：这个时候的呼吸感就像在吹气球，产妇可以根据子宫收缩的程度适当调节呼吸的速度。

4.胎头露出时

操作步骤：当从阴道口可以看到胎头后，产妇要立即停止腹部用力。接着改用大口向外呼气，并进行快速的呼气，同时使身体放松。

注意事项：此时，产妇的下巴要后缩，略抬头，完全放松骨盆肌肉。产妇要控制好呼吸的节奏。

第39周第3天

营养胎教：产前吃鱼促进乳汁分泌

鲤鱼有健脾开胃、利尿消肿、止咳平喘、安胎通乳、清热解毒等功能。到了最后一周，孕妈妈面临分娩，心里多少会有些压力，由此易引发食欲不振，食量降低。此时，准爸爸可为孕妈妈煮碗鲤鱼汤，能有效改善食欲不振的状况。另外，孕妈妈常喝鲤鱼汤还能刺激乳汁分泌。

☆清蒸鲤鱼

材料：鲤鱼1条，蒸鱼豉油2汤匙（30毫升），盐1/2茶匙（3克），料酒1茶匙（5毫升），水发香菇3朵，冬笋50克，青葱3根，姜10克。

做法：（1）鲤鱼去鳞、去内脏，洗净后用刀倾斜45°在鱼身上切几刀，深大约2厘米。每刀之间间隔5厘米。（2）在鱼身反面撒上盐和料酒，用手抹开，腌制10分钟。香菇泡软后切片。冬笋洗净后，切成薄片备用。葱切段，姜切片。（3）将葱段铺在盘子里，放上鱼，在鱼身的切口内，放上一半儿切好的香菇片、笋片、姜片，另一半填在鱼肚子里。（4）淋上蒸鱼豉油，再切少许的葱段和姜丝撒在鱼身的表面。（5）蒸锅里加水，放入鱼，加盖用大火蒸到冒热气后，继续蒸8分钟即可。（6）取出撒上红辣椒丝即可。

☆清汤鲤鱼丸

材料：鲤鱼500克，松蘑（干）50克，料酒15克，香油5克，盐4克，大葱15克，姜5克，香菜10克。

做法：（1）将松蘑用温水泡发，去蒂洗净，下入开水锅内汆熟；（2）葱姜切末，剩余的葱切成段；（3）香菜择洗干净切末；（4）鲤鱼肉洗净剁成蓉，加少许水、料酒、香油、精盐、葱姜末拌匀，制成鱼丸；（5）锅内添水烧开，加精盐、葱段，放入鱼丸煮熟，再放入松蘑、撒入香菜末即可。

音乐胎教：听一听小步舞曲

第39周第4天

小步舞曲（Minuet）原是起源于法国农村的一种三拍子舞蹈音乐。现在小步舞逐渐进入法国宫廷和贵族社会，成为贵族舞曲。风格也变为速度徐缓，风格典雅的舞曲。

巴赫

巴赫写过一百多首小步舞曲，有的甚至没有命名。比较著名的一首《G大调小步舞曲》是巴赫全部作品中较为流行的通俗作品，被后人改编为各种音乐形式，广受欢迎。全曲结构简单，始终给听众一种清新欢快的感觉。

比才

法国作曲家比才的《小步舞曲》是一首具有法兰西风格并糅合了西班牙情调的田园诗，曾有人这样评价："它洋溢着作者心中的梦幻，形式淳朴自由，音调悠扬高雅，像慈母的微笑，像洁白的爱情的结晶，提琴部分的香气在弦线上散发出来，温柔的泪珠滚流着。"

第39周第5天

音乐胎教：减轻分娩疼痛的音乐疗法

音乐在分娩时也能起到神奇的作用，如果你在产前挑出一首最喜欢、最熟悉，并且能唤起你愉悦情绪的音乐，这将对缓解分娩疼痛非常有好处。

1.音乐疗法能镇痛

国内外都有在产房放音乐来缓解分娩疼痛的尝试，音乐疗法能使呼吸、血压、心跳保持平稳，肌肉放松，进而调整精神状态，使注意力转移到音乐的旋律、节奏、音高及快慢上，因而分散对分娩疼痛的感应力。

不过音乐疗法要提前进行训练，以便及早挑出最喜欢、最熟悉、最能唤起愉快情绪的音乐，起到最佳的镇痛效果，你可以单纯地听音乐，也可以把音乐跟其他活动结合起来。

2.音乐疗法配合身体运动

在听音乐的时候，你可以在音乐的节奏中，把身体各个部位活动开，依次轻拍大腿、腰部、手臂、手腕，这同时也有助于你对分娩怀有主动和积极的心态。

3.音乐配合腹式深呼吸

跟着音乐的旋律和节奏，一边想象一边放松身体，然后进行腹式深呼吸，先慢慢用鼻吸气入腹部，小腹凸出；然后再慢慢张嘴吐出，小腹收回，这可以帮助你进入到一种舒适的状态。

音乐胎教：欣赏《D大调第三管弦乐组曲》

第39周第6天

相关研究显示，孕晚期的胎教音乐应选择感情丰富、舒缓、充满希望的音乐，以舒缓孕妈妈的紧张情绪、减少焦躁和不安的负面情绪，帮助孕妈妈做好迎接天使降生的准备。而巴赫所作的《D大调第三管弦乐组曲》则充满生活的情调，适合用做胎教音乐。

这首组曲由5个乐章组成。第1乐章序曲，气势庄严、雄壮；第2乐章咏叹调，旋律质朴，富于歌唱性，带有巴洛克后期的夜曲风格；第3乐章《加沃特舞曲》和第4乐章布列舞曲都表现出一种活泼愉快的情绪；第5乐章吉格舞曲，是一首以双簧管和小提琴演奏为主的华丽舞曲。

第39周第7天

行为胎教：提前准备好待产包

1.妈妈衣服

（1）睡衣睡裤：应以宽大舒适、透气良好、吸湿性强、穿脱方便为原则。应选择纯棉、丝绸或针织质地的，腹部及腰部要肥大，避免腹部受到约束。应准备多套以供更换，因为孕妈妈怕热、出汗多，而且临产前有时会有血液或羊水的污染。

（2）内衣内裤：也应选择纯棉质地的，而不应选择化纤、羊毛质地的。内衣、内裤一定要选择纯棉的，要宽大、舒适，也应准备多件供更换。

（3）出院时穿的衣服：由于出院时胎宝宝已娩出，腹部变小，入院时的衣物往往已不能再穿，应准备一套衣裤出院时穿。

2.喂奶衫

目前，母乳喂养已深入人心，因此准备几件喂奶衫，对喂奶是非常方便的。因为乳汁会经常溢出，乳房也会觉得很沉，此时你就可使用乳垫来吸收多余的乳汁，用乳罩来承托沉甸甸的乳房，以避免乳房下垂。

3.洗漱用品及日常生活用品

从住院待产到产后回家，可能要在医院住上一段日子。因此，应准备一些洗漱用品及日常生活用品，尤其要多准备几条小毛巾，待产后可用于擦洗乳房用，也可当围嘴防止新生儿吐奶、吐羊水。

4.卫生纸及卫生巾

临产前，可能会见红、破水；产后会有恶露，因此一定要有充分的准备。卫生巾最好准备医用的、较宽的专用卫生巾，卫生纸要选大卷的。

5.腹带

对于腹部过度松弛，悬垂腹的孕妈妈，于分娩前可使用腹带，以减轻腹部坠胀感。产后还可以防止腹壁过度松弛。

6.软底鞋及拖鞋

临产前，往往脚部会有不同程度的浮肿，因此一定要选择一双稍肥大、松软的软底鞋。

行为胎教：
做好住院的准备

第40周第1天

1.检查行李

前往医院前，孕妈妈要确认母子健康手册、保健卡、诊察卡、身份证等住院必备的各种证件及减轻疼痛的用品是否已准备齐全，并已放入行李袋中。

2.摘下隐形眼镜

生产的时间较长，有的孕妈妈一整晚都会在待产室过度，还会因某种情况的变化不得不采取剖宫产。因此，戴隐形眼镜的孕妈妈还是摘了为好，以免对生产造成不良影响。

3.卸妆

到了医院后，医生或护理人员要对孕妈妈进行问诊，然后进行一系列的安排，可能就没有卸妆的时间。因此，在前往医院前就应该卸好妆，以免到了医院后耽误时间。

4.沐浴

前往医院前，孕妈妈应彻底清洗身体，以保持清洁，这对减轻疼痛或放松非常有益。如果有破水的情况发生，应避免洗澡，最好保持静卧状态，以免羊水流出。

5.放松

前往医院以前，孕妈妈应确定已经掌握分娩呼吸法，并在家中重复练习几次，以免到了医院后因紧张而忘记呼吸节奏。

6.确认门窗已经锁好

出门前，要记得关闭电源、门窗，确认已经携带好钥匙，别忘了防火或防盗。

第40周 第2天

行为胎教：了解临产的征兆

不懂孕期保健、缺乏分娩先兆常识，有时会使孕妈妈将孩子生在路旁、火车上，乃至厕所中。这样必然会损害产妇和婴儿的健康，甚至可能送掉母、婴性命。因此，孕妈妈掌握一些分娩先兆常识是非常必要的。其表现主要有以下几点：

1.子宫底降低

在正式分娩前两周左右，孕妈妈会出现子宫底下降、腹部向前下部凸出现象，此时胎动较前减少，孕妈妈感觉上腹部较为舒适，呼吸较前畅快，胃口增加，但有尿频及下腹坠感或腰酸腿痛，行动不便，阴道分泌物增加。这对初产妇来讲，预示胎头已入盆固定；也预示经产妇胎头入盆，或接近入盆。

2.子宫收缩

从孕8个月末开始，孕妈妈无论在站立还是坐或行走时都会感到腹部一阵一阵地发紧变硬，此为子宫开始收缩。每次宫缩的间隔时间长短不一，短者十数分钟，长至两小时，宫缩持续时间较短的每次最长不超过半分钟，宫缩多在夜间出现，且不能使子宫口开大，称之为“假性阵痛”。在孕38~40周即进入分娩活动期，在这段时间里若每隔2~3分钟宫缩1次，持续30~40秒，伴宫口进行性开大，这才是临产前的宫缩。

3.阴道出现血性分泌物

这是由于子宫颈口扩张，使宫颈内口附近的胎膜与子宫壁分离，致毛细血管破裂，俗称“见红”。一般见红的血量少于平时月经量，若超过月经量则为异常。见红常在分娩开始前24小时内出现。

总之，如果出现上述分娩先兆，预示孕妈妈即将分娩，应该做好准备。但不用急于去医院，一般初产妇大多数从最初感觉到临产征兆至真正分娩往往还有1~2天时间。而经产妇在这个过程中需要的时间会相对少一些。

此外，凡妊娠7个月以后，有肠炎、痢疾、严重咳嗽等病要及时治疗；平时行动宜轻缓，避免暴力外伤、剧烈运动，没有十分必要不要外出旅行与探亲。

营养胎教：有利于分娩的营养饮食

第40周第3天

这个时候，保证足够的营养，不仅可以供给宝宝进一步生长发育的需要，也有利于孕妈妈顺利的分娩。如果营养不足，不仅对婴儿的成长不利，而且孕妈妈自身也容易发生贫血、骨质软化等营养不良症，这些病症会直接影响临产时的正常的子宫收缩，容易发生难产。孕妈妈应多吃些富含铁的蔬菜，如菠菜、紫菜、芹菜、海带、黑木耳等。

中医认为："将产时，宜食白粥，勿令饥渴，已乏气力。"就是说，一碗白粥也是比较适宜于这个时期的孕妈妈的饮食选择。

下面根据产程的不同，介绍了适合产妇食用的不同食物。

1.第一产程

一般来说，第一产程需要的时间比较长，产妇的睡眠、休息、饮食质量都会受到阵痛影响，此时食用半流质或软烂的食物是最好的。由此，家人可以为产妇准备鸡蛋面、面包、蛋糕等食物。

2.第二产程

由于快进入第二产程时，子宫收缩频繁，导致产妇疼痛加剧，能量的消耗也随之增加，产妇就需要在宫缩间歇进食一些流质食物，如果汁、藕粉等，以帮助产妇补充体力，帮助胎宝宝顺利娩出。

3.选择分娩食物的注意事项

选择分娩食物的标准是能被够快速消化、吸收，能快速为产妇补充体力的食物，以高糖或淀粉类食物为首选，同时，不要选择油腻、蛋白质过多、不易消化的食物。

小贴士

临产前要少吃多餐

因为此时孕妈妈胃肠受到压迫，可能会有便秘或腹泻。所以，应坚持少吃多餐的饮食原则，一定要增加进餐的次数，每次少吃一些，而且应吃一些容易消化的食物。越是临产，就越应多吃些含铁质的蔬菜，如菠菜、紫菜、芹菜、海带、黑木耳等。

第40周 第4天

情绪胎教：调整分娩前的情绪

这个月孕妈妈的心情是复杂的，既有对胎宝宝降生的渴望，也有对分娩过程的担心。所以，孕妈妈必须调整好心态，认真做好孕期保健，努力配合医务人员，只有这样，分娩过程才会很顺利。反之，精神过度紧张，势必引起血压升高、宫缩乏力、产后出血等不良状况。

当孕妈妈出现分娩征兆时，一定要保持稳定的情绪，一旦宫缩开始，产程启动，不要慌乱，因为烦躁不安会消耗体力，使产程延缓，增加分娩痛苦。应坚定信心，相信自己能在医生和助产士的帮助下安全、顺利地分娩。

在这个过程中，母体产道产生的阻力和子宫收缩相互作用，成为帮助胎宝宝前进的动力，虽然会给孕妈妈带来一些不适，这是十分自然的现象，不用害怕、紧张。孕妈妈的承受能力、勇敢精神也会传递给婴儿，是宝宝性格形成的最早期的教育。

对于分娩，不少孕妈妈会感到恐惧，犹如大难临头，烦躁不安，甚至惊慌，无所适从，这种情绪既容易造成宫缩无力，产程延长，也会对宝宝的情绪带来较大的刺激。

行为胎教：孕妈妈产前禁忌

第40周 第5天

一忌怕：不少孕妈妈由于缺乏常识，对分娩有程度不同的恐惧心理。这种不良的心理，不仅会影响孕妈妈临产前的饮食和睡眠，而且还会妨碍全身的应激能力，使身体不能很快地进入待产的“最佳状态”，因而影响正常分娩。

二忌急： 有些孕妈妈在分娩上也是一个急性子，没到预产期就焦急地盼望能早日分娩，到了预产期，更是终日寝食不安。她们不懂得预产期有一个活动范围，提前10天或错后10天左右，都是正常现象。俗话说“瓜熟蒂落”，不必着急。

三忌粗心： 一些孕妈妈大大咧咧，到了妊娠末期仍不以为然。结果临产时常常由于准备不充分，而弄得手忙脚乱。这样很容易出差错。

四忌累：到了妊娠期，活动应该适当减少，工作强度亦应适当减低，特别是要注意休息好，睡眠充足。

五忌懒：孕期活动量过少的产妇，更容易出现分娩困难，所以，孕妈妈在妊娠末期不宜生活得过于懒惰，更不宜长时间地卧床休息。

六忌忧： 调查表明，孕妈妈在生活、工作上遇到较大的困扰，或者是发生了意外的不幸事件，都可使孕妈妈产前精神不振、忧愁、苦闷。这种消极的情绪可以影响顺利分娩。

七忌孤独：孕妈妈临产前都会出现一定程度的紧张心理，此时她们非常希望能有来自家人尤其是丈夫的鼓励和支持。所以，作为丈夫，在妻子临产前应该尽可能拿出较多的时间陪伴妻子，亲自照顾她的饮食起居，使她感到你在和她一起迎接着考验。这是丈夫对于妻子生产的最好帮助。

八忌饥饿：孕妈妈分娩时会消耗很大的体力。因此孕妈妈临产前一定要吃饱、吃好。此时家属应想办法让产妇多吃些营养丰富又易于消化的食物，切忌什么东西都不吃就进产房。

九忌远行： 在接近预产期的前半个月后，就不宜再远行了，尤其是不宜乘车船远行。

十忌滥用药物：分娩是正常的生理活动，一般不需要用药，也没有能使产妇腹痛减轻的药物。因此，产妇及亲属万不可自作主张，滥用药物；更不可随便注射催产剂，以免造成严重后果。

第40周第6天

行为胎教：选择合适的住院时机

选择适当的住院时机非常重要，既不要过早住院，造成不必要的经济负担和精神负担，也不要延误住院时机，造成母婴不必要的伤害。

1.正常妊娠和无妊娠并发症的孕妈妈不需提前入院

孕41周以前，如无产兆、无妊娠并发症、无剖宫产指征、无特殊不适的孕妈妈，可不必提前住院，仅需做好住院准备即可。因为过早住院，会导致待产时间过长，住院期间除日常监测外无任何处理，这常常导致孕妈妈休息不足，心情烦躁，且易受其他产妇的影响，造成不必要的产程干预和手术分娩，也额外地增加了经济和精神负担。

2.经产妇稍有征兆即可住院

距离医院较远者也应提前入院。经产妇因有过分娩经历，软产道均比较松弛，临产的征兆往往并不明显，有时仅稍感腰酸、腹坠。一旦临产，往往产程迅速，有发生急产、产道裂伤、院外生产的可能。

3.妊娠超过41周仍无分娩征兆者应住院待产

妊娠超过41周，因胎盘功能已下降，其发生胎死宫内、羊水减少、巨大儿、胎宝宝宫内缺氧等危险概率明显增高，应及时住院，加强监测，一旦出现不利因素，可及时引产、适时终止妊娠。

4.经产前系统检查有以下情况之一者应适时入院待产

（1）孕妈妈患有内科疾患，如心脏病、慢性高血压、肾炎、哮喘、甲亢、重度贫血等，应提前住院，进行系统检查，并严密监护，有情况及时处理。

（2）经孕期骨盆检查，确定存在骨盆狭窄、畸形，软产道异常，或胎宝宝估计巨大，阴道分娩困难者，应适时入院进行剖宫产。

（3）确诊妊高征的孕妈妈，如突然出现头痛、眼花、恶心呕吐、浮肿加重、抽搐甚至昏迷者，应立即住院，积极治疗，待病情稳定后适时分娩。

（4）孕晚期检查发现胎位异常者，如臀位、横位、斜位，多胎妊娠等，应提前住院，随时做好剖宫产准备。

情绪胎教：别让过期妊娠扰乱心情

第40周第7天

过期妊娠是指妊娠期已达或超过42周。导致过期妊娠的原因很多，主要有雌激素水平过低、胎盘硫酸酯酶缺乏、头盆不称、遗传等。

1.导致过期妊娠的原因

头盆不称：胎宝宝较大，胎头迟迟未入盆，宫颈未受到应有的刺激，使产程的开始推迟。这是较多见的原因。

雌激素水平低：血中雌激素水平的高低与临产有密切关系，血雌激素水平过低会引起过期妊娠。

胎盘硫酸脂酶缺乏：无法将这种活性较弱的脱氢表雄酮转变成雌二醇及雌三醇，以致发生过期妊娠。

遗传：有少数妇女的妊娠期较长，数胎均出现过期妊娠，有时尚见于一个家族，说明这种倾向可能与遗传有关。

2.过期妊娠对孕妈妈和胎宝宝的影响

缺氧：过期妊娠时，胎盘老化，胎盘功能衰退，经胎盘供给胎宝宝的氧气和营养减少，易导致胎宝宝皮下脂肪减少，全身脱水，皮肤干裂、皱褶等状况，像个小老人。这类胎宝宝很容易发生宫内死亡，即使出生，其健康状况也比正常分娩儿差，常常因脱水、贫血、肺部感染等而夭折。

难产：过期妊娠时，若胎盘的功能没有发生衰退，胎宝宝会在子宫内继续发育生长，最后形成巨大胎宝宝——胎宝宝体重超过4.0千克，身长超过55厘米，头颅变硬，两肩变宽。此时，由于胎宝宝过大，不仅会增加分娩的困难造成难产，同时也会增加胎宝宝颅内出血、母体产道损伤等的机会。

新生儿疾病：由于缺氧，还可引起胎宝宝肛门括约肌松弛，使胎粪排入羊水中，使羊水变混浊。在分娩过程中，如吸入混有胎粪的羊水，易造成新生儿吸入性肺炎。

孕妈妈一旦过期妊娠就要及时住院，在医院、医生可以复核预产期，评估胎宝宝大小及其生长发育情况，明确有无胎宝宝宫内缺氧、巨大儿及羊水过少情况，并进行胎宝宝监护，决定是否采用剖宫产。

生命的开始与成长

我们来认识子宫……

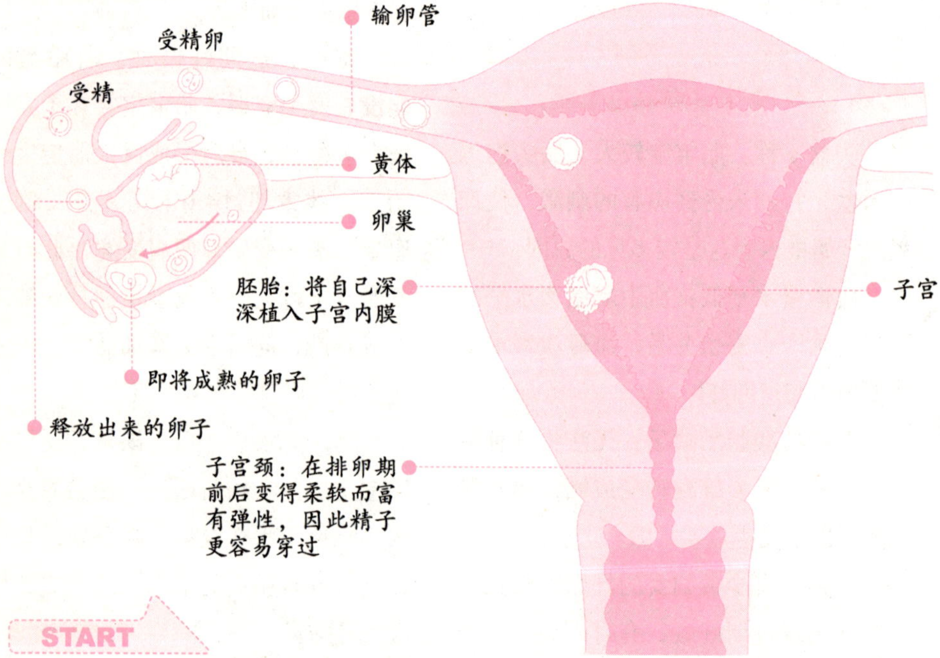

START

胎宝宝在前8周只是个可爱的“豌豆公主”，但生长迅速，积极摄取营养，开始为自己的人生做准备。

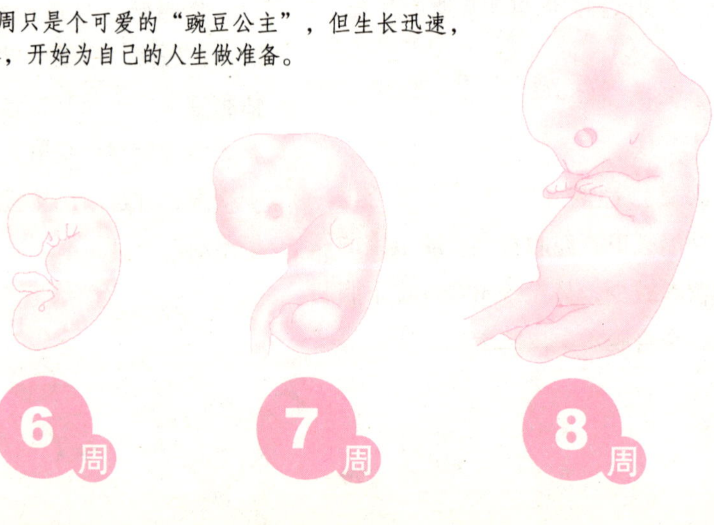

12周

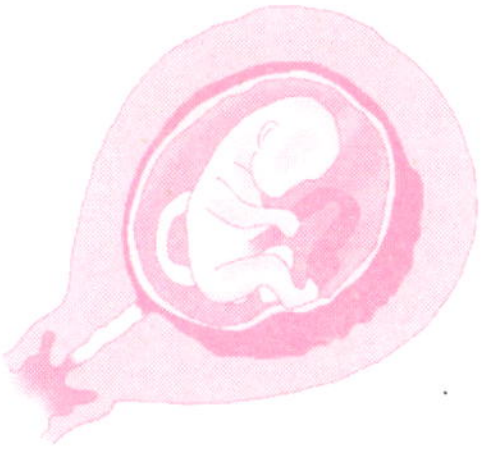

胎宝宝外耳发育良好，纤细的手指和脚趾已经成形。

16周

胎宝宝的头按比例看起来太大，此时胎宝宝已经有了颈部，手指有自己特有的指纹。

20周

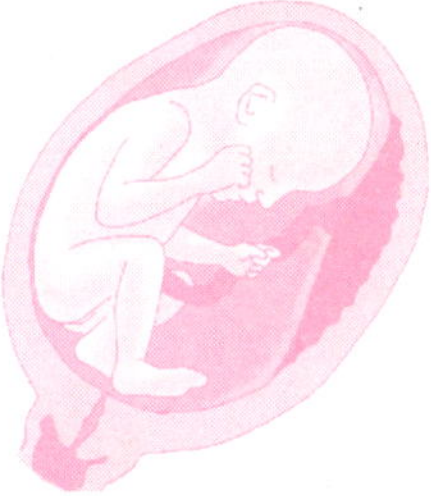

胎宝宝能够握紧自己的双手，挥舞小小拳头，双腿与身体其他部分的比例也相称了。

24周

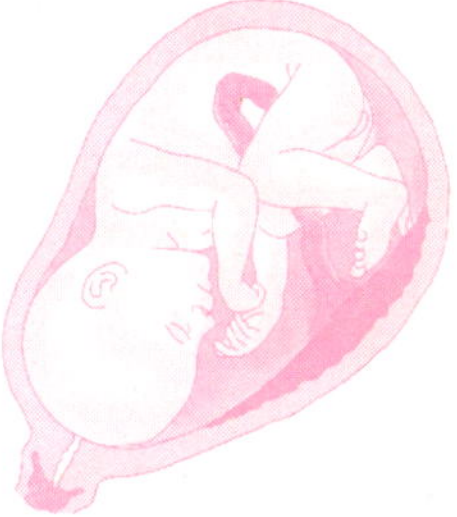

胎宝宝的皮肤变得厚实了，但是面部还是显得瘦小，两眼显现突出。

28周

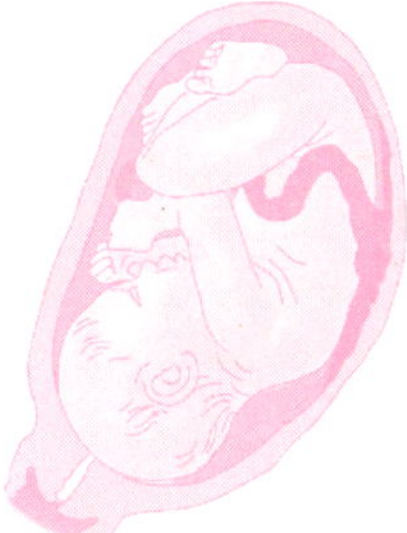

胎宝宝的面部与身体覆盖着 胎脂，听力已发育好。

32周

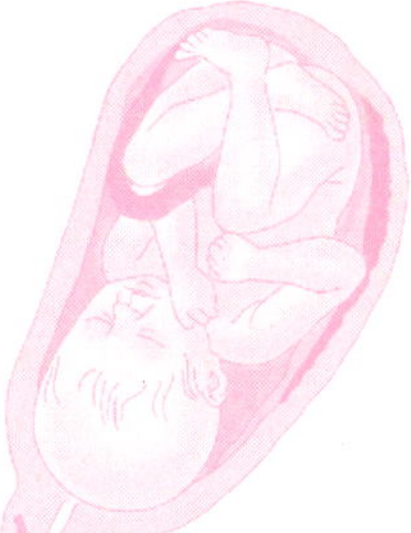

胎宝宝的头与身体的比例与将来出生时相同。

36周

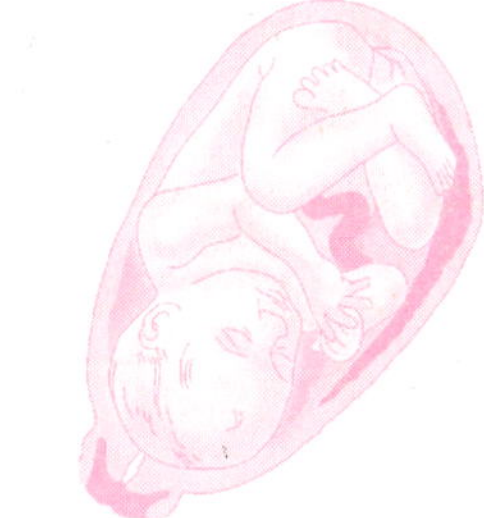

胎宝宝随着脂肪的沉淀，外形更丰满，皮肤呈粉红色，他的头发长到5厘米。

40周

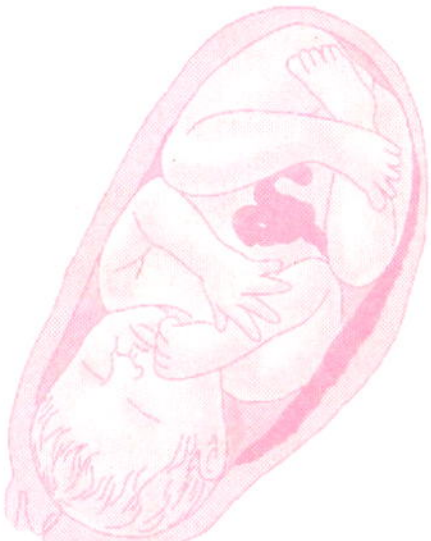

胎宝宝的指甲已尖锐到可以抓伤自己了。身体显得较为丰满。它已经是即将与爸爸妈妈见面的“小天使”了。

图书在版编目（CIP）数据

胎教一日一页／王琪主编．——北京：中国妇女出版社，2011.9

ISBN 978-7-5127-0274-5

Ⅰ.①胎⋯ Ⅱ.①王⋯ Ⅲ.①胎教－基本知识 Ⅳ.①G61

中国版本图书馆CIP数据核字（2011）第156842号

胎教一日一页

作　　者：王　琪　主编
选题策划：刘　宁
责任编辑：刘　宁
封面设计：吴晓莉
版式设计：程　然
责任印制：王卫东
出　　版：中国妇女出版社出版发行
地　　址：北京东城区史家胡同甲24号　邮政编码：100010
电　　话：(010) 65133160（发行部）　65133161（邮购）
网　　址：www.womenbooks.com.cn
经　　销：各地新华书店
印　　刷：北京联兴华印刷厂
开　　本：170×240　1/16
印　　张：21
字　　数：268千字
版　　次：2012年1月第1版
印　　次：2012年1月第1次
书　　号：ISBN 978-7-5127-0274-5
定　　价：35.00元